AMT 企源

PROCESS MANAGEMENT
5th Edition

流程管理

（第5版）

王玉荣　葛新红/著

图书在版编目（CIP）数据

流程管理/王玉荣，葛新红著. —5 版. —北京：北京大学出版社，2016.1
ISBN 978-7-301-26637-3

Ⅰ. ①流… Ⅱ. ①王… ②葛… Ⅲ. ①企业管理 Ⅳ. ①F270

中国版本图书馆 CIP 数据核字（2015）第 301727 号

书　　　名	流程管理（第5版） LIUCHENG GUANLI
著作责任者	王玉荣　葛新红　著
策 划 编 辑	贾米娜
责 任 编 辑	叶　楠
标 准 书 号	ISBN 978-7-301-26637-3
出 版 发 行	北京大学出版社
地　　　址	北京市海淀区成府路 205 号　100871
网　　　址	http://www.pup.cn
电 子 信 箱	em@pup.cn
新 浪 微 博	@北京大学出版社　@北京大学出版社经管图书
电　　　话	邮购部 62752015　发行部 62750672　编辑部 62752926
印 刷 者	三河市博文印刷有限公司
经 销 者	新华书店
	730 毫米×1020 毫米　16 开本　17 印张　319 千字 2002 年第 1 版　2004 年第 2 版 2008 年第 3 版　2011 年第 4 版 2016 年 1 月第 5 版　2023 年 12 月第 10 次印刷
印　　　数	41001—45000 册
定　　　价	48.00 元

未经许可，不得以任何方式复制或抄袭本书之部分或全部内容。
版权所有，侵权必究

举报电话：010-62752024　电子信箱：fd@pup.pku.edu.cn
图书如有印装质量问题，请与出版部联系，电话：010-62756370

目录

序　流程管理的十年演进
　　——APQC流程架构的比较与相关思考 ································ （001）

前言　移动互联时代的流程管理 ·· （001）

第1章　流程理念
　　——从概念到本质 ·· （001）
　1　流程的定义与组成要素 ·· （001）
　2　流程如何与业务紧密结合 ·· （008）
　3　流程如何实现企业战略落地 ·· （014）
　4　流程优化与组织结构调整的关系 ·· （021）
　5　流程如何应对内外部环境的变化 ·· （025）
　6　流程管理的新理念：BPO ··· （028）

第2章　流程浮现
　　——从一个端到端流程到流程体系 ······································ （032）
　7　什么是"端到端的流程" ·· （032）
　8　端到端的流程的分类与表述 ·· （036）
　9　从端到端的流程到企业整体流程框架 ·· （039）
　10　企业流程的分类分级 ·· （042）

11　盘点企业流程的注意事项 …………………………………………（047）

第 3 章　考核流程的方法
——从定性规范到定量测评 …………………………………（051）

12　流程好坏的判断标准 ………………………………………………（051）

13　好流程的九个特征 …………………………………………………（055）

14　流程的绩效指标的建立 ……………………………………………（057）

15　建立面向流程的考核体系 …………………………………………（061）

16　面向流程的绩效考核与三大绩效考核模式的异同 ………………（064）

第 4 章　指导具体流程的业务原则
——从一般性原则到战略导向原则 …………………………（075）

17　流程的业务原则 ……………………………………………………（075）

18　面向战略的实现，流程原则的提炼与应用 ………………………（079）

19　研发流程的业务原则 ………………………………………………（082）

20　流程管理的思想原则 ………………………………………………（088）

第 5 章　流程细化与优化
——从提升单个流程效率到提升整体流程效率 ……………（095）

21　以业务改进为目标的流程优化方法 ………………………………（095）

22　如何筛选关键的业务流程 …………………………………………（099）

23　端到端流程系统优化的实例 ………………………………………（102）

24　如何进行审批流程的优化 …………………………………………（106）

25　如何优化流程中的无效活动 ………………………………………（109）

26　从提升单个流程效率到提升企业整体流程效率 …………………（113）

第 6 章　基于 IT 的岗位标准化工具箱
——从标准化到精细化管理 …………………………………（122）

27　流程与岗位标准化的关系 …………………………………………（122）

28　岗位标准化工具箱的作用 …………………………………………（125）

29　精细化管理的基础——表单模板 …………………………………（131）

30　岗位标准化工作指南——Checklist ………………………………（134）

31　岗位标准化工作要点提炼实例 ……………………………………（142）

32　流程管道、知识活水的理念与实例 ………………………………（147）

目 录

第7章 流程变革的推行
——从变革发起到执行落地 (154)

33 如何在企业中成功推进流程管理 (154)
34 落实流程刚性的八项关键举措 (158)
35 如何让流程责任人切实履责 (161)
36 风险防范与调动相关业务人员的积极性 (163)
37 面向行动的流程培训 (169)
38 营造有利于流程管理的企业文化 (171)

第8章 流程的持续评估和改进
——从内部测评到外部审计 (175)

39 提升流程管理水平的总体方法论 (175)
40 如何建立流程的长效机制 (178)
41 基于流程KPI的绩效测评和持续改进 (182)
42 如何做好流程审计 (184)
43 如何进行企业全面的流程成熟度评估 (187)

第9章 移动互联时代的流程管理新趋势 (191)

44 让流程管理回归客户价值本质 (191)
45 打造与客户互动的流程 (196)
46 极致的客户体验,如何通过流程进行管理 (199)
47 "互联网+"转型落地,始于流程的顶层设计 (203)
48 流程管理与大数据 (207)
49 如何实现快速迭代、更具柔性的流程管理 (209)

附录Ⅰ 流程管理的实践案例 (212)

附录Ⅱ 流程管理相关书籍推荐 (233)

附录Ⅲ AMT流程管理咨询服务介绍 (234)

Preface

序 流程管理的十年演进
——APQC 流程架构的比较与相关思考

十年弹指一挥间

当 AMT 咨询顾问和一些较大规模、较成熟企业的流程管理部门沟通时，会有这样的对话："我们公司今年的主题是转型，需要把我们的新老业务系统地梳理一遍，我们借鉴了 APQC 最新版本的流程架构，还针对我们在本行业对标的某某企业，参考了它们在流程管理方面的最佳实践，于是得到了我们自己的最新版本的流程清单……"。

而对一些还没有或者刚刚走上"流程管理之路"的成长型企业来说，对 APQC 流程架构可能还比较陌生，有一系列的基本问题需要回答："什么是流程架构？APQC 是哪个组织？为什么它给出的架构是具有一定权威性的？它们提炼的那些流程是哪个行业的，能适用于我们这个具体的行业吗？它们提炼的那些流程是哪一年的，能适应今天'互联网思维'盛行的新时代的新情况吗？"

AMT 研究院流程管理研究组，以王玉荣老师为带头人，坚持十余年跟进研究 APQC 流程清单（代表了美国各行业高绩效企业的流程实践水平），并在帮助一家家具体的企业进行流程架构梳理的咨询实践中进行对标借鉴；同时，在推进各行业数千家企业的咨询实践中，也进一步加深了我们对于流程架构，以及流程架构背后所反映的企业管理和经营理念变迁的理解。因此，当我们面对 2014 年版本的 APQC 流程架构的时候，真是感受到"十年弹指一挥间"。较之 2004 年的版本，十年作为一个时间跨度，APQC 流程架构的内容本身有哪些演变，这些演变对我们中国企业又有哪些相关启示呢？

什么是 APQC 流程架构

美国生产力与质量中心（American Productivity and Quality Center，简称 APQC），创立于 1977 年，是一个会员制的非营利机构，在"业务对标、最佳实践和知识管理研究"领域享有国际盛誉，使命是"发现有效的改进方法，广泛地传播其发现成果，实现个人之间及其需要提升的知识领域之间的连接，从而帮助世界各地的组织来达到生产力和质量的提升"。这家机构积累了大量的"流程与绩效改善资源"，并做了大量的分享推广的工作。

而流程架构，是我们对"流程分类分级框架"（Process Classification Framework）的中文简称，英文缩写为 PCF。PCF 最初是在 1991 年基于 APQC 为业务流程的分类方法而提出的，目的是创建高水准、通用的公司模型，该模型可以鼓励企业和其他组织从跨行业的流程观点来审视其活动，而不是狭窄的部门化、职能化的观点。

快速感受：2004 年与 2014 年版本的 PCF 各有哪些关键流程？

2004 年版本的 PCF 如序图 1、序表 1 所示。

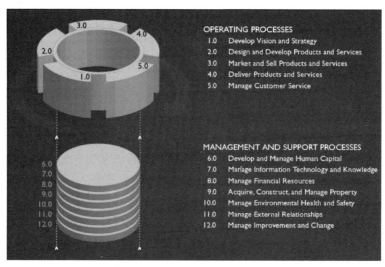

序图 1　2004 年 APQC 提出的 PCF 中的 12 个流程类

序表1　12个类别的流程（2004年版本的PCF）

运营流程	管理与支撑流程
1.0　制定愿景和战略 2.0　设计开发产品与服务 3.0　营销销售产品和服务 4.0　交付产品和服务 5.0　管理客户服务	6.0　开发和管理人力资本 7.0　管理信息技术和知识 8.0　管理财务资源 9.0　获取、建设和管理资产 10.0　管理环境健康和安全 11.0　管理外部关系 12.0　管理改进和变革
注意：这些流程在图形中表述为从1.0开始到5.0结束的"齿轮圆圈"，这是一种时序的关系，从"制定愿景和战略"开始到"管理客户服务"结束，需要先把产品和服务设计开发出来(2.0)，才能进行交付(4.0)。	注意：这些流程在图形中表述为一层层的"椭圆平台"，这是一种非时序的关系，即"人力资本的开发和管理"和"资产的获取与管理"没有谁先开始谁后开始的关系。

有没有一些熟悉的感觉？你所在的组织，有这些"运营流程"和"管理与支撑流程"吗？在开展这12大类别的跨部门、跨岗位的工作吗？

如果你觉得熟悉，这恰是"通用性"的共鸣，PCF用一套架构和语汇，从流程视角理解一个组织的运行，并逐级细化展示父流程与子流程，而不是展现职能部门的划分，所以你在这张总图中看不到你所在企业各种部门的名称。当然，PCF中没有列出一些特殊组织中的所有流程。同样，并不是PCF的每个流程都可以在每个组织中找到。

那么，2014年版本的PCF中又有哪些流程大类呢？

我们注意到序图2中的内容，有些是延续的，有些则有了变化，有5个流程类别从命名上就有了不同，我们在序表2中用下划线标出。同时，这张总图远远不是PCF的全部内容，无论是2004年还是2014年版本的PCF，都有着5级细化的内容，后续会有介绍。概述就是，第一级是12个公司级的流程大类（Category），第二级是流程组（Process Group），第三级是流程（Process），第四级是活动（Activity），第五级是任务（Task）。2014年版本的PCF中给出了超过1 000个流程和相应的活动。我们在后续章节中会接触到其中越来越丰富具体的最佳实践。

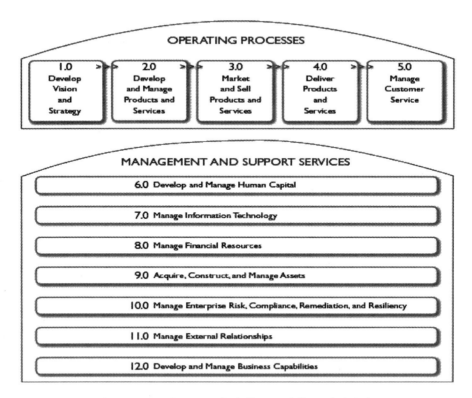

序图2　2014年APQC提出的PCF中的12个流程类

序表2　12个类别的流程(2014年版本的PCF)

运营流程		管理与支撑流程	
1.0	制定愿景和战略	6.0	开发和管理人力资本
2.0	开发和管理产品与服务	7.0	管理信息技术
3.0	营销销售产品和服务	8.0	管理财务资源
4.0	交付产品和服务	9.0	获取、建设和管理资产
5.0	管理客户服务	10.0	管理企业的风险、合规、补救和修复
		11.0	管理外部关系
		12.0	开发和管理业务能力
注意:同样是时序关系		注意:同样是非时序关系	

通过对这两张图表快速一览的比较,印证了APQC自己在PCF前言中所说的"流程分类分级框架是一个不断修订的文档,我们将根据一定的规则不断地对它进行提高和改进"。

APQC为什么提出流程架构

APQC最初关于这个"流程分类分级的通用模型架构"的工作涉及了80个以上的组织（往往是美国各行业的高业绩企业和知名的非营利机构，我们在全书中会多次用到"组织"这个宽泛的概念而不是将其窄化为"企业"，是因为不仅企业有流程架构，非营利组织，如政府和公益组织等也存在流程架构并有改进的需要），这些组织也都有着强烈的兴趣，提炼自己在流程管理方面是怎么做的，了解别家是怎么做的，并为在美国和全世界推广这些最佳实践做出了贡献。而当时它们面临的且今天仍然存在的问题就是：如何能使跨行业的流程标杆标准足够成熟、成为可能？

常常有很多组织夸大了A行业和B行业的差异，忘记了"管理正因为其存在的普遍性而成为一门科学"。同时，正因为业界非常缺乏一种较通用的参考模型，很多组织害怕在"苹果—桔子"的完全非同类的标杆比较中犯错误，因而止步不前。由于它们相信自身具有唯一的特性和限制，故它们很难理解如何将自己的流程与其他不同组织的流程进行有意义的比较。

而PCF这项工作的发起成员相信，可以做到不依赖于特定行业的通用语汇，根据流程的视角对一个组织的业务进行分类分级，帮助一个组织超越"内部"术语的限制。经验表明，标杆比较之所以能带来显著改进，其潜力常常来自于"跳出框框"的比较，恰恰是要去发现一些在行业内的典型范例那里找不到的经验和亮点。于是，他们行动起来，来自各个代表行业和APQC的小型团队在1992年年初举行了初始设计会议。同年年末，APQC发表了该框架的第一个版本。

距离1992年第一个版本的发表已经过去了22年（与第1版相比，绝大部分内容已经更新），很多组织已经开始在实践中使用PCF，以更好地理解它们的流程，实现跨行业边界的沟通和信息共享。PCF的版本也在不断地更新中，一方面秉承"通用性"的宗旨，强调和行业无关、和规模无关、和地域无关，组织之间如何有效地进行跨行业的沟通，如何冲破那些把业务流程通用性遮盖起来的专业术语重围；另一方面也适当兼顾了行业特性，逐渐提供了不同行业的PCF版本，如制造与服务行业、健康医疗行业、政府行业、教育行业等。

APQC 流程架构(2004 年与 2014 年版本)的比较与相关思考

整个内容将会按照一级流程类分 12 个部分进行比较分析,限于篇幅,我们不会对上千条流程条目进行逐项比较(那也太枯燥教条),而是选取其中的重点内容予以比较。比如,在"管理企业的风险、合规、补救和修复"这个流程类,和 2004 年版本的相关内容相比,有哪三五个关键亮点值得分享?我们在为中国企业提供咨询实践的过程中,在"内控"这个话题上有哪些实务值得分享?这些才是我们的主要关注点。

■ 一、更多样的战略选择、更灵活的组织架构

关于 1.0"制定愿景和战略"这个流程类,应该是 12 个流程类中最宏观的,超脱了具体的业务形态,是从战略的视角来分析外部环境并做好内部的战略性资源的配置。因此,这个流程类有着很大的通用性,尽管 APQC 的流程架构按照行业,又细分为 10 多个行业的版本,具体为航天国防、航空、汽车、银行、传媒、消费电子、石化、教育、保险(财险/寿险)、生命科学、石油、药业、零售、电信、公共事业等,但是它们在这个流程类的内容几乎是相同的。在 2004 年版本的 APQC 流程架构中,这个流程类一共包括 3 个流程组、16 个流程、35 个活动并提及 4 个关键任务。

按理说,管理科学中关于"战略管理"的很多方法论都已经比较成熟,这部分应该没有什么太大变化了吧,其实不然,我们在序表 3 中列出了 2014 年版本"制定愿景和战略"流程类发生的 9 处不同。

序表 3　2014 年版本"制定愿景和战略"流程类较之 2004 年版本发生的 9 处不同

序号	类型	差异点	备　注
1	前移	"开展内部分析"流程	2004 年版本中在"评估外部环境""调查市场并识别客户需求"之后,就开始"选择要进入的市场",2014 年版本呈现的是在分析外部情况之后,要"开展内部分析"
2	取消	"选择要进入的市场"流程	在 2014 年版本中这个流程取消了,更多篇幅留给了外部分析、战略选择和组织重构
3	增加	"与利益相关者沟通战略愿景"活动	2004 年版本中已经包括了"使利益相关人对战略愿景达成一致",2014 年版本强调不仅是初始的一次性地达成共识,就战略愿景开展持续的沟通也非常重要

续表

序号	类型	差异点	备 注
4	增加	"捕捉重组的机会并组织实施"流程	不仅是增加了1个流程,而且还细致地展开了3个活动:识别重组的机会;开展尽职调查;分析交易方案的多种选项。对于最后1个活动,又列举了4个关键任务:评估收购的可能方案;评估兼并的可能方案;评估分立的可能方案;评估剥离的可能方案
5	增加	"制定整体使命描述"流程的3个活动	"制定整体使命描述"在2004年版本中就有,但没有具体地展开,2014年版本中增加了3个活动:定义当前业务;确切地阐述使命;沟通使命
6	增加	"评估为实现目标可能采取的战略选择"流程的5个活动	"评估为实现目标可能采取的战略选择"在2004年版本中就有,但没有具体地展开,2014年版本中增加了5个活动:定义战略选择;评估分析每种战略选择的影响;制定可持续发展战略;制定全球支持和共享服务战略;制定精益/持续改进战略
7	增加	"制定长期业务战略"流程和"协调部门级和流程级的战略以一致化"流程	2014年版本把长期业务战略作为整个流程类的产出之一,在这个流程中明确,并马上紧跟一个流程,即公司整体战略、职能级战略和流程级战略的一致化,来保障"战略配称"
8	取消	"制定全公司的品牌战略"流程和"制定知识管理战略"流程	APQC因为自身在知识管理领域享有盛誉,多次获得国际知识管理大奖,因此在2004年版本中重视和突出知识管理战略是可以理解的,而在2014年版本中,不再单独列出这两个职能级战略
9	增加	"开展组织设计(结构、治理、报告等)"流程以及细致展开8个活动	8个活动是:评估组织结构的宽度和深度;绘制岗位类别的角色图并做增值性分析;绘制角色活动图以评估流转的活动;举办组织再设计工作坊;设计组织单元之间的关系;针对关键流程绘制角色分析和活动图表;评估可能的替代方案所带来的后果;迁移到新的组织结构中

如果让我们用一句话描述一下对以上演变的感受,那就是"更多样的战略选择,更灵活的组织结构"。联想到我国目前正在推进的中国"智"造、"互联网+""混合所有制"、各类并购重组,这些改革和转型正波澜壮阔地展开,无论是国有企业还是民营企业,都有了更多样的战略选择。关键是什么?外部环境对大家

是均等的,"内部能力"起到重要的作用。而"组织重构"的能力就是一种重要的"内部能力"。如果说,"捕捉重组机会"是龙头;"明晰战略"是龙身;"组织结构"则要成为龙尾,迅速跟着龙头、龙身摆动,而不能是僵化的铁板一块,那种一套组织结构用五年十年的时代是一去不复返了。

从2014年版本的流程架构中,我们可以看到,这里的"战略",是一个多层次的结构,有整体战略,有职能级、流程级的战略,还有业务单元的战略,以及可持续发展战略、全球支持和共享服务战略、精益/持续改进战略,彼此之间能否做到迈克尔·波特所强调的"战略配称",则是一个关键。

而"组织结构"和"战略"的配称,也是"战略配称"的重要内容,2014年版本的流程架构中所谈到"组织结构",不是一张宏观的组织结构图,而是细化到了岗位、角色、活动流转,强调了流程视角的"增值性分析"、关键流程的角色活动分析,并通过"组织再设计工作坊"来帮助人们做到在新旧组织结构间的切换。

■ 二、迭代的产品组合、外向的产品研发

关于"设计开发产品与服务"这个流程类,在2004年版本的APQC流程架构中,一共包括1个流程组、7个流程、34个关键活动。而在2014年版本中流程类的名称也发生了变化,为"开发管理产品与服务",其中的差异我们稍候展开。2004年版本的流程架构是从"产品"视角,进行了全生命周期的展开,从产品诞生前的"孕育"到"出生""生长""变更"再到"淘汰"。而2014年版本的APQC流程架构,则一开始就把"产品"整个"打包"到"产品组合"当中,整个流程类被分为两个流程组:管理产品和服务组合、开发产品和服务,如序表4所示。

序表4 2014年版本"开发管理产品与服务"流程类较之2004年版本发生的7处不同

序号	类型	差异点	备注
10	变更	"开发管理产品与服务"流程类	2014年版本不仅重视新产品的开发,而且重视如何对新老产品组成的"产品/服务组合"进行管理。是站在"单一产品"之上的"产品组合"的层面来谈问题
11	增加/整合	"管理产品和服务组合"流程组,具体又展开6个流程	这些流程具体为:针对市场机会评估现有产品/服务的表现;定义产品/服务的开发需求;开展发现性研究;确保产品/服务概念与业务战略相一致;管理产品和服务的生命周期;管理产品和服务的主数据

续表

序号	类型	差异点	备注
12	增加/整合	"开展发现性研究"流程以及其下的3个活动	这些活动具体为:识别新技术;开发新技术;评估把新的领先技术引入到产品/服务概念的可行性
13	增加/整合	"确保产品/服务概念与业务战略相一致"流程以及其下的4个活动	这些活动具体为:制定成本和质量目标;优选新产品/服务概念;明确开发时间目标;对产品/服务供给的修订做出计划
14	增加/整合	"管理产品和服务的生命周期"流程以及其下的3个活动	这些活动具体为:引入新的产品/服务;淘汰过时的产品/服务;识别和改善绩效指标
15	增加	"开展强制性和可选的外部审核(法律法规、标准、内部规定)"活动	在"开展、构建与评估产品/服务"这个流程下增加了这一活动
16	增加/整合	"开展生产准备"流程,具体又展开6个活动	这些活动具体为:对原型生产与(或)服务交付流程进行设计和检验;设计和获取必要的原料和设备;建立并验证生产流程或方法论;监控生产运行;提出设计变更;管理设计变更要求

　　序表4中第四列给出的很多"流程"和"活动",在2004年版本的流程架构中也多有出现,但是出现在不同的类目位置下,这体现了2014年版本在新视角下的整合。因为,这不是一个从头开发诸多新产品的时代,而是一个过去的产品/服务积累已经比较厚重,需要有选择地继承过去、新旧整合,再继往开来的时代。

　　新视角强调"跳出单一产品"的"自己的生命周期循环",把单一产品打包到"产品组合"里去,统筹协调新产品如何引入、过时产品如何淘汰,这是一个不断迭代更新的"产品组合"。这个打包的产品组合,不是"内向"视角地埋头琢磨自己的战略是什么、自己的研发计划是什么,而是更多地向外看,看市场对现有产品的评价,看新技术带来的机遇,看产品/服务概念与业务战略是否协调一致,看是否在那些强制性和可选性规范上"合规",看从"主数据"的角度能否对研发领域各种IT工具的应用进行"数据总线"的打通。

　　这些变化从"管理产品和服务组合"流程组所包括的6个流程中可见一斑:针对市场机会评估现有产品/服务的表现;定义产品/服务的开发需求;开展发现性研究;确保产品/服务概念与业务战略相一致;管理产品和服务的生命周期;管理产品和服务的主数据。

　　这种"迭代"还体现在到了"生产准备"的时候,还在留意对"设计变更"的呼应,响应来自设计端的新变化,用更柔性的生产理念和周期推出快速迭代的产品。

三、以客户为中心、全网立体作战

无论对于营利企业,还是非营利性组织,以至于政府机构,"营销"和"销售"都是一个重要的问题,这些组织均会思考如何建立产品或服务的"品牌"形象并传递到与自己对应的更多的受众,如何让受众愿意选择自己提供的"产品或服务"。当我们打开2004年版本"营销销售产品和服务"流程类的时候,我们看到的是一份从传统营销4P(Product,产品;Price,价格;Place,地点;Promotion,促销)出发、较多偏重"产品"视角的流程清单。而在2014年版本APQC的"营销销售产品和服务"流程类中,开篇明义地给出的第一个流程组就是"理解市场、客户和能力",如序表5所示。

序表5　2014年版本"营销销售产品和服务"流程类较之2004年版本发生的11处不同

序号	类型	差异点	备注
17	增加	"理解市场、客户和能力"流程组以及其下的2个流程	这些流程具体为:开展客户与市场的智能分析;评估并优选市场机会
18	增加	"开展客户与市场的智能分析"流程以及其下的6个活动	这些活动具体为:开展客户与市场研究;识别细分市场;分析市场和行业趋势;分析竞争对手、竞争性/替代性产品;评估现有产品/品牌;评估内部和外部业务环境
19	增加	"评估并优选市场机会"流程以及其下的4个活动	这些活动具体为:对市场机会进行量化分析;决定目标细分市场;根据机会与能力和整体业务战略的一致性来优选机会;验证机会
20	分立	"制定营销战略"流程组和"制定销售战略"流程组	很多优秀企业把"营销"职能和"销售"职能分别进行专业化、精细化的管理,这两个流程组又和后面的"制订和管理营销计划"流程组、"制订和管理销售计划"流程组相呼应
21	分立	"制订和管理营销计划"流程组和"制订和管理销售计划"流程组	这两个流程组又和前面的"制定营销战略"流程组、"制定销售战略"流程组相呼应
22	增加	"制定营销战略"流程组以及其下的3个流程	这些流程具体为:定义供给和客户价值定位;定义价格战略与价值定位相一致;定义和管理渠道战略。可见,这是一套关于"营销"战略的组合拳

续表

序号	类型	差异点	备 注
23	增加	"定义供给和客户价值定位"流程以及其下的4个活动	这些活动具体为:定义供给;定义价值定位(包括不同目标市场的品牌定位);验证目标市场的价值定位;开发新品牌
24	增加/整合	"制定销售战略"流程组以及其下的5个流程	这些流程具体为:制定销售预测;发展销售伙伴/联盟关系;建立全面销售预算;明确销售目标和衡量标准;明确客户管理的衡量标准
25	增加	"发展销售伙伴/联盟关系"流程以及其下的5个活动	这些活动具体为:识别联盟机会;对联盟体系和方法进行设计以筛选并管理伙伴关系;筛选联盟伙伴;制定伙伴与联盟管理战略;建立伙伴和联盟管理目标
26	整合	"制订和管理营销计划"流程组以及其下的7个流程	这些流程具体为:按渠道/细分市场维护制定各产品的目的、目标和衡量标准;制定营销预算;开发并管理媒体;开展并管理定价;开展并管理促销活动;跟踪客户管理衡量指标;开展并管理包装策略
27	整合	"制订和管理销售计划"流程组以及其下的6个流程	这些流程具体为:产生销售线索;管理客户;管理销售进程;管理销售应用程序;管理销售队伍;管理销售伙伴和联盟

以客户为中心,谋定而后动,从2014年版本"营销销售产品和服务"流程类的内容中,我们看到这样的画面,从一开始就先"忘记"产品,从真正理解"市场、客户、能力"开始,面对市场机会时不是鲁莽启动促销,而是筛选、决策。

"营销"和"销售",一个是空中造势,一个是地面推进,从"战略"到"计划"执行,都需要分别专业化地开展,并整合统筹到一致的"价值定位"中来。这是一场立体的战争。

我们看到了"智能化分析""量化分析"出现在2014年版本的流程架构中,"忠诚度/终身价值、客户收入趋势、客户属性和保留率"等很多量化指标在流程架构中被提及。进入21世纪的十几个年头以来,各种基于数据的营销、销售得到了更大的发展,在互联网上怎么找到优质潜在客户,潜在客户和已有客户在互联网线上和线下留下哪些行为数据及交易信息,这是一个"数字化营销和销售"的时代。

我们看到了"企业生态圈",伙伴和联盟的作用被更多地重视,"全面预算"就是包括其在内的全网预算,企业在识别、遴选、管理伙伴上都更加专业化、精细化,伙伴如何进行"委员会自治"的新实践也被提及,和伙伴的关系演变为新型的协商关系。"伙伴和联盟"进入到"销售战略"和"销售计划"等多个流程组中。

在每年一度的"双十一"全民电商的热潮中,我们感受到的也正是以上关键词:以客户为中心、全网全渠道、营销和销售立体作战。2014年的这份"营销销售产品和服务"流程类的清单充分地体现了流程管理也与时俱进地进入到了数字时代。

■ 四、当供应链成为核心能力,必须全程受控

2004年版本的"交付产品和服务"流程类的结构,基本按照供应链SCOR模型展开(即计划、采购、生产、配送、退货)。正如中国知名电商企业京东下大力气加强自身的物流配送能力,从而与其他电商企业形成差异化竞争一样,2014年版本的流程架构,为了做到供应链全程受控,在很多地方进行了细化和加强,具体包括5个流程组、26个流程、132个活动等丰富的内容,如序表6所示。

序表6 2014年版本"交付产品和服务"流程类较之2004年版本发生的15处不同

序号	类型	差异点	备注
28	增加	"制定生产与物料策略"流程以及其下的8个活动	这些活动具体为:定义生产目标;定义用工和物料政策;定义外包政策;定义生产资本开销政策;定义产能;定义生产网络和供应约束条件;定义生产流程;定义生产现场布局和基础设施
29	增加	"管理对产品和服务的需求"流程以及其下的3个活动	这些活动具体为:监控制定预测和调整预测的活动;评估和改进预测方法;衡量预测准确度
30	增加	"生成物料计划"流程以及其下的2个活动	这些活动具体为:监控物料特性;定义生产的负载平衡和控制措施
31	增加	"生成和管理主生产计划"流程以及其下的5个活动	这些活动具体为:在生产现场级别生成生产计划和排程;管理在制品库存;与供应商协同;执行生产现场级别的生产计划和排程;监控主生产计划
32	增加	"对配送需求进行计划"流程以及其下的12个活动	这些活动具体为:维护主数据;按目的地决定成品库存需求;按目的地计算配送需求;计算出货并发货;管理协同补货计划;管理对伙伴的需求;制订目的地快速分发计划;管理快速分发计划的达成情况;制订目的地运力装载计划;管理伙伴的运力装载计划;管理供应成本;管理能力利用率

续表

序号	类型	差异点	备 注
33	增加	"建立配送计划约束条件"流程以及其下的3个活动	这些活动具体为:确立配送中心布局约束条件;确立库存管理约束条件;确立运输管理约束条件
34	增加	"检验配送计划政策"流程以及其下的3个活动	这些活动具体为:检验配送网络;确立采购关系;确立动态部署政策
35	增加	"评估配送计划的表现"流程以及其下的6个活动	这些活动具体为:确立适当的绩效指标;确立监控频次;计算绩效结果;识别绩效的变化趋势;对标分析差距;准备合适的报告;制订绩效改善计划
36	增加	"制定质量标准和程序"流程以及其下的3个活动	这些活动具体为:确立质量目标;制定标准检测程序;沟通质量标准
37	增加	"采购物料和服务"流程组以及其下的3个活动	这些活动具体为:制定库存策略;与供应商协同以识别采购机会;监控配送出的产品的质量
38	增加	"对生产进行排程"流程以及其下的6个活动	这些活动具体为:生成生产线级别的计划;生成详细排程;对生产订单进行排程并生成批次;对预防性列入计划的维修进行排程(预防性维修单);对被要求的未列入计划的维修进行排程(工作单循环);释放生产订单并生成批次
39	增加	"生产产品"流程以及其下的5个活动	这些活动具体为:管理原材料库存;制定详细的生产线排程;报告维修问题;再加工缺陷件;评估生产的绩效
40	增加	"开展质量检测"流程以及其下的3个活动	这些活动具体为:校准检测设备;运用标准检测程序进行检测;记录检测结果
41	增加	"维护生产记录并对批次可追溯性进行管理"流程以及其下的2个活动	这些活动具体为:决定批次标号体系;决定批号的使用
42	增加	"交付服务给客户"流程组以及其下的14个活动	这些活动具体为:处理客户需求;生成客户档案;生成服务订单;生成资源计划和排程;生成服务订单履行排程;完善服务订单;组织日常的服务订单履行排程;分派资源;管理订单履行进展;确认订单履行的模块完成;识别出已完成订单以征询反馈;识别出未完成的订单和失败的服务;征询客户对已交付的服务的反馈;处理客户对已交付的服务的反馈

当产品同质化时,当红海竞争时,比的就是谁更快更好地交付、谁更低成本地交付。哪怕是稀缺产品、蓝海竞争,若没有"交付产品和服务"这个流程类的一件件落地的工作,那么一切战略、研发、营销都是海市蜃楼。要在供应链上给客户提供更好的服务吗?要供应链运营的成本更低吗?要供应链上交付的服务和产品有着可靠的质量吗?要供应链上能弹性适应一系列来自客户和供应商的变化吗?……就是这么多个彼此矛盾冲突、很容易"按下葫芦浮起瓢"的难题,摆在"交付产品和服务"流程类面前。

然而,细节是魔鬼,怎么未雨绸缪做好各种采购、生产、库存、配送的提前布局?怎么和伙伴发展出协同多级计划?怎么更精确地做预测还能快速调整预测?物流到了最后一公里的配送站以后怎么做到快速到门?怎么把对质量的检测落实到位又使得质量管控成本受控?对于食品、药品、危险品等,怎么做到全程可追溯?当交付给客户的是"服务"而不是"有形"的产品时,有哪些服务行业的特性流程?

若不想"按下葫芦浮起瓢",即"提高供应链效率就必须提高成本""要降低成本必须以损害质量为代价",那么,就只有做结构性的变化,通过查缺补漏来完善流程架构,并在具体流程上识别不增值活动并着手改进。根据 AMT 咨询的经验(详见 AMT 咨询官方微信中发布的系列案例),某企业委托 AMT 咨询帮助它们在供应链计划与执行上进行了一系列优化后,库存降低的效益就达到 10 亿元。这真是管理出效益、供应链就是生产力。

五、倾听客户之声,客户全程参与运营流程闭环

今天我收到一封来自亚马逊的邮件,"感谢您最近访问了在亚马逊中国网站的 Kindle 产品页,希望能够了解您对于 Kindle 的想法和反馈。通过了解到您所喜欢与不喜欢的方面,我们会在未来加倍努力将更多优质内容加入到 Kindle 产品中"。

倾听客户之声(Voice of Customer,简称 VOC),在 2004 年版本 APQC 流程架构的"管理客户服务"流程类中已经有所体现。2014 年版本的"管理客户服务"流程类较之 2004 年版本有 4 处不同,如序表 7 所示。

序表 7　2014 年版本"管理客户服务"流程类较之 2004 年版本发生的 4 处不同

序号	类型	差异点	备注
43	增加	"制定客户关怀/客户服务战略"流程组以及其下的 3 个流程和 2 个活动	这些流程具体为:形成客户服务分类/优先级(如不同层次);定义客户服务政策和程序;建立客户服务水平。"形成客户服务分类/优先级"以及其下的 2 个活动是:分析现有客户;分析客户需求反馈

续表

序号	类型	差异点	备注
44	分立	"计划和管理客户服务的运行"和"衡量和评估客户服务的运行"2个流程组	对2004年版本的"客户服务活动管理"流程组进行拆分
45	增加	"计划和管理客户服务的运行"流程以及其下的3个流程和进一步展开的11个活动	这些流程与活动具体为：计划和管理客户服务人员队伍(预测客户服务合同的规模；对客户服务人员队伍进行排程；跟踪客户服务人员队伍利用率；监控和评估客户服务代表与客户的交互质量)；管理客户服务需求/问询(接收客户需求/问询；规定客户需求/问询的路线；响应客户需求/问询)；管理客户投诉(接收客户投诉；规定客户投诉的路线；解决客户投诉；对客户投诉做出响应)
46	增加	"衡量和评估客户服务的运行"流程以及其下的3个流程和进一步展开的10个活动	这些流程与活动具体为：衡量客户对需求/问询处理的满意度(收集和征求售后客户对产品和服务的反馈；征求售后客户对广告有效性的反馈；分析产品和服务满意度数据并识别改进机会；把客户反馈提供至产品服务的产品管理中)；衡量客户对投诉处理与解决的满意度(征求客户对投诉处理和解决的满意度；分析客户投诉数据并识别改进机会)；衡量客户对产品和服务的满意度(收集和征求售后客户对产品和服务的反馈；征求售后客户对广告有效性的反馈；分析产品和服务满意度数据并识别改进机会；把客户反馈提供至产品服务的产品管理中)

　　如果说"销售"是一种自商家产品到客户的"推动力"的话，"营销"则是一种自客户到商家产品的"拉动力"，而让客户有参与感的客户服务、营销、研发，则更是拉近了客户与商家的心理认同继而货币投票。所以，倾听客户之声便有了更重要的意义，而不仅仅是对于"客户服务"这一个流程的意义。

　　不仅要倾听客户对产品和服务本身的满意度，而且要倾听客户关于产品和服务的新需求，倾听客户关于服务和投诉处理/解决的满意度，更细致地分门别类地倾听，让商家关于产品和服务的各种作为更加有的放矢。让我们再回顾一下PCF的第一个流程类"制定愿景和战略"，那里有多个条目是关于"捕捉和评估客户需求"的，这样我们就看到了一个更大的闭环——一个由5个运营流程类构成的全程运营的闭环，如序表8所示。

序表8　5个运营流程构成的闭环（2014年版本的流程架构）

运营流程
1.0　制定愿景和战略
2.0　开发管理产品与服务
3.0　营销销售产品和服务
4.0　交付产品和服务
5.0　管理客户服务
注意：对客户的倾听，贯穿于这5个流程类构成的全程运营闭环中，这也正体现了流程的定义，"流程是把输入转变为为客户创造价值的输出的一系列活动"。

六、更有战略意义、更有技术含量、更有人情味的人力资源管理

自此，我们将开始进入7个"管理与支撑流程"流程类，第一个就是"开发和管理人力资本"这个流程类。2004年版本APQC的这个流程类的内容已经比较翔实，用A4纸打印出来有三页半之多，涉及"选用育留汰"的方方面面，而其中的一些细节比如"为被解职的员工提供新职介绍"，则让我们有点感叹于资本主义社会的人道主义关怀。

那么，十年之后的2014年，关于"人"的管理在整个流程架构中是否依然或者更加重要呢？从国内的动态我们感到的是加强，"90后员工如何管理、组织去中心化以后怎么办、如何找到最优秀的人来做出最极致的产品等"这些话题被人力资源经理、业务部门经理以至公司高层共同关注。

我们来看一个实例：众安保险的CEO陈劲在"2014陆家嘴金融创新全球峰会"上讲演时称，"我们最近招聘了一位员工，也是从很有互联网基因的金融企业来的。当时我很奇怪，说你怎么想到来众安工作的？他说以前那家公司不让上网。这让我想起了曾经看过的一张图片，画面上马斯诺需求理论不只有五层，在最下面还加了一层就是'Wi-Fi'。我对他说，你到众安来，也不敢保证这个公司就像你说的那么有互联网基因，让你很满意。他说不会，因为我到你们人力资源部的时候，看到他们在写邮件时发的都是'亲爱的小伙伴们'，我觉得这样的公司文化氛围像互联网公司"。短短一段话，新时期人力资源管理的特质、创新型公司人力资源管理的特质，扑面而来。

2014年版本APQC的"开发和管理人力资本"流程类，一方面总体上延续了2004年版本人力资源管理的成熟内容；另一方面也有不少变化之处，反映出了"战略性人力资源管理"的重要性、各种人力资源管理的模型/技术/IT工具的应用，以及对员工的人性化关怀，如序表9所示。

序表9　2014年版本"开发和管理人力资本"流程类较之2004年版本发生的21处不同

序号	类型	差异点	备 注
47	删除	"制定人力资源战略"流程以及其下的1个活动	这个活动具体为:识别组织对HR的战术性需求
48	增加	"制定人力资源战略"流程以及其下的3个活动	这些活动具体为:建立人力资源的衡量指标;沟通人力资源战略;为HR系统/技术/工具制定策略
49	删除	"制定与实施在职人员战略与政策"流程以及其下的1个活动	这个活动具体为:制订员工总人数计划
50	增加	"制定与实施在职人员战略与政策"流程以及其下的3个活动	这些活动具体为:根据公司战略和市场环境收集对人员技能的需求;为每个单元/组织制订人力资源获取计划;开发在职人员战略模型
51	删除	"对计划进行监控和更新"流程以及其下的1个活动	这个活动具体为:明晰HR部门带来的增值
52	增加	"创建和管理人力资源规划、政策和战略"流程组以及其下的1个流程	这个流程具体为:开发任职资格能力管理模型
53	增加	"管理员工招募需求"流程以及其下的1个活动	这个活动具体为:将人员配备计划与在职人员计划以及业务单元战略/资源需求协调一致
54	增加	"招募候选人"流程以及其下的2个活动	这些活动具体为:对员工举荐工作进行管理;管理招聘渠道
55	降级	将原来"候选人背景调查的管理"流程以及其下的3个活动,降级为"筛选候选人"流程以及其下的1个活动	
56	内容变化	原来的"候选人跟踪"流程变化为"管理应用系统信息"流程	体现了人力资源管理信息系统的应用
57	增加	"对员工入职培训和岗位配置进行管理"流程以及其下的2个活动	这些活动具体为:评估员工入职程序的有效性;执行员工入职程序
58	删除	"对员工入职培训和岗位配置进行管理"流程以及其下的2个活动	这些活动具体为:向经理介绍新员工;工作场所介绍

续表

序号	类型	差异点	备注
59	删除	"对员工绩效进行管理"流程和"对员工发展进行管理"流程下,只细化到活动,删除了原有的对"任务"的细化	只细化到活动,具体为:对绩效目标进行定义、对员工绩效进行回顾评价和管理、对绩效管理本身进行评估和回顾,以及制定员工发展的原则、制定员工职业发展规划、对员工技能的发展进行管理
60	删除	"对员工的潜能进行管理"流程以及其下的活动"将需求和资源进行匹配"	
61	升级	原来的"员工关系管理"流程升级为"员工关系管理"流程类以及其下的4个流程	这些流程具体为:对人事雇用关系进行管理;对劳资双方就工资等问题谈判的流程进行管理;对帮助进行人事关系管理的合作伙伴的管理;管理员工抱怨
62	内容变化	原来的"工资管理并实施至员工"活动变化为"将补偿金与奖励实施至员工"	
63	增加	"对奖金、嘉奖和激励项目进行设计和管理"流程以及其下的1个活动	这个活动具体为:为员工开发有利于工作/生活平衡的项目
64	删除	"提供员工津贴项目"以及其下的4个任务	这些任务具体为:退休计划;保险计划;医疗计划;储蓄计划
65	增加	"员工重新安置和退休"流程组以及其下的1个流程	这个流程具体为:对员工分离期进行管理
66	增加	"对员工信息和分析进行管理"流程组以及其下的1个流程	这个流程具体为:对员工保留和激励的指标进行回顾
67	升级	原来的"对员工沟通进行管理"流程升级为"对员工沟通进行管理"流程类以及其下的2个流程	这些流程具体为:制订员工沟通计划;开展员工沟通

正如一个员工在组织内的晋升和降职,意味着这位员工在组织中的重要性发生了变化一样,2014年版本APQC流程架构的"开发和管理人力资本"流程类中,也发生了一些升级、降级、增加、删除或者内容上的变化。我们可以看到,一些常规的例行的内容,比如招聘时的背景信息调查、员工津贴计划的形式、任职时向经理介绍新员工并进行工作场所介绍、员工绩效管理的具体任务、员工发展管理的具体任务、员工培训的具体任务、员工援助和保留的具体任务等,这些都

不再出现在流程架构的条目中。正如业务流程重组之父迈克尔·哈默博士所说的，"如果一个事情令三个不同的岗位都感觉到有点头痛的话，它就应该被作为一个流程来看待"，这些例行的内容已经进入到人力资源部的基础性工作中，也就在流程架构的各级条目中隐去了身影。

那么增加的内容凸显的是哪些方面呢？凸显的是："更有战略意义的人力资源管理"，增加了人力资源和业务战略的协调一致等相关内容；"更有技术含量的人力资源管理"，我们看到了多处的人力资源管理 IT 系统、技术、模型、工具的出现；"更有人情味的人力资源管理"，我们注意到"员工关系管理""沟通管理"等内容的升级。

七、IT 不再是信息系统，而是战略、是服务、是关于数据的一切

几乎全新的内容、全部被重构！这是我们面对 2004 年版本和 2014 年版本 APQC 流程架构"管理信息技术和知识"这个流程类时的强烈感受。2004 年版本的内容，以"信息系统"为中心展开，IT 的内容主要是一些信息系统套件：如何规划这些信息系统套件、如何开发它们、如何维护它们，然后辅助谈到了 IT 基础设施和 IT 服务。

也难怪，企业和这些笨重而不贴身的信息系统套件一直是有隔膜的，不得不用的时候只能依靠于应用系统套件的提供商，而自己的战略和业务到底怎么和 IT 支持融为一体，基于 IT 的企业整体架构怎么搭建，IT 服务的客户是谁而且其满意度如何，数据的安全隐私问题到底怎么解决，企业的数据和信息资源是否被当作一种重要资产进行必要的管理，当推进一种新的 IT 解决方案的时候遇到阻力怎么办等，这些真正的关键问题，在 2004 年版本的内容中都没有得到凸显和回答。

而在 2014 年版本中，完全摒弃了"信息系统"的主线，让以上关键问题成为醒目的一个个流程类，然后再详细展开落实，如序表 10 所示。

序表 10　2014 年版本"管理信息技术和知识"流程类较之 2004 年版本发生的 7 处不同

序号	类型	差异点	备注
68	增加	"对 IT 技术的商业价值进行管理"流程类以及其下的 5 个流程和更细化的活动	这些流程具体为：制定企业级的 IT 战略；定义企业架构；管理 IT 投资组合；开展 IT 研究和创新；评估并沟通 IT 的商业价值及表现

续表

序号	类型	差异点	备注
69	增加	"开发与管理IT客户关系"流程类以及其下的5个流程和更细化的活动	这些流程具体为:制定IT服务和解决方案战略;制定和管理IT服务水平;为IT服务开展需求侧管理(DSM);管理IT客户满意度;对IT服务和解决方案开展营销
70	增加	"制定并实施安全/隐私/数据保护控制措施"流程类以及其下的2个流程	这些流程具体为:建立信息安全/隐私/数据保护的战略与水平;测试、评估并实施信息安全/隐私/数据保护控制措施
71	增加	"管理公司信息"流程类以及其下的4个流程和更细化的活动	这些流程具体为:制定信息和内容管理战略;定义企业信息架构;管理信息资源;开展企业信息和内容管理
72	增加	"开发并维护信息技术解决方案"流程类以及其下的5个流程和更细化的活动	这些流程具体为:制定IT开发战略;开展IT服务和解决方案生命周期规划;开发并维护IT服务与解决方案架构;创建IT服务和解决方案;维护IT服务和解决方案
73	增加	"部署IT技术解决方案"流程类以及其下的3个流程和更细化的活动	这些流程具体为:制定IT部署战略;计划和实施变革;对新版本的发布进行计划和管理
74	增加	"交付信息技术服务并提供支持"流程类以及其下的5个流程和更细化的活动	这些流程具体为:制定IT技术与解决方案的交付战略;制定IT支持战略;管理IT基础设施资源;管理IT基础设施的运营;为IT服务和解决方案提供支持

从以上的变化可以看出,不仅是一些企业的业务需要IT的支持,而且越来越多的企业所提供的产品和服务本身就是某种IT服务及解决方案,或是基于IT的创业、基于IT的生意、基于IT的战略。随之而来的问题也摆在面前,不是难在乙方(IT提供方)、不是难在技术问题,而是企业委托人自己作为甲方,自己的IT战略是什么?企业架构是什么?IT服务的战略是什么?IT服务和解决方案的营销战略是什么?IT信息和内容管理的战略是什么?IT开发的战略是什么?IT部署的战略是什么?

IT不再只是一些信息系统套件,而是战略、服务、关于数据的一切。当我们说"IT是战略"的时候,基于IT,一家企业的生意模式可能发生怎样的创新?当我们说"IT是服务"的时候,IT服务的外部客户和内部客户都是谁?如何对这些客户开展IT服务和解决方案的营销?当我们说"IT是关于数据的一切"的时候,我们的数据和内容正用什么样的制度被保管在什么样的系统当中?

有人说"美国是一个活在车轮上的国家",我们把它改造一下,"数字化时代的企业/组织是活在 IT 上的企业/组织"。

■ 八、更丰富、更国际化的金融手段,更多风险敞口需要配套的内控合规管控

2004 年版本的 APQC 流程架构中"管理财务资源"这个流程类的内容已经比较翔实,涉及财务规划、收入核算、成本会计、固定资产项目会计、工资处理、总账报表管理、理财管理、税务处理、财务报告等多个方面,用 A4 纸打印出来有四页之多。

2014 年版本的内容继承了 2004 年版本的大多数内容,并且在"理财管理""内控管理""为国际贸易提供财务服务"等方面新增了不少内容,细化描述了内部银行、发债与投资、对冲保值等更丰富的金融手段,这些手段的范围也扩展到国际化领域(如外汇储备、国际贸易等),而对于相应带来的各个方面的风险敞口,则在内控上进行了加强,强调合规部门的建立和各项内控工作的开展,如序表 11 所示。

序表 11　2014 年版本"管理财务资源"流程类较之 2004 年版本发生的 12 处不同

序号	类型	差异点	备注
75	增加	"客户信用管理"流程以及其下的 1 个活动	这个活动具体为:根据信用政策对账户进行恢复和暂停处理
76	增加	"对理财政策和程序进行管理"流程以及其下的 8 个活动	这些活动具体为:确立理财的范围和治理;确立和公布理财政策;制定理财程序;监控理财程序;审计理财程序;修订理财程序;对理财开展内控;定义系统安全需求
77	内容变化	"现金管理"流程以及其下的 8 个活动	这些活动具体为:对现金的地点安排进行管理和调解;管理现金等价物;对电子资金转账(EFT)进行处理和监控;形成现金流预测;管理现金流;生成现金管理财务处理和报告;管理和监控银行关系;对银行费用进行分析、谈判、解决和确认
78	增加	"管理内部银行账户"流程以及其下的 7 个活动	这些活动具体为:管理下属单位内部银行账户;管理和促进公司间借款交易;代表下属单位管理集中对外付款;代表下属单位管理集中收款;管理内部支付和净得交易;计算内部银行账户的利息和费用;提供内部银行账户结算单

续表

序号	类型	差异点	备注
79	增加	"管理债务和投资"流程以及其下的7个活动	这些活动具体为:管理金融中介关系;管理流动性;管理发债人敞口;处理和监控债务和投资交易;处理和监控外币交易;生成债务和投资会计处理报告;处理和监控利率交易
80	删除	"银行账户整合理顺"和"财务风险管理"(兑换风险、资产折现力等)2个流程	
81	增加	"对风险和对冲交易进行监控和执行"流程以及其下的7个活动	这些活动具体为:管理利率风险;管理外币交易风险;管理风险敞口;开展对冲保值交易;评估和改善对冲方位;生成对冲财务处理和报告;监控信用
82	增加	"内控管理"流程类以及其下的3个流程与展开的任务	这些流程具体为:确立内控措施、政策和程序;根据内控政策和程序开展内控合规工作;对内控合规情况进行报告
83	增加	"制订税务处理的战略和计划"流程以及其下的3个活动	这些活动具体为:制定涉外、不同国家、不同州和地方的税务战略;合并和优化整体税务处理计划;维护税务处理主数据
84	降级	原来的"对关于税务的问询做出响应"流程降级为"税务处理"流程以及其下的1个活动	
85	升级	原来的"管理外汇储备/调整"流程以及其下的4个活动,升级为流程组和流程	
86	增加	"为国际贸易提供财务服务"流程类以及其下的9个流程	这些流程具体为:筛选出正式批准的合作方名单;管控进出口业务;产品分类;计算税负;与海关沟通;交易存档;处理贸易优惠;处理赔偿;准备信用证

■ 九、区分非生产性/生产性资产,更重视资产的维护

Property,有"财产、资产、所有权、地产、物业"等多种词义,结合2004年版本APQC的相关内容,其更多是指"对提供了工作场所的物业进行管理"。

而 2014 年版本，流程类的名称从 Property 改为 Asset，在流程组的级别一开始就区分了"非生产性资产"和"生产性资产"，而且更看重为延长资产生命周期和利用效率的维护工作，细致区分出例行维护、出错维修、大修等流程，并强调了把各种预防性维护措施进行整合，如序表 12 所示。

序表 12　2014 年版本"获取、建设和管理资产"流程类较之 2004 年版本发生的 5 处不同

序号	类型	差异点	备注
87	内容变化	原来的"物业设计与建设"流程类，变化为"设计与建设/获取非生产性资产"	
88	增加	"制定资产战略和长期愿景"流程以及其下的 3 个活动	这些活动具体为：确保资产需求与业务战略相一致；评估外部环境；做出建造或购买的决策
89	增加	"对维护工作进行计划"流程组以及其下的 4 个流程	这些流程具体为：执行例行维护；执行出错维修；设备大修；管理设施运行（重新安置人员；重新安置物料和工具）
90	增加	"为生产性资产制定持续维护政策"流程以及其下的 2 个活动	这些活动具体为：分析资产和预防性维护需求；制定措施把预防性维护整合到生产排程中
91	增加	"生产性和非生产性资产的处置"流程组以及其下的 3 个流程	这些流程具体为：制定清退战略；执行销售或以物易物处理；执行报废处理

这些年来，"轻公司"的理念越来越得到企业/组织的认同和应用，以往引以为豪的重资产，现在往往成了包袱；以往动辄大兴土木自行建造的物产，现在往往成了聪明的购买与再利用。因此，对"非生产性资产"和"生产性资产"进行区分并实行专业化、精细化管理，开展各类专业化尤其是预防性地维护工作，以延长资产生命周期和利用效率，是有利于企业的效率效益指标和股东价值最大化的。

■ 十、弹性的组织、积极的风险管理与修复

又是一个几乎完全重建的流程类。2004 年版本 APQC 流程架构中有"管理环境健康和安全"流程类，即围绕 HSE 来展开，而 2014 年版本的流程类的名称为"管理企业的风险、合规、补救和修复"，就不是从 HSE 来看风险与应对了，而是拓展到全方位的风险和应对，如序表 13 所示。

序表 13　2014 年版本"管理企业的风险、合规、补救和修复"流程类
较之 2004 年版本发生的 4 处不同

序号	类型	差异点	备注
92	增加	"管理企业风险"流程组以及其下的 4 个流程和进一步的活动	这些流程具体为：确立企业风险框架和政策；监控协调企业风险管理活动；协调业务单元和职能领域的风险管理活动；管理业务单元和职能领域的风险
93	增加	"管理合规"流程组以及其下的 2 个流程和进一步的活动	这些流程具体为：确立合规框架和政策；对监管机构要求的合规进行管理
94	增加	"管理修复措施"流程组以及其下的 6 个流程	这些流程具体为：创建修复计划；联系并与专家商谈；识别/投入资源；法律事宜调研；危害产生的后果调研；修订或创建政策
95	增加	"管理业务弹性"流程组以及其下的 5 个流程	这些流程具体为：制定业务弹性战略；履行可持续业务运营计划；测试可持续业务运营；维持可持续业务运营；把应对特定风险的经验与组织其他单元共享

2004 年版本这个流程类的内容，即原来对"管理环境健康和安全（EHS）"的内容，在 2014 年版本中得到了保留，但由原来的流程类降级为"形成和管理企业能力"流程类其下的"管理环境健康和安全"流程组。从 2014 年版本的 APQC 流程架构来看，风险来自各个方面，应对突发事件时，不管事件是与业务相关、IT 相关还是一场自然灾害，始终有一些难题需要克服。业务弹性（Business Resiliency）则是一种能力，强调快速适应和应对业务中断，保持持续的业务运营，成为客户与供应商更值得信赖的合作伙伴。真正要做到业务弹性不是一件容易的事情，需要从准确地了解业务需求开始，并对随时可能出现的难题提前制订计划、准备就绪，并快速应对任何威胁或商机。除了处理负面事件，有效的业务弹性计划还可以帮助组织在应对审计以及展示其合规性方面做到从容不迫。

■ 十一、延续多方面的外部关系管理

2004 年版本 APQC 流程架构的"管理外部关系"流程类，涉及投资者关系、政府和行业组织关系、董事会关系、社区关系、媒体关系、法律道德相关事宜处理等多个方面，2014 年版本的这部分内容除了有几处较小的修订，基本延续了多方面的外部关系管理的内容，如序表 14 所示。

序表 14　2014 年版本"管理外部关系"流程类较之 2004 年版本发生的 4 处不同

序号	类型	差异点	备　注
96	增加	"确保和法律道德规定的一致"流程以及其下的 2 个活动	这些活动具体为:计划和启动一致性项目;执行一致性项目
97	内容变化	"接收工作成果、对工作过程进行管理和监控"任务,内容变化为"接收工作成果、对案例和所开展的工作进行管理和监控"	
98	删除	"全球级客户的关系管理""贸易/行业组织关系的管理""全球战略级供应商关系的管理"3 个流程	原因是第 2 个流程已经在"政府和行业关系管理"中列及;第 1 个和第 3 个流程在相关运营流程中已经列及
99	增加	"管理公共关系专项活动"流程组以及其下的 1 个流程	这个流程具体为:发布新闻内容

■ 十二、当变化成为常态,变革成了一种能力,需要常态化、立体化、集成化、流程化

　　一些年前,当我们看到 APQC 流程架构中第 12 个流程类是"管理改进和变革"的时候,着实是感觉到新意的。因为,一般意义上我们容易认为"产供销"这种常规例行工作是流程,而变革,好像更属于"例外管理"的范畴,难道"变革"也有规律可循、可以按部就班地取得成功、可以按照流程来运作吗?细看内容,则更理解了 APQC 流程架构的来源即美国近百家高业绩企业的最佳实践。的确,这些企业对"流程"应用的范畴很广泛,不仅"产供销"是流程,"变革"也有规律可循,也可以作为流程视角来看待。

　　2004 年 APQC 流程架构中"管理改进和变革",是按照"测量现状 AS-IS,对标确立目标 TO-BE,设计变革路径并实施 ROADMAP"的规律展开的。它们认为,变革要成功不是偶然的,不是领导人一个人振臂一呼动员一下然后结果就听天由命,而是有着内在的套路。2004 年流程类的内容到 2014 年又发生了相当显著的变化,从流程类的名称开始就发生了变化,如序表 15 所示。

序表15　2014年版本"开发和管理业务能力"流程类较之2004年版本发生的8处不同

序号	类型	差异点	备注
100	内容变化	"管理改进和变革"流程类的名称变化为"开发与管理业务能力"	
101	增加	"管理业务流程"流程组以及其下的5个流程	这些流程具体为:确立与维护流程管理的治理;定义和管理流程框架;定义流程;管理流程绩效;改进流程
102	增加	"管理组合、工程和项目"流程组以及其下的3个流程	这些流程具体为:管理组合;管理工程;管理项目
103	增加	"管理企业质量"流程组以及其下的4个流程	这些流程具体为:确立质量要求;评估朝向要求的绩效表现;管理不一致性;实施和维护企业质量管理系统
104	增加	"维持改进的持续性"流程以及其下的1个活动	这个活动具体为:采取纠偏行动(若必要)
105	增加	"形成和管理全企业范围的知识管理(KM)能力"流程组以及其下的2个流程	这些流程具体为:制定KM战略;评估KM能力
106	整合	原来的"对组织绩效进行测评"与"对绩效开展标准瞄准"2个流程组整合为"测评与对标"流程组以及其下的2个流程	这些流程具体为:创建并管理组织级的绩效战略;绩效对标
107	降级	原来的"管理环境健康和安全"流程类降级为"管理环境健康和安全"流程组	

我们对比发现,2014年版本的APQC流程架构中,对流程管理、对项目/工程/组合的管理、对质量的管理、对变革的管理、对全公司范围内的知识管理、对环境健康安全的管理,都成为常态化,而不需要通过测评发现问题才触发对这些管理对象的管理。这反映了一种提升。

在管理实践发展的历史上,人们一定是先把看得见的实物作为管理对象,比如固定资产管理、现金管理、不动产管理、人事管理等,随着管理实践的深入和现代化,那些看不见的无形的管理对象逐渐也被作为管理对象,比如战略管理、质量管理、流程管理、环境健康安全管理、风险管理等。我们无法拍张企业快照,看到"战略""流程""风险""知识"等像桌椅板凳那样实物化的存在,而这些管理对象在今天都已经成为人们耳熟能详的管理对象。

而把这些作为管理对象只是上了一个台阶，还没有达到2014年版本的水平。因为对"战略""流程""风险""知识"这些管理对象既可以按照临时的、偶然的、做一个专项项目推进的方式来管理，也可以按照常态的、一贯的、持续的方式来管理。前者就是我们经常在一些企业看到的"某某流程优化项目""某某知识梳理工程""某某风险识别课题"，在项目进行过程中，业务部门的经理容易产生抵触情绪，认为"流程优化""知识梳理""风险识别"是项目组的事情，而不是自己的本职工作，是给自己额外增加了工作量，而一旦项目结束，"运动式"的变革就结束了，一些项目改进的成果也出现反弹。而后者这种"常态化"方式，往往意味着有专门的部门或者委员会来常年关注这些看不见的管理对象（如战略管理部、流程信息部、风控合规部、质量管理部、项目管理办公室、变革管理委员会）、建立了这些对象如何进行管理的治理程序和方法论、每年对这些管理对象都会开展一些工作并纳入业务部门经理的本职工作中去。

这是一种提升，上了多个台阶的提升，是企业能力的一种体现。有句话说"唯一不变的就是变化"，越是外部环境和内部资源的变化成为常态，这种把看不见的管理对象进行主动的常态化管理的能力就越是一种重要的能力、决定企业一次次转型升级能否成功的能力、决定企业能否持续运营基业长青的能力。从这个意义上，我们就更理解为什么2014年版本这个流程类的名称演变为"形成和管理企业能力"。

这种主动变革的能力不是简单的热情高涨，而是科学布局、立体推进。变革有一个个的项目（Project），有包括一个个子项目在内的更大型的综合的变革工程（Program），还有把多个项目和工程组合在一起的变革组合（Portfolio）。在这里我们不把流程架构中出现的Portfolio狭窄地理解为"产品组合""投资组合"或"资产组合"，而是一种变革的组合。

这是一种更加高阶的管理对象。因为企业面对各种内外部变化来发起变革并不难，只要启动某主题的一个变革项目即可，但当多个变革项目在推进的时候，比如，绩效指标改变的项目在推进、流程优化的项目在推进、预算管理的IT系统在上马、内控管理的测评项目在开展，这些项目和项目之间的关系是怎样的？是各拉各的车结果出现一堆各自表述的管理文件，还是把这些项目组合成"工程""变革组合"，协调其中所包含的各种项目的变革目标/范围/资源/路线/里程碑/成效，最后得到一体化的集约集成的成果？我们要的当然是后者，那么如何达到后者？就需要有立体的管理对象，项目、工程、变革组合，科学安排不同层面的责任主体、推进方法和衡量标准。

2014年版本APQC流程架构中"形成和管理企业能力"流程类的内容反映

的正是这种对无形的管理对象的常态化的、立体化的、集成化的、流程化的管理。

结语：稳定的、可积累的架构所蕴含的巨大能量

我们结束了由 5 个运营流程类和 7 个管理支持流程类组成的 APQC 流程架构（2004 年与 2014 年版本）的比较，这种比较是一种"以管窥豹"，从中我们触摸到十年来流程管理最佳实践的演进，虽然远远不是最佳实践的全部，但是已经传递出很多的信息。

我们在文中引述的 2014 年版本的 APQC 流程架构，版本号是 Version 6.1.0-en-XI，其中 6 表示主版本号，1.0 表示次版本号，en 表示英语版本（有些行业版的 APQC 流程架构还有法文版本等），XI 表示是跨行业而非具体行业的流程架构。版本的变化，意味着 APQC 流程架构的不断更新，这是一种时间的力量、稳定的可积累的力量、持续改进的力量。

AMT 咨询认为，"稳定的""可积累的"这两个关键词非常重要。它意味着企业不应该今天追逐这个管理的新概念，明天道听途说某明星企业最佳实践的皮毛表述，结果在"管理丛林"或"别人的故事"中迷失，而是应该驾驭和把握林林总总的管理概念，认识到"条条大路通罗马"，坚持以企业自身的情况和发展目标为中心，走出自己的管理实践之路。如果也坚持十年，把流程管理这一件事不断地实践下去，那么自然会实现战略、绩效、组织、内控等方方面面的全面提升。

我们说的流程架构，本身就是一种"稳定的可积累的架构"，它表述了企业为客户创造价值的结构，由宏观到微观具体表现为流程类、流程组、流程、活动和任务，企业往往不会也不应该一下子全盘引入或废除架构中的上千个条目，但随着时间的推移，流程架构的内容在不同级别逐渐增加、删除、合并、分立、升级、降级或者条目内容发生变化。

AMT 咨询结合为几千家企业咨询服务的经验，描绘了如序图 3 所示的"企业成功模型"。中国属于发展中国家，不像发达国家那样行业细分市场的格局已经尘埃落定，很多行业存在较多的实践创新甚至开拓性的机会，因此，我们身边常见有着远大目标和战略意图的企业家，他们也强调自上而下各级经理员工的不懈努力，也就是图中自上而下的第一个方框和第三个方框，而所有这些不懈的努力如同砖瓦，将按照怎样的脚手架和钢筋混凝土主体结构来搭建呢？这就是第二个方框所强调的"稳定的可积累的架构"的重要意义。

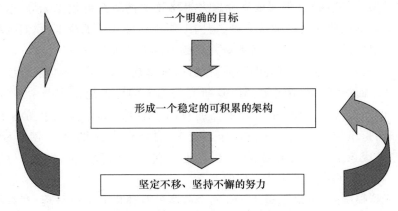

序图3　AMT 咨询提出的企业成功模型

只有重视"稳定的可积累的架构",才能避免动辄推倒重来,避免在概念风潮和"别人的故事"中迷失,才能不断形成、积累和复制最佳实践,才能沉淀为企业潜移默化的文化基因,才能造就基业长青的百年企业。因此我们说,"稳定的可积累的架构"中蕴含着巨大的能量。

而 APQC 自己何尝不是秉承着这样的积累和精进精神？我们来看几段历史。APQC 成立于 1977 年,原名"美国生产力中心（APC）"。它由《财富》杂志 1 000 家优秀上榜企业的部分企业家、相关组织的负责人和政府前任资深官员共同发起。该机构与美国国会和政府关系密切。1981 年,APC 组织美国参众两院议员考察日本生产力中心,还是"首届美国白宫生产力大会"的发起人。1987 年,APC 发起和参与承办"Malcolm Baldrige 国家质量奖",使其声名雀起。1988 年,APC 借鉴日本的经验改名,增加"质量"一词,更名为 APQC,理由则是"不推动质量管理,就无法推动生产力"（It is almost impossible to improve productivity without improving quality）。1992 年,APQC 又推动成立美国"国际标杆交流中心"（The International Benchmarking Clearinghouse）。2000 年,APQC 获美国休斯顿贝塔商务局"火炬勋章"。

APQC 是质量标准管理、标杆借鉴和知识管理等方面的国际权威机构,是美国政府和民间共同缔造的与"日本质量"相抗衡的主要非营利组织之一,是一种国家意志和企业集体进取心的体现。时间让很多事物此消彼长,多年前美国在面对日本商品汹涌而来时处于劣势,现在已经改变面目为日本反思"失去的二十年",而美国继互联网热潮与制造业回归热潮之后仍在不断迭代地发出新的时代潮头的强音。

那么我们中国呢？我们在人口红利、低成本优势的竞争有利条件逐渐发生改变的时候,环顾四野,美国依靠金融力量与技术创新获得领先优势、东南亚国家利用低成本优势接过产业接力棒、德国工业4.0模式谋求输出,我们的稳定的可积累的架构是什么,又将如何蕴藏并释放出巨大的能量呢?

以上,便是我们此项研究的动力与期许,以管窥豹,一点点助力,与读者和实践者共勉。而最终期待这些在APQC研究基础上的思考能从实践中来,再到实践中去,也许进入到2015年风起云涌的我国混合所有制"国有企业+民营资本"的并购重组与重组后的整体运作实践中,也许进入到2015年创业板"新三板"一些高成长企业的快速增长中,也许进入到某集团型企业的转型与能力养成中,也就体现了我们做这些工作的意义。

由于篇幅所限,本序未将APQC两个版本的具体内容进行呈现,有兴趣的读者可以到APQC网站(http://www.apqc.org/pcf)自行下载英文原版。如有更多的问题想要探讨与交流,欢迎关注AMT微信公众号"AMTGroup",可以与我们在线交流,或致电我们的服务热线:400-881-2881。

AMT研究院流程管理研究组

2015年10月

Foreword

前言　移动互联时代的流程管理

距1990年迈克尔·哈默第一次提出业务流程再造(Business Process Reengineering, BPR)已经过去25年了。这25年来，在流程的道路上，许多企业家和专业人士在不断探索、不断丰富和发展着流程的理念和实践。

AMT从1998年开始，致力于流程管理先进理念的引进传播和在中国的咨询实践，与各行业领先企业一起不断总结与创新，总结流程管理发展史，总结国内外企业的实践经验，积极探索一种适用于中国企业的流程管理模式，用"管理+IT"的方式帮助企业更好的发展(见前言图1)。

经过10多年的努力和积累，AMT已经累计为2 000多家企业提供过流程优化咨询建议，并将理论研究和咨询实践，不断著书成文，出版了《流程管理》(第1版、第2版、第3版、第4版，其中第4版名为《流程革命2.0——让战略落地的流程管理》)，并根据不同细分读者的需要，出版了《流程管理实践案例》《跟我们做流程管理》《图说流程管理》等。这些书籍的出版是我们不断总结与创新的成果，也是对企业在流程管理实践中一些共性问题的不断提取和归纳，希望能给更多的正在进行流程管理的企业参考和借鉴。

随着移动互联时代的来临，企业都开始关注转型、颠覆式创新，因此我们也不断听到有人提出，流程和管控的时代已经成为过去式！流程管理真的落伍了吗？这也引发了我们的深度思考，当企业面临动态经营环境以及移动互联的新技术革命时，流程管理应如何与时俱进以适应新的变化、产生新的价值？

我们说，流程就是企业业务的载体，只要有业务运转，流程就必然是存在的；

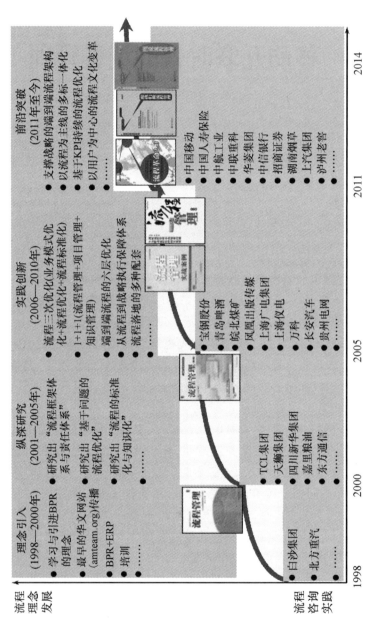

前言图 1　AMT 的流程理念研究及实践发展

只要存在多个岗位的协同运作,企业就需要流程管理。我们现在讲企业的"互联网+"转型,即是企业的业务模式和管理理念的调整。流程作为企业战略落地的工具,在流程的设计和优化上,也必须遵循新的战略和业务变化需求,呈现新的特点。那么,问题来了:

- 当企业应对移动互联的时代变革,提出O2O、平台化等战略转型时,流程管理应该如何提供战略落地支撑?
- 如何通过流程管理打造"极致客户体验",真正为客户创造价值?
- 如何通过流程管理建立扁平化组织,实现对市场的快速响应?
- 流程和时下火热的"大数据、云计算、物联网"有什么关系?
- 移动互联时代,流程管理部门的定位应该如何调整以适应新的变化?

这些也是本书中重点增加的第9章"移动互联时代流程管理的新趋势"想要和读者分享的内容。

本书与《流程革命2.0——让战略落地的流程管理》相比,序言部分改为"流程管理的十年演进"大型研究报告,希望从APQC的发展变化大格局给读者一个新时期流程整体发展趋势的认知;其次,保留了"流程管理落地见效的系统方法论"(见前言图2)中涉及的第1章到第8章的内容;再次,通过第9章"移动互联时代的流程管理新趋势",详细介绍了移动互联时代企业开展流程管理的新特

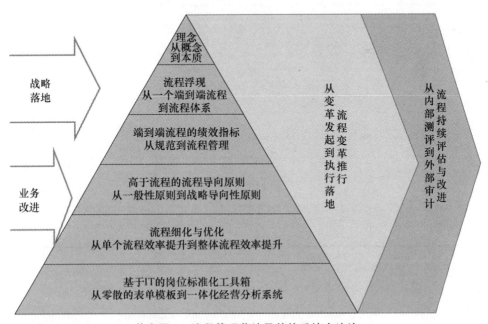

前言图2 流程管理落地见效的系统方法论

点,以及如何通过流程管理和云计算、大数据、移动互联等新技术之间的融合,实现流程再造,支持企业的"互联网+"转型落地;最后,在附录中,我们增加了近2—3年AMT给一些行业标杆企业的流程咨询案例,希望给读者更多的实践启示。

本书内容的形成,是我们与客户共同探索的结晶,也是笔者的很多同事尤其是流程管理咨询团队的同事努力探索和实践的结果。其中,AMT咨询的侯波先生、张丽锋先生、黄培先生、李彤先生、徐志科先生、程鹏先生、金国华先生等提供了不少企业关注的问题以及他们鲜活的实践心得,在此一并表示诚挚的谢意。

谨以此书,与读者共勉,期待你在阅读本书后,在你所在企业/单位的流程实践舞台上,有更多的切实推动、深入行动、落地见效,推动流程管理进入新的成熟阶段。也欢迎新老读者朋友通过 Luna.wang@ amt.com.cn 以及 Rose.Ge@ amt.com.cn 或者致电 AMT 全国统一服务热线:400-881-2881,告知你的反馈意见与建议。如果你希望进一步了解流程管理方面的最新资讯和实践案例,也欢迎关注 AMT 公众微信号"AMTGroup",并与我们在线交流。

AMT 研究院流程管理研究组
2015 年 10 月

Chapter One

第1章 流程理念
——从概念到本质

阅前思考

不同部门之间会相互扯皮、遇事推诿吗？企业领导是强调部门垂直管理还是强调一体化、协同化、科学化、标准化？跨部门协同的理念在企业的核心理念中得到体现了吗？这种理念能否深入人心，能否得到大多数管理者的认同？在公司三年期规划或年度工作大纲里提到流程管理了吗？

如果以上问题触动你，那么请你从这一章开始阅读。

阅后收获

了解流程管理的核心概念、理念的变迁，了解中国企业对流程管理理念的一些真实困惑，了解流程管理理念有了哪些新内涵。

1 流程的定义与组成要素

你说：什么是流程的本质？
我说：六个要素，以终为始。

流程（Process），也译为过程，是"工作流转的过程"的简称。这些工作需要多个部门、多个岗位的参与和配合，这些部门、岗位之间会有工作的承接、流转，因此流程也可以说是"**跨部门、跨岗位工作流转的过程**"。这里以三个不同行业的实例进一步说明（见图1-1、图1-2、图1-3）。

图1-1 房地产公司的流程（看看其工作流转的过程）

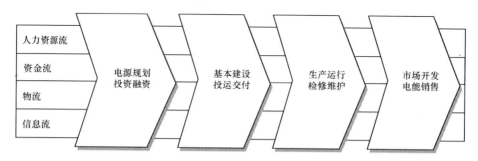

图1-2 电力企业的流程（体会这些工作会怎样跨部门、跨岗位流转）

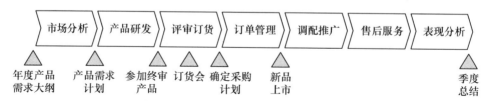

图1-3 服装企业的流程（体会其流程上的关键里程碑，△所示）

关于什么是流程，不同的人和不同的组织从各个角度都给出了自己的定义，大同小异。我们来看看他们给流程下的"枯燥"的定义。

- 迈克尔·哈默：业务流程是把一个或多个输入转化为对顾客有价值的输出的活动。
- T.H.达文波特：业务流程是一系列结构化的可测量的活动集合，并为特定的市场或特定的顾客产生特定的输出。
- A.L.斯切尔：业务流程是在特定时间产生特定输出的一系列客户、供应商关系。
- H.J.约翰逊：业务流程是把输入转化为输出的一系列相关活动的结合，它增加输入的价值并创出对接受者更为有效的输出。

- A.W.谢尔：业务流程是公司以产出产品和服务为目标的一系列连贯的、有序的活动的组合，业务流程的输出结果是为内部或外部的"客户"所需的，并为"客户"所接受的产品或服务。
- ISO 9000：业务流程是一组将输入转化为输出的相互关联或相互作用的活动。

枯燥的定义就此打住，我们来听一听现实的抱怨，在企业中，流程在跨部门、跨岗位流转的时候，往往会出现停滞、低效、扯皮、推诿等问题。

来自某电力企业：技术支持部和物资采购部对煤场、煤沟的燃料都具有管理权，具体工作中它们经常发生摩擦，很容易使工作成为死角，最后大家都不管。另外，在生产现场整治、土建这项工作上，目前总经理工作部在牵头做，技术支持部也负责此项工作，但实际上总经理工作部只是负责外包方，具体工作是由技术支持部负责，运行部、维修部监督。外包方确定后，三个部门（维修部、技术支持部、运行部）都参与工程监督，都要承担责任。这样做，很容易扯皮，最后它们都不负责任，都推卸责任。

来自某电信运营商：集团采购这个流程有问题，这个流程要求业务部门在上一年年底提出采购需求，可在年中调整，如果采购需求与实际投资差异过大将被认为管理不到位。而投资计划一般在本年第一季度末才能下达，且基本要求当年的投资项目须在当年完成。因此，如果投资项目需要集团采购设备，基本上只能在年中调整时提出采购需求。这样就很难在本年年底前到货。

来自某上市公司：资本性支出流程（涉及规划、综合、工程、财务等部门）和存货管理流程（涉及综合、工程、行政、财务等部门）始终没有理顺，在 SOX 测试和专项审计中重复发现问题。

思考一下、行动起来

流程是跨部门、跨岗位地流转，很多经理人抱怨说："每天要花 80% 的时间进行部门间协调。"部门和流程的关系有两种：一种是重部门轻流程（见图 1-4 的 a 部分），即企业把"部门"作为管理对象，一开会就说："这个部门工作怎么样、那个部门有什么问题"，就连同事间打招呼也经常问："你是哪个部门的？部门领导是谁？"很少有人问："你是哪个流程的？这个流程由谁负责？"另一种是重流程轻部门（见图 1-4 的 b 部分），即企业把流程作为关注和管理的对象，开会的时候说："这个流程最终要实现什么目标？要怎么优化改进？每个部门在流程上要做到什么程度？"

请统计一下你所在的企业在进行工作交流会议时,有多少次提到部门、多少次提到流程。想一想,你所在的企业是把部门作为管理对象还是把流程作为管理对象。

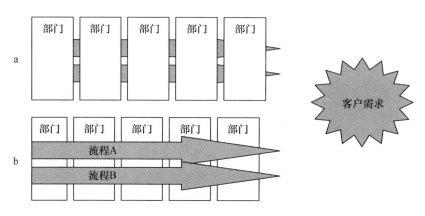

图1-4 把"部门"作为管理对象 vs. 把"流程"作为管理对象

前文所述的抱怨都是反面的例子,如果能做到高效的流程管理,那么又能获得什么样的正面效果呢?国内某知名汽车集团的高管说:"流程就是业务的接力赛跑。"也就是说,业务流程按一个一个环节流转下来,就好像岗位之间进行接力赛跑:做好跨部门、跨岗位的协同工作,就会使流程顺畅,业务运转加快,市场冲刺更有劲头。

在接力赛跑中,专业运动员是怎么跑的呢?前一个运动员准确给棒,后一个运动员提前起跑、准确接棒,接棒时不用回头看,动作干净利落,一气呵成。不专业的运动员怎么跑呢?接棒的人总是回头找棒,结果看到给棒的人已经跑偏了,或者是给棒的人虽然准确到位,但是接棒的人没有提前起跑、没有并行加速,还在原地等,这样当然不可能取得好成绩。更有甚者,连棒都掉了,等到捡起棒,一看自己已经被远远地甩在后面,于是士气低落,更没有心思冲刺了。而且失败以后,不会检讨问题,只会互相埋怨,把责任都推给别人。值得注意的是,在接力赛跑中,最终夺冠的队伍未必每个运动员都很强,因为能否夺冠,速度在其次,重要的是彼此之间的配合是否默契,整个流程的流转是否顺畅。

再次剖析业务流程的各种定义,我们发现,要把"流程"作为管理对象,而不是把"部门"和"个人"作为管理对象,关键在于利用一条"流转的线",把一些基本要素好好串联起来:流程的输入资源、流程中的若干活动、活动的相互作用(例如串行还是并行、哪个活动先做哪个活动后做,即流程的结构)、输出结果、顾客、最终流程创造的价值,我们称其为"流程的六要素"(见图1-5)。

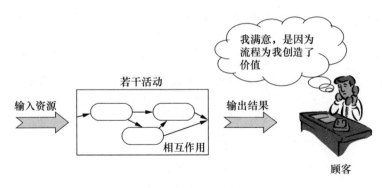

图 1-5　流程的六要素

案例　通过手机售后维修服务体会流程的六要素

在流程的六要素中,有两个关键要素——客户和价值,即"流程的客户是谁""流程给客户创造的价值是什么"。某品牌手机维修服务点就给出了简洁清晰的回答:这个流程的价值,不仅是修好手机,而且要让消费者感受到被关心、被呵护。

服务点中的一些具体细节如下:顾客在预检台简要说明故障现象;得到排队号;等候电子语音叫号;有充足的椅子供顾客休息;大厅中播放《憨豆先生》,帮助顾客打发时间;有饮水机,方便顾客饮用。

轮到笔者时,笔者不是直接和技术工程师打交道,而是向一位训练有素的小姐说明情况,她的职责是:听取顾客的故障表述;录入电脑;提示顾客进行重要信息备份;拆开手机;把故障部位交给里面的技术工程师;把非故障的芯片、外壳等放进一个小塑料袋里,交给顾客保存;告知顾客,技术工程师大概需要多长时间解决故障问题。

这里涉及流程的另一个要素,"流程的输出是什么"。用一个小小的塑料袋,把零散的东西装起来,而且是代顾客装好,就能给顾客提供方便。流程的输出,应该承载着流程的"价值",让极致的用户体验理念成为可感知的具体的东西。

为什么不是顾客直接同技术工程师交流而要设置一个客服小姐呢?不难体会这样做的好处:节省技术工程师的时间,让技术工程师的精力更多地用在"直接用技术经验解决故障问题"的"增值时间"上,而不是花在拆手机、录入客户的故障表述等技术含量低的事情上。这里就体现了流程的另外两个要素:"流程中的活动有哪些""活动之间的流转关系是什么"。服务小姐的岗位设置、她在流程中的活动,分担了技术工程师的工作,同时发挥了女性态度温和的优点。

流程的最后一个要素是"流程的输入",即各种人、财、物、信息的投入。值得注意的是,该手机维修服务点并没有要求顾客提供发票,预检台的工作人员也只是问了一句"是否购机时间在一年内"。如果手机维修服务点的工作人员可以凭手机的编号来确定手机是正宗的,那么就没有必要麻烦顾客提供信息。这是流程优化的重要思维模式——要"外不转内转"。

纵览一下这个手机维修服务点的维修服务流程,有两点启示:

第一,流程的六要素是比具体流程图更为优先考虑的东西,是一个流程的基本骨架。现在很多企业由于"重视流程",给各部门布置任务让它们画流程图,各部门也就按部就班地画。其实在具体画图前,应该先填一个表格,把六要素说清楚。

第二,六要素如果表述为"流程的输入、活动、活动关系、输出、价值、客户",那么应该从右往左逐一把这些要素弄清楚,而不是从左往右。"极致的用户体验"是灵魂,由此来反推其他具体工作应该怎么做。可惜的是,很多企业的管理者困惑于流程优化,面对着流程图为难,他们只知道流程的第一步是……第二步是……第三步是……只是按从左往右的顺序进行,即先看流程的输入,最后看流程的输出,价值和客户可能根本不提。结果,越看越觉得在用的流程图合理。其实,只要问企业:"这个流程最终是为谁服务的?"弄清这个问题才能画出合适的流程图,而很多企业从来没有思考过这个问题。

分析这些要素,我们可以发现流程具有以下特点:

- 目标性,有明确的输出(目标或任务)。这个目标可以是一次满意的客户服务,可以是一次及时的产品送达,等等。
- 内在性,包含于任何事物或行为中。所有事物与行为,我们都可以用这样的语式来描述,"输入的是什么资源,输出了什么结果,中间的一系列活动是怎样的,输出为谁创造了怎样的价值"。
- 整体性。所有活动的顺畅"流转"才能保证流程的最终输出和价值实现。因此,流程追求的不是个体的、局部的优化,而是整体的、全局的优化。
- 层次性。组成流程的活动本身也可以是一个流程。流程是一个嵌套的概念,流程中的若干活动也可以看作"子流程",可以继续分解为若干活动。
- 结构性。流程的结构可以有多种表现形式,如串联、并联、反馈等。这些表现形式的不同,往往给流程的输出效果带来很大的影响。

- 动态性，指由一个活动到另一个活动。流程不是一个静态的概念，它按照一定的时序关系徐徐展开。

思考一下、行动起来

下面是一家游戏开发运营公司的流程场景描述，阅读后请结合"流程的六要素"，回答问题。

以前，游戏版本更新流程单是由质量保证部（QA 部）直接提交给运行维护部的。当时公司部门少、岗位少、游戏玩家也少，这样做不会有问题，一些紧急的更新也能轻松应付。但随着游戏玩家人数及游戏区的增加，现在的版本更新流程单由 QA 部提交后，经过产品部才能到达运行维护部，各部门的操作人员也较多，在实际操作中很容易因为沟通的问题出现一些失误。在游戏运行维护上，服务器上的任何一个操作都是直接影响游戏玩家的，任何一个失误都可能变成一个事故，所以充裕的时间和详尽的更新说明对运行维护部来说特别重要。

最近的两次更新都出了一些问题：

5 月 15 日更新 A、B、C、D 四个区时，服务器没有按要求的时间开启，有两个区在游戏启动后发现一些配置还没有更新到版本中，必须再次停机。再有，这周正式版的更新过程中，需要在 4:05 停机，但流程单 4:00 才送到运行维护部，短短的 5 分钟不足以关闭四十几个游戏区。

出现上面这些问题，运行维护部认为是因为时间不足、沟通不畅产生的。比如说正式版的更新，如果流程单能够提前半小时送过来，让运行维护部做一些准备工作，延迟停机、误停机的情况发生的概率将会大大减少。

另外，人员的增多、员工素质的良莠不齐、部门间有效沟通不畅等问题的解决也迫在眉睫，这些都需要一个合理的流程或者制度来规范，以确保两个部门间的业务不会因为沟通问题而出现失误。再者，流程单上的有些内容比较凌乱，无法做到一目了然，在时间较紧的时候，容易出错。

以下是前几天出现的问题：

（1）由于之前确定的更新前的沟通没有被执行，流程单送到运行维护部时，已经到了停机时间。

（2）流程单没有经过整理装订就被送到了运行维护部，由于没有页码，运行维护操作人员在更新完成后校验比较困难。

（3）QA 部对版本所做的修改没有通知运行维护的相关人员，在版本更新时，运行维护部还是按最初给的版本安装，发现相关配置修改与流程单不符，和QA部沟通后才知道已经在版本中更新了配置修改文件。

（4）运行维护部在发生紧急事件时没有足够的人手来处理，在着急启动服务器时没有按流程先对配置的修改进行校验，等启动服务器后进行检查时，才发现已修改的配置文件没有放到版本中。

- 在上述流程中，哪些确实是个人过失？哪些可以通过流程上的优化、严密、完善做得更好？
- 请描述该流程的关键要素：该流程的客户是谁？客户期望要从这个流程最终得到什么？该流程应该输出什么？该流程应该有哪些活动、如何流转？

2 流程如何与业务紧密结合

你说：流程如何和业务紧密结合？

我说：流程就是业务运作的载体，从业务中来，到业务中去。

提到流程管理，很多企业都遇到过这些困惑：

公司已经建立过 ISO 9000、内控、HSE 等多个管理体系，这些管理体系最终变成一个个手册、制度规范，放在不同的文件柜里。现在搞流程，是否又多了一套文件，以后维护起来就更麻烦了……

公司已经做过一次流程制度梳理，各部门发布了很多的管理文件，这些文件看似都很工整完美，但由于各部门对流程的认识不统一、描述方式不统一、精细程度不统一，使得一些跨组织管理、跨部门协同出现了权力交叉或责任盲区，造成可操作性差，最终形成流程和业务"两张皮"（见图1-6）……

画流程图　　　　　流程图整理成文　　　　流程文件被束之高阁

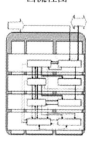

图1-6　某企业流程和业务"两张皮"

迈克尔·哈默在他的《超越再造》一书的开篇,就提出了一个重要观点:"公司走向以流程为中心并不创造或发明它们的流程。因为**流程本来就在那里,只是没有受到相应的尊重和了解。**"

可见,流程本身是业务运作的载体。企业为了提升管理水平,引入了各种管理理念,建立了各种管理体系,而最终各种管理体系的要求要落实在一套业务流程中(见图1-7)。通过流程实现对各种管理体系的集成,从而形成一套统一的对实际业务运作的描述和指导。流程管理最朴素的原理:"让具体干活的人知道怎么干活。"

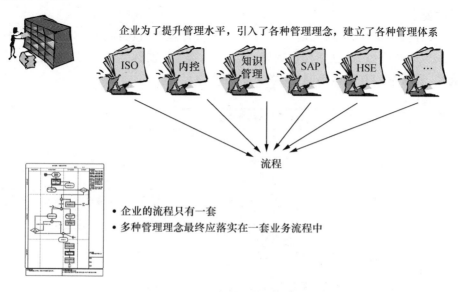

- 企业的流程只有一套
- 多种管理理念最终应落实在一套业务流程中

图 1-7　各种管理体系的要求落实在一套业务流程中

企业要形成一套和业务紧密结合、对业务能起到明确指导作用的业务流程,就不能"拍脑袋",有以下三方面的注意事项:

第一,要用现场版一步步的流程来暴露问题,不要抽象、美化流程。

曾经有家企业画了一个物流入库流程,用文字描述即"申购—审批—下单—到货—验收—入库"。这家企业的困惑是:"怎样从这个流程中找到问题、分析优化、提升解决、指导业务呢?"

我们的回答是:流程描述到这个颗粒度,是发现不了问题的。

这个流程太单薄了,而我们要的是现场实际发生的情况:申购是否在电脑上误操作了3次,审批是否排队等了2天,是否反复找领导4次,下单是否和供应商纠缠2回,到货的时候在场人员是否缺位,验收的时候是否敷衍结果埋下隐患,入库以后是否从台账到电脑上的信息反映延迟了3天。

也就是说，为了让流程描述贴近业务，就要带着笔和纸、照相机、录像机，到现场去，一个动作一个动作去跟，那个采购计划员一天 8 小时是怎么消耗的、结果又加班 4 个小时是为了什么，那个采购经理画的 10 个圈都画在什么单据上、为什么要画，这样才可能去发现问题、分析问题、解决问题，从而实现业务改进。

我们要的是"现场实录"版本的流程描述，而不是几个管理参谋人员在办公室里想象出来的、抽象美化过的简洁流程。

第二，不要流水账流程，通过使流程多一些维度和属性信息，集成各管理体系的要求。

我们来对比一下某房地产公司 A 的质量管理部自己绘制的流程，以及另外一家房地产公司 B（业务与管理模式均和 A 类似）在顾问的辅导后描述出来的流程，看看它们有哪些不同（见图 1-8、图 1-9）。

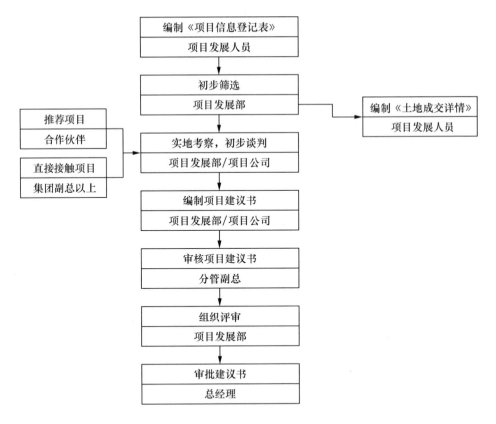

图 1-8　某房地产公司 A 的项目投资流程图

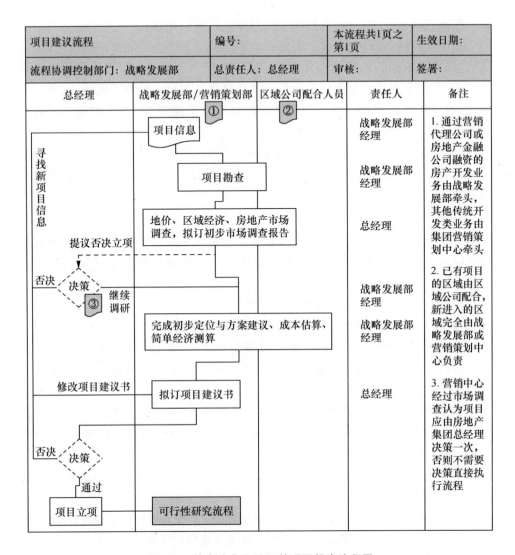

图1-9 某房地产公司B的项目投资流程图

我们称第一种流程图（图1-8）为"零维度活动流转图"，它只描述了一个业务的流水账流转和主体的跟随标注情况；我们称第二种流程图（图1-9）为"跨职能的垂直活动流转图"，它不仅描述了流程的流转过程，而且能让人一目了然地看出这个流程涉及哪些部门/岗位（第三行）、这个部门/岗位在这个流程里一共做了哪些活动（按列看）、流程的协调统筹部门、流程的节点责任人、流程的执行要点等。这个流程具体描述的时候借鉴了很多房地产同行的好的管理经验，并对B公司的流程如何保证整体效果做了通盘思考。

在流程的每一个节点,我们还可以附加以下属性信息:

- ISO 9000 或者内控等管理体系的要求。将各管理体系的要求作为属性标签,添加到流程的具体活动节点上,一方面,使业务执行人员不再翻阅多个管理文件,也避免了各管理文件出现不一致造成业务执行人员的无所适从;另一方面,各管理体系的维护人员通过检索流程各节点附加的"标签",也能更好地监控管理体系要求的落实。
- 时间要求。如流程活动中"采购申请提交"的执行时间应该在每月 5 号,某个环节的审核时间要求在 1 天内等,通过时间要素的明确使流程的运作形成固定节拍。

第三,跳出流程来认识流程,"见木也见林"。

更进一步,我们还可以分析上述流程在企业整体流程中的位置、和其他流程的接口关系,也就是说,跳出流程来认识流程,"见木也见林",从企业流程总图出发来思考一个具体流程的描述(见图 1-10)。

如果"只见木不见林",一头扎进一个具体流程中去描述,不能从整体上来认识流程的话,往往会导致三个方面的问题:

- 业务活动的切分不清晰,不知道哪些工作应该归入哪个流程,可能就会在流程描述的时候造成冗余或遗漏,不是两个流程彼此有重复的部分,就是两个流程都遗漏了一段。
- 各人对业务颗粒度的理解不一致、流程描述口径不一致,有的流程描述得特别宏观粗放,把业务的颗粒度做得很大;有的流程则抠得特别细,甚至细化到岗位内部执行的逐个动作。
- 流程之间的关系不清晰,只注意了本流程的内部,难以把握流程的上家(内外部供应商)和下家(内外部客户)。

因此,流程不是对 VISIO 符号的简单引用,也不是对流程的很多底层细节进行 100% 的机械描摹,一套清晰描述的流程文件应有以下作用:

- 体现和落实企业战略的要求,明晰核心业务。
- 展现出每个流程上的跨部门、跨岗位的协同全貌和工作走向。
- 集成各管理体系要求和最佳实践,落实到具体的流程活动,为企业所有的业务人员提供一套统一的工作指引。
- 帮助建立流程导向的组织架构,与人力资源部门维护的"部门职责""岗位职责"能够对应起来。

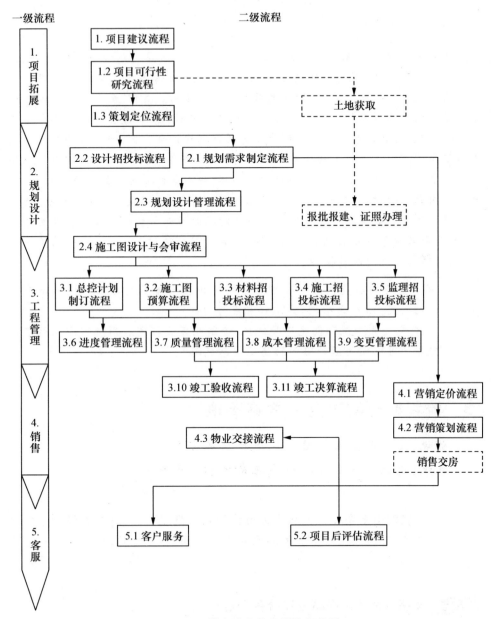

图1-10 某房地产公司的流程总图

思考一下、行动起来

请完成一个流程描述的练习:

在投资项目形成采购意向后,某电信公司本地网要对购销意向进行评估。首先,确保销售合同能有一定的经济效益;其次,确定审核销售合同是否违反上级有关规定。如果没有问题,则采购员可以签署合同。其中,如果客户是国外的电信设备供应商并且(考虑为"或者"时流程有何不同)采购金额超过100万美元,该电信公司的采购人员就要到省公司的计划建设部审批,并由省公司与供应商签署合同。但是省公司的审批权限只有1 000万美元,高于1 000万美元的合同需要集团公司总部的财务部和建设部会签,并由集团公司与供应商签订合同。集团公司总部的财务部和建设部的审批权限只有3 000万美元,高于3 000万美元需总经理办公会审批。但总经理办公会的临时召开需要综合办公室发文才能召开,否则只能等待每月的总经理办公例会。审批通过后,由上级人员签署合同,同时通知本地网人员执行。

- 请考虑并回答流程为顾客增加了哪些价值?流程的输入、输出、活动是什么?活动之间(活动的结构)是怎样相互作用的?
- 请自定义业务流程描述符号体系,绘制业务流程图。用流程图表达不清晰或不完整的可以使用活动附加的属性信息说明。

3 流程如何实现企业战略落地

你说:流程和企业战略之间是什么关系?
我说:流程就是企业战略实施落地的作战图。

我们接触的很多企业人员都认为流程就是执行层面的事情,流程就是操作环节对工作流转的定义,与企业的战略完全是两回事。事实真是如此吗?让我们看一个案例。

案例 某制造企业新产品流程缘何失败?

C公司所在的集团是国内有名的制造业企业,集团公司获得了持续的发展,管理水平也是行业内数一数二的,内部人士也以此为荣。但是与跨国公司比较起来,差距还是很明显的,跨国公司每年一到旺季,新产品一个系列接一个系列,组织得非常完善，但是C公司老是跟不上市场的节拍。从表面上看，C公司光新产品开发的流程就有厚厚的一大本流程手册，并且请了日本的同行来优化自己内部的新产品开发流程，但是形势仍然不见好转，甚至连自己的主要竞争对手都赶上来了。尤其是新产品的市场表现，营销公司老总总结了八个字——"高不上去，低不下来"：

（1）"高不上去"是指价格上不去，最贵的产品也就刚刚达到跨国公司中端产品的价格。

（2）"低不下来"是指成本低不下来，由于开发活动脱节，本来是想通过低价打压别人的产品变成了成本比对手还高。

（3）新产品利润比老产品低、不同型号产品利润没有差别。

（4）产能冲突、市场反应时间慢。

在C公司的邀请下，咨询公司的顾问开始进行问题的调研分析。咨询顾问进入C公司后发现了几个有趣的现象：

其一，"流程是多了还是少了"。

咨询顾问与运营管理部的张先生进行了非常多的交流，张先生一直强调的一句话是"我们C公司的流程不是太少了，而是太多了，问题就在于流程太多"。但是与企划部、研发部、销售部的人员交流时，他们提出的观点是"M企业的流程不是太多了，而是太少了，很多跨部门接口的地方仍然没有说清楚，存在大量的模糊地带"。

其二，"流程没有问题，是其他部门的执行出了问题"。

在讨论问题出现原因的时候，运营管理部和研发部、生产部、销售部等都一致认为造成新产品开发不成功的关键问题并不在于流程本身，而在于流程执行，其他部门没有很好地执行流程。

企划部说："新产品表现不力，研发部和销售部要负主要责任，企划部已经做出了很好的方案，但是研发部1年、2年都做不出来，销售部老是更改产品的定位，造成新、老产品定位模糊，自己不同系列的产品在内斗。"

研发部说："关键的原因有两个，一是研发部人员太少，企划部、销售部也没有提供有价值的市场信息来指导研发部；二是在产品设计的初期，邀请生产部、销售部的人来进行评审，他们都不认真负责，都不提修改意见，只说非常好，但是一旦产品快要上市了，他们就不断反映问题，把责任都往研发部身上推。"

生产部说："生产部两头受气，研发部老说我们生产部不能有效实现他们的优秀设计；销售部则说我们成本太高，但是又提出了非常高的品质要求；研发部和销售部还总是不断更改要求，简直没法生产了。"

销售部说："新产品没几个好卖的，低端产品成本比同行的售价还要高（虽然质量好，但是消费者感觉不到差异，更看不到差异的价值），高端产品既达不到跨国公司的技术水平又没有好的概念来炒作。与此同时，销售指标却是一年一年地快速上涨，还是老产品比较保险一点。"

流程图已经有了，还借鉴了国外同行的经验，业务运作也是按照规定的流程来进行的,那么问题到底出在哪里呢?

经过仔细分析,咨询顾问发现了一个深藏的症结:新产品开发流程中五个部门存在五种差异化非常大的思维(见图1-11)。

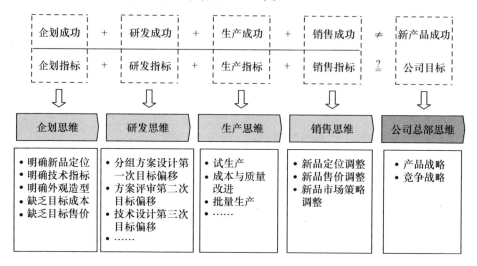

图 1-11　某公司新产品开发的几种思维

我们发现,从部门的角度来看:每个部门都是按照公司的规定进行工作的,而且都很努力,按照这种理解都可以称为是成功的,但是开发出的新产品却是不成功的。

企划成功 + 研发成功 + 生产成功 + 销售成功 ≠ 新产品成功 ≠ 公司成功

问题出在哪里呢?对于新产品来说,各个部门定义的成功标准是不一样的。

- 企划部:成功的新产品是引领生活时尚、引领技术理念的产品。
- 研发部:成功的新产品一定要有技术创新。
- 生产部:成功的新产品我们生产部门决定不了,成本和技术都是设计部门设计时就已经决定了的。
- 销售部:成功的新产品必须是销量很大的产品,低价格的产品质量一定要比竞争对手好,能够创新的产品一定要在外观和技术指标上比竞争对手好。
- 公司总部:能够树立公司品牌形象的产品都是成功的新产品。

在整个流程中,不同的部门各自定义的新产品成功的标准差别非常大,而且这些标准都是各个部门自己认为的一个标准,只是部门内部的一个默认,从来没有公开过,也没有和流程中的其他部门进行交流。更为关键的是,公司的领导所谈到的新产品的成功也只是他们认为的成功的泛泛概念,也没有让流程上的相关部门知晓。还有一个奇怪的现象是,对新产品成功与否的考核仅仅考核销售部门,对其他部门不会有任何考核。而让销售部门的人员困惑的是,公司考核其新产品成功与否的指标不是公司领导和顾问交流时谈到的"提升公司形象",而是单纯数量上的新产品销量和利润率。

进一步来看,新产品衡量标准的不清晰还源于新产品开发策略的不明确。在 C 公司,并没有人或者部门来专门制定新产品开发策略,更加不会有人来宣传这种开发策略。有人认为,C 公司就不应该走竞争对手进行大量原创开发、不断引入新的技术的路子,而应采取一种追随的战略;但是也有人认为,现在是到了提升公司品牌的时候了,产品必须要从原来的以中低端为主的格局逐步上升到以中高端为主的格局,要实现这个转变就必须从新产品开发着手。这样,再进一步来看,这个问题的来源可以追溯到战略上的缺失:作为一家大型的制造型企业,C 公司的产品战略到底是什么呢?

从这个案例我们可以清楚地看到,对于 C 公司来说,流程图和各种文件并不缺乏,文件中甚至也有日本先进同行的"形似",但关键的"神似"是没有的、各部门面向流程最终产出的一致理念是没有的、流程上具体执行和具体决策的统一战略指导思想是没有的、相对应的考核指标是不严密的,因此出现战略和执行层面的脱节及偏移。

企业管理是一个系统工程,必须建立从战略目标到战略执行的保障体系(见图 1-12)。其中,战略目标是企业运作的方向和指导思想,企业必须把客户和公司的不同需要加以平衡,设计出一种能够使双方都感到满意的方案来,从而形成清晰的战略导向。

在战略明晰的基础上,企业还需要构建战略执行保障体系,具体包括以下三层:

● 第一层,以会议管理、经营分析、预算考核为基础建立企业计划,以执行和控制为目标的战略控制层。

● 第二层,以业务流程、岗位描述、绩效测评为基础架构,对研发、采购、生产、销售、客服等各职能领域构建稳定的流程执行层。

● 第三层,以 ERP(企业资源规划)、CRM(客户关系管理)、PDM(产品数据管理)等大量的信息技术为基础的支撑平台。

其中,流程执行层是战略执行落地的核心枢纽,在整个战略执行保障体系中起承上启下的作用,企业的战略目标只有落实到流程上才能变得可执行。

企业高层除了制定清晰的战略目标和方向外,还承担一个使命,即建立战略配称关系。迈克尔·波特在《什么是战略》中提出:"战略配称是创造竞争优势最核心的因素,它可以建立一个环环相扣、紧密连接的链,将模仿者拒之门外。战略配称可以分为三类:第一层面的配称是保持各运营活动或各职能部门与总体战略之间的简单一致性;第二层面的配称是各项活动之间的相互加强;第三层

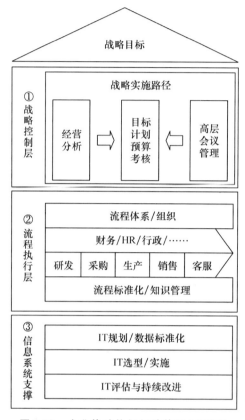

图 1-12　企业战略执行保障体系（AMT）

面的配称已经超越了各项活动之间的相互加强,我把它称为'投入最优化',即尽量避免冗余,减少投入力量的浪费。在三种类型的配称中,整体作战比任何一项单独活动都来得重要与有效,竞争优势来自各项活动形成的整体系统。"[①] 这里所说的环环相扣、紧密连接的链就是企业的流程体系,即通过建立和企业战略目标一致的流程目标,实现流程和流程间的紧密衔接,从而形成企业战略实施的整体作战图。

公司高层领导一般会对企业整体运作情况比较有感知,而部门级领导看问题时难免会有一定的局限性,会不自然地将注意力关注于自身所属部门的相关职责,从部门角度出发来进行流程优化的结果会带有比较浓重的本部门色彩,而与其他部门相脱节,容易形成"局部最优而非全局最优"的问题。因此,有必要构建企业的整体流程关系图,使任何一项业务活动或者业务单元都不是孤立的独自作战,而是相互衔接(见图 1-13)。企业的产品开发和上市流程,是根据企

---

① 摘自《哈佛商业评论》,2004 年 1 月刊。

第1章 流程理念

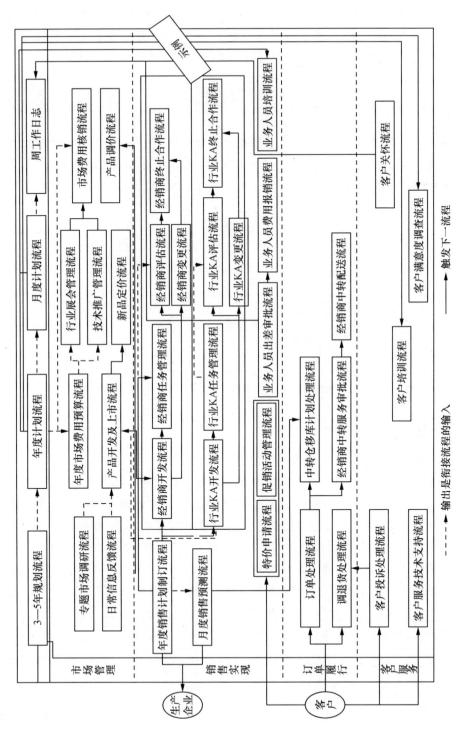

图1-13 企业各流程之间的紧密衔接示例

业的3—5年规划和年度计划、市场费用预算流程的输出,同时考虑市场调研提出的需求形成的产品开发及上市流程的输入,从而使产品开发及上市目标能承接战略的要求,并且在执行过程中和价格、渠道推广等流程紧密衔接。

思考一下、行动起来

在某生产光纤的合资企业,其总经理无奈地发现:中层管理干部的协作配合存在很大问题,经常把"工作交流会"开成了"埋怨指责会",甚至"吵架会"。这家企业的组织机构图见图1-14。

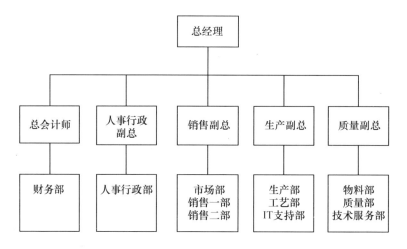

图1-14 某企业组织机构图

吵架的原因多种多样:物料部经理会抱怨销售部不结合库存来销售,一旦和客户签订的产品种类没有现货,就要备料组织生产,而采购部经常提出几乎无法满足的要求,搞得他天天救火;生产部抱怨质量部教条主义,在进行质量控制时根本不考虑市场和客户的需求;市场部也抱怨IT支持部,说很多数据滞后甚至根本就看不到,要是根据后方提供的资料去做生意的话,早已时移世易了……

中层经理们也不愿总是吵架,开始自责:我们是不是太缺乏团队精神了?可是到了开工作交流会的时候,还是继续吵架……

你认为,问题出在哪里呢?

4　流程优化与组织结构调整的关系

你说：是"流程决定组织结构"还是"组织结构决定流程"？

我说：高阶流程决定组织结构，高阶流程和组织结构一起决定低阶流程，两者是同步交叉完善的。

是"流程决定组织结构"还是"组织结构决定流程"，如果你以为这是西方管理学大师著书论战时才会谈及的话题，那就错了，过去这十来年中，很多企业的经理人都曾谈起这个问题。这些经理人有时还不是身在企业管理部和战略发展部这种"专业管理类"部门，而是企业一把手、副总、市场总监、物流总监、财务总监等。

想想也有道理，企业里总会一次次发布组织结构、定部门职责、定岗位职责，也会梳理流程、写流程文件、画流程图，那么两者是什么关系呢？

业务流程再造之父哈默说，"流程决定组织结构"。这是有道理的，因为在哈默的叙述思路中，创造价值的是流程，而组织结构只是创造价值的手段，因此，流程决定组织结构。

回答"组织结构决定流程"的人，好像也有其道理。他们说，如果组织结构还没有呢、岗位和人的对应还没有呢，那么谁来制定流程呢？如果把流程上的活动比作一个个"珠子"，把流程比作穿起多个活动的"珠子"的一根线，那么也要先把"珠子"准备好才能穿线吧？

问大家一个问题，如果非要贴个标签，企业中有"改革派"和"保守派"，请问，这两派中谁会说"流程决定组织结构"，谁又会说"组织结构决定流程"呢？

AMT咨询在流程管理咨询方面的多年实践告诉我们，做后一种回答的人，大多是"保守派"，他们已经承认了目前岗位和活动的合理性，认为当前做法是难以颠覆的，会要求在目前组织结构图的"框框"里来梳理和改良流程。而"改革派"会和哈默站在一起、振臂高呼，认为"框框"可以被打破，流程不能只是改良，而完全有可能根据客户和市场的需要、根据新流程的需要来重新安排组织结构，从再造和重组的力度来"取得戏剧般的改进"。

其实，根据AMT咨询的观察，对于企业/组织里的经理人来说，流程优化与组织结构调整并不是那么泾渭分明，而往往交叉穿梭。企业高层在拟定新的组织结构图的时候，往往在头脑中勾勒了一种新的价值创造模式（如果画出来其实就是企业的高阶流程、企业新的价值链模型），比如"哑铃型结构""终端为王、掌控终端、经营中心下沉""集中化一体化运营"等,这些都是对新型价值链的描述。那么,高层会用组织结构图来表达这种改变、实现变革的意图。从这个意义上,AMT咨询将这种先有"高阶价值链的意图"后有"组织结构图"的做法,归纳为"高阶流程决定组织结构"。

而后,组织结构图发布了、部门名称和部门经理的人选确定了、岗位大体明晰了,新的组织结构中会出来一些人建立流程、制定流程文件,穿起"珠子"。我们注意到这种流程文件是比较具体的、是关于"这个岗位和那个岗位工作是怎么流转配合"的、是指导具体业务操作的、较之高阶价值链是相对低阶的,制定这种流程文件时,一般就不会涉及部门名称的变更了(它已经在组织结构图中被确定了),最多涉及一些岗位名称的再优化。鉴于此,AMT咨询将其归纳为"高阶流程和组织结构一起决定低阶流程"。

而如果再深入到流程内部来看,我们的认知就可以再深入一些。我们已经知道,流程是一系列活动的连接流转,可以把这些活动即"珠子"分为两类(见图1-15):A类是管控活动(涉及各级别各部门经理人的决策、审批、评审、会审、签字、授权、批准等),B类是专业活动(即真正让产品和服务产生、位移并交付的活动,比如市场调研、设计、制造、发货等)。

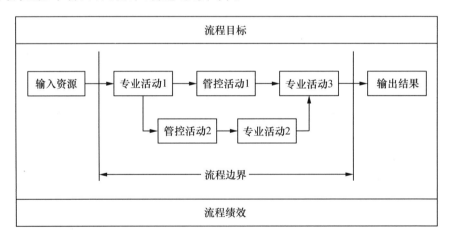

图 1-15 流程中的管控活动和专业活动

那么,关于"管控设计"和"流程设计"之间的关系,AMT咨询提出了一个等式,即"设计一个流程 = A类活动的设计 + B类活动的设计"。

A类活动怎么设计?即根据企业的管控、组织和职责来定。组织结构中已经明确了谁是下属岗位、应该上报给谁,谁是上级领导、应该对谁的行为进行管控、审批、审核,这些使得流程中涉及的各级别各部门经理人的决策、审批、评审、会审、签字、授权、批准类的活动,即 A 类活动一个个明晰起来。所以,组织结构决定了流程的一部分(即 A 类活动部分)。

B 类活动怎么设计?即根据公司内以及行业内甚至行业外的最佳实践来定,什么样的是最好的市场调研,就怎样来做市场调研;什么样的是最有创新且带来利润的研发设计,就怎样来研发设计;什么样的是最快、最准确的发货,就怎样来发货。B 类活动定下来,又可以给组织中的"岗位职责说明书"增加一些条目。

所以,关于管控设计和流程设计之间的关系,AMT 咨询提出第二个等式:"一个岗位的职责 = 该岗位的管控活动的职责 + 该岗位的专业活动的职责 + 其他职责(很少)"。

从这个意义上来理解,流程不能完全决定组织结构,组织结构也不能完全决定流程。两者是同步交叉完善的。

组织结构是企业响应外界竞争态势、结合自身能力所做出的一种应战姿态,当外界的竞争环境发生改变时,企业首先是调整大的组织结构,可如果相应的流程文件还是旧的,就会导致实际业务执行和流程成了"两张皮"。因此,我们必须要提醒企业的高层:

第一,组织结构调整以后,组织结构图和相应的人事安排虽然变了,但这只是表面的变化,还需要流程、制度、绩效、薪酬、内在业务核心能力和人员技能等连锁效应的批量调整都做到位。这就好比一位孱弱老夫做出"弹跳挥拳"状,表面看像是拳击能手了,而到底能不能战胜他人,最后靠的还是肌肉力量和平日的训练积累。

第二,组织结构调整以后,请留下足够的时间给流程、制度、绩效、薪酬、内在业务核心能力和人员技能等连锁效应的批量调整,投入足够的资源来开展这些工作,甚至是亲力亲为来参与。否则,就成了组织结构变了而内在实力没有变,徒有一个"弹跳挥拳"状的花架子罢了。

第三,如果只调整组织结构,不去清晰解读和层层宣贯为什么调整,那么作为"大脑"的作战意图是得不到"手脚"的理解和配合的。组织结构越庞大,"手脚"这些分支距离"大脑"就越远,于是员工说"哦?组织结构又调整了?调就调吧,和我有什么关系"。结果,"大脑"去应战了,"手脚"原来该干什么还干什么,难以实现变革的初衷。

第四,如果高层作为司令官调兵遣将,那么一定要给自己配备一个强有力的"管理系统运作部门"作为参谋部。作为司令官,看的是大势,司令官不需要知道每个师里面的每个士兵长什么样,也不需要知道每个旅里面的每个排长用什么枪。但"用兵一时"之前必须有"养兵千日",每个师里面的每个士兵是否掌握作战技能、每个旅里面的每个排长是否擅长战术配合，是必须由一个"管理系统运作部门"把作战计划部门、军事训练部门、后勤补给部门等统统集结在一起的，通过平日高强度的科学训练、模拟演戏，一旦司令官下令，来则能战、战则必胜。所以，当高层做出组织结构调整时，身边如果有一个"流程管理部"或者"运营改善部"帮其做好流程、制度、绩效、薪酬、内在业务核心能力和人员技能等连锁效应的批量调整，那么高层打赢这场商战的概率就大多了。

同时，作为负责流程管理工作的副总、总监、经理、专员，不能憧憬"组织结构不要变就好了"，而是需要时刻准备着，一旦组织结构调整，就快速进行流程、制度、绩效、薪酬、内在业务核心能力和人员技能等连锁效应的批量调整。同时，不能埋在文件堆里做事，而是要面对"变革涉及的人"去做事，要把"增加一个部门""去掉两个管理层次""两个部门合并"所涉及的部门和人员集结起来，研讨需要进行哪些批量调整和变化，做"会议室"模拟，如果这些人能把新流程走通，那么出了会议室的门以后，变革就发生了，补齐流程文件只是与之同步的事情，而不是都坐等流程图做好了再开始应战。

思考一下、行动起来

- 一个流程中是 A 类活动越多越好还是 B 类活动越多越好呢？
- 当一家集团型企业强调，"集团总部要做好对各个业务作战单元的服务，而不是高高在上做审批机关"，这时，它是在强调增加 A 类活动还是 B 类活动呢？
- 当一家上市公司提出"从做大做强到做强做大，放缓收购速度，加强财务风险管控"时，它是在强调增加 A 类活动还是 B 类活动呢？
- 怎么把一个 A 类活动转变为 B 类活动呢？举例来说，本来这里有一处签字，即 A 类活动，如果要取消这个签字同时又不带来风险，那么应该怎么做呢？哈默提出的流程优化原则"把决策建立在业务程序本身上"，对你回答这个问题有启发吗？
- 大量的 IT 技术的产生，比如 RFID、物联网等，将减少还是增加流程中的 A 类活动？想象一下，当 RFID 技术广泛应用之后，你到超市买了一盒酸奶（上面有电子芯片注明了价格等属性信息），然后径直走出超市，那么你的信用卡里的钱会自动减少，因为超市出口安装有扫描装置，而你随身携带的手机或者超市用户卡甚至植入皮肤的芯片就已经报告了你是谁。这个结账流程没有等待、扫描、打单、核对、付钱、收银员找零（收银员也许都换岗改做微笑导购和 IT 维护了）等，它和传统结账流程相比，少了哪些 A 类活动，保留了哪些 B 类活动？

5 流程如何应对内外部环境的变化

你说：流程优化一次又能怎样？企业内外部环境变化了，流程跟不上变化怎么办？

我说：不断地沉淀与创新，形成持续改进的机制和文化。

事实上，很多企业的内外部环境是不断变化的，以 A 公司为例，其内外部环境的变化情况见图 1-16。

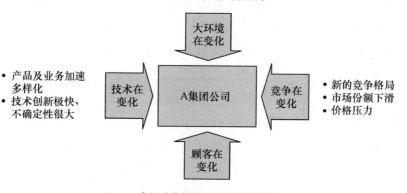

图 1-16 公司的内外部环境变化情况

有些管理者会问："流程优化一次又能怎样？企业内外部环境变化了，流程跟不上变化怎么办？"他们这么问，其实并不希望得到什么回答，只是多少有些抱怨，发发牢骚而已。

当变化成为一种常态的时候，大家对红海、蓝海的讨论非常多，我们也不妨引用一下这两个非常时髦的词，来探讨"如果外部环境经常变化，流程优化还有没有意义"的问题。

如果企业遇到的某个变化的确是从来没有遇到过的新情况、新问题，如科研攻关、挑战技术极限，这时流程的重要性的确是要让位于"企业家和经理人的直觉、综合决策能力、创新的功力"。

如果把上述"新鲜事"比喻成蓝海,那么经理人一旦碰到这样的蓝海,就大胆地去实践吧,以往的流程应付不了这个新情况,当然也不排斥经理人从以往的流程、管理原则和制度中找寻可借鉴之处。

然而,企业里真的有那么多蓝海吗?企业有没有在一些曾经遇到的问题上一错再错,在流程上不断出纰漏呢?这种情况很多,一位企业家曾经说:"只要不重复犯自己已经犯过的错误,就可以称得上卓越了。"

如果把曾经做过的业务、遇到的情景和问题以及犯过的错误称为红海,那么企业有没有把曾经的教训和经验,及时总结为流程的原则、流程的流转图、各岗位的操作手册呢?有没有尽最大努力从流程的制定、优化和贯彻执行上避免再犯错呢?犯了错误,人们常常归咎于个人、归咎于其他部门、归咎于上级领导,甚至归咎于公司老总不支持,却很少有人会把这个责任归咎于流程还不够严密、执行不力。

虽然内外部环境经常变化,但是流程管理依然有现实意义:流程就是蓝海和红海中间的过渡利器,即企业一旦遭遇蓝海的"新鲜事",只要这个事情发生过一次,就应马上转变为红海的"不新鲜事"了(见图1-17),那么,流程应迅速跟上,以避免犯错。这样不断地转变,不断地将"例外的工作例行化",就可以帮企

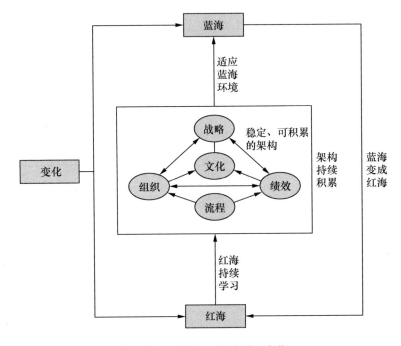

图1-17 蓝海和红海的循环变化

业打造"稳定、可积累的架构",即企业是在昨天的基础上进行持续发展,而不是不断地推翻重来。这就如同树木的生长,在已有枝干的基础上不断地抽出新芽,新芽继而变成新的枝干,最终长成参天大树。

企业必须建立流程持续优化的机制,对流程进行定期的回顾和分析,以保证流程的与时俱进:

- 组织外部环境是否发生了变化?
- 客户需求是否日益多样化和多变?
- 现有流程的运作效率和竞争对手相比是否存在较大的差距?
- 是否由于组织规模的急剧扩大,原来的流程文件已经不适应今天的业务运作了?
- 部门摩擦的现象是否经常出现,结果降低了效率?
- 客户满意、客户需求、为客户创造价值,是否淹没在日益庞大臃肿的官僚机构中?

除此之外,建立流程持续改进的文化是基础。

案例 中国电信的流程文化三要素

中国电信总结了"什么样的企业文化能使企业的流程持续改进",得出三点结论:

一、对成效的不懈追求:注重对问题的实际改善

解读:如果企业是得过且过的60分精神,那么流程还优化什么?

- 抓住关键问题;
- 提出切实可行的方案,而非一味追求完美;
- 追求有冲击力的实际效果。

二、无边际的合作与管理:非本位主义的思考方式

解读:一般企业里会有工作组,这些跨部门的工作组可以体现一个企业的流程管理水平。如联想、华为等实行了集成产品开发的企业,以跨部门组成的产品研发小组为研发的主体。

- 部门间的自然合作;
- 考虑问题的全局性;
- 不同的人能够学会换位思考。

三、学习型的工作方式:不断提出问题,主动解决问题,并汲取经验

解读:有的部门在优化流程时,只突出优点,而对缺点讳疾忌医,只怕影响自己在领导心中的形象。这种心态是典型的非学习型工作方式的表现。

- 主动提出问题而非回避问题;
- 勇于承担解决问题的责任;
- 不断学习改进。

以上三点,如果表述在企业文化中(口头上、手册中、各级经理的高频率词汇中),那么就可以体现出一种很强的企业能力。

而这种体现了"能力"的企业文化,就和只体现了"人品"的企业文化(诚信、团结、正直等),分出了高下。我们不是说"人品"不重要,但在今天的商业社会中要拔得头筹,一定要有"能力",而且要把"能力"体现在企业文化中,变成企业的血液、基因。

这种体现"能力"的文化为流程管理指明了方向,也就是说,流程管理必须要以实现这种文化为目的。因此,阿里巴巴对新人进行"洗脑入职培训"时,用尽各种培训手段,让新员工理解阿里巴巴的文化为什么是"拥抱变化"。"华为基本法"也强调,要把客户需求无障碍地传递给各部门。回忆一下,你所在的企业的核心价值观的表述,有多少是关于"人品"的,有多少是关于"能力"的?

6　流程管理的新理念:BPO

你说:能否介绍一些例子,说明流程管理的理念有了哪些新发展、新内涵?

我说:资源整合、业务流程外包正在进行。

笔者曾参加过某知名房地产企业每季度举行的"战略务虚会"。会上,集团总经理明确提出,以前考核经理人最关键的是看他"是否敬业",以后要看他"是否会整合资源"。这是因为,该企业在管理创新上走在了行业前列,他认为该企业已经不是一家单纯的房地产建筑企业了,而是一家品牌管理公司和质量管理公司。该企业从上到下都在考虑这个问题:如果从很多具体事务性工作中撤退出来,引入外部专业资源,那么究竟什么是资源?什么是可以整合的资源?应该怎么整合?

从流程管理的视角可以看出,这已经超越了企业内部的流程管理,而是跨企业、全产业价值链的流程管理,其关键是业务流程外包(Business Process Outsourcing,BPO)的管理。

从国内外的实践来看,业务流程外包已经有不少实例。企业在保持人员扩张很少的情况下,实现业务的快速扩张,业务流程外包的确是一个利器。国际流行的 BPO 业务包括客户支持、会计服务、数据处理、呼叫中心、业务分析、人力资源外包和 IT 外包等。

在国内,目前比较主流的 BPO 业务包括以下数种:

- 市场调研。即通过电话对消费者进行调研。比如,一些会外语的员工通过电话对外国的消费者进行客户关怀或市场促销。
- 数据处理。即将大量纸质文件或声音文件转化为电子文档。比如,很多小型数据处理公司为大型企业进行大量的数据录入工作。
- 应收、应付账款业务。即由业务提供商根据预先确定好的执行标准和原则来管理、执行这些业务。比如,宝洁公司就将全部应付款业务外包给惠普公司的服务部门。
- 渠道外包。即企业专注于品牌和产品研发,而将渠道的推广和销售交由经销商处理,通过建立经销商运作标准化体系,帮助经销商提升管理水平,从而实现双赢的结果。
- 人力资源业务外包。即企业将人力资源的有关流程交给具有专业知识或技能的专业提供商。比如,不少在华外资企业将薪酬管理交给熟悉本地税收和社保政策的专业人力资源服务提供商。
- IT 外包。即企业将软件开发、硬件维护等 IT 方面的业务外包。比如,很多企业选择 IT 的外包服务企业为其提供从信息系统规划、实施到运行维护全过程的外包服务,从而使企业关注自己的核心业务。

虽然 BPO 不是新鲜事,但是如果不是把局部的稳定业务外包,而是如某些企业那样把大量核心业务外包会怎样?发包方怎样确保流程的产出是受控的?流程服务的稳定性怎么保障?

外包流程不同于企业内部的流程,企业内部的流程不管怎样总可以为其找到一个主管或者负责的部门,甚至还能找到一个流程的所有者,通过明确归属,再配上相应的管理制度,这个流程有保持稳定的可能性。此外,内部的频繁交流也可以在一定程度上保证流程是清晰明确的,有了争议还可以从相关的领导那里找到解决分歧的答案。

再看外包流程,整个流程难以找到所有者,容易断裂,哪怕有流程的所有者,各环节也是平级的,没有行政辖属关系,而且各企业流程的变更也是独立进行的,容易产生不同的目标倾向。如果出现争议,则难以找到能够担当仲裁的人或者组织,而且沟通起来也不可能像在企业内部那样顺畅。

所以外包流程存在天生的不稳定性,与企业内部流程管理的最大差别和难点就在于如何对其他联盟伙伴企业的流程实现跨企业的管控,即打破企业与企业之间的壁垒。同时我们还注意到,由于《劳动合同法》的出台,不少企业开始重新整理自己的企业边界,把更多的业务承包给外部伙伴来做,又会产生许多新问题。

要打破公司间的壁垒,关键是建立以统一产出服务为导向的价值体系,在整个跨企业的流程中明确最终的流程产出,然后再逐步明确各个流程环节的产出,以及衡量这些产出的标准,包括质量、时间、成本,以及出现异常情况时,整个外包流程如何变动。在对外包流程的运作体系以及价值和交付物进行明确规定之后,全价值链上的前后企业之间签订科学严谨的"服务级别协议"(Service Level Agreement,SLA),开展"服务级别管理"(Service Level Management,SLM)。

服务级别管理,是对提供给客户的服务的质量水准进行定义、协商、订约、检测和评审的全过程(这既是一个大流程,也是一个大体系),有关所提供的服务和这些服务的质量水准都记录在服务级别协议中。外包流程服务水平管理体系的模型见图1-18。

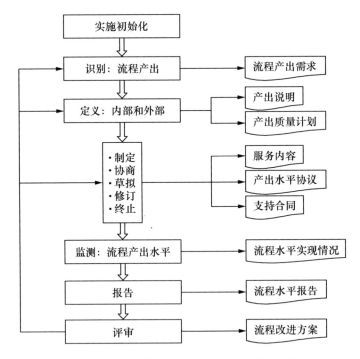

图1-18 流程服务水平管理体系的流程分析

业务流程外包后企业需建立相适应的外包管理组织和流程。我们来看一个将IT外包后的企业相对应的IT组织和流程:企业通过年度信息化计划指导

IT 的建设和运行维护(见图 1-19)。在 IT 建设中,企业的信息化小组通过项目管理的流程和外包方进行合作并实施管理;在 IT 运行维护中,通过需求和服务请求管理流程,实现内部的 IT 服务台和外包方的有效协作。

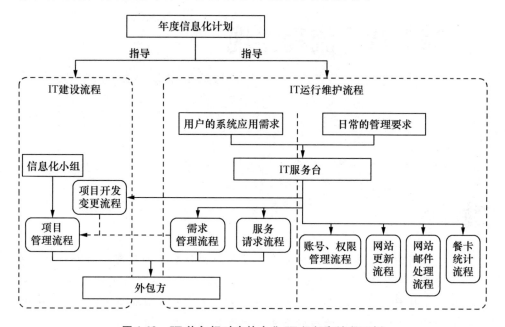

图 1-19　IT 外包相对应的企业 IT 组织和流程示例

Chapter Two

第2章 流程浮现
——从一个端到端流程到流程体系

阅前思考

现有的流程和制度文件有多少是为应急而制定的？现在的流程和制度文件是不是比较零碎、重叠、繁多、杂乱？是不是应该抓大放小，把几个大流程真正抓好？企业有哪几个大的流程需要管理？对其定期开会反思、检讨、改进了吗？会上检讨的时候会不会把责任推给某个部门或者某些人呢？

如果以上问题触动你，那么请你从这一章开始阅读。

阅后收获

解读什么是"端到端的流程"，分析一些具体的端到端的流程管理的实例，理解"端到端的流程管理""流程体系"与"零散流程文件管理"的差别，学习流程自上而下分类、分级、分层的分解方法。

7 什么是"端到端的流程"

你说：我们企业已经有了很多流程和制度，为什么还要谈"端到端的流程"，它与一般流程有什么区别？

我说：二者是系统与局部的关系。

我们根据一条铁路线的示意图,来分析端到端的流程与紧邻部门的流程的不同。京沪线是一条铁路大动脉,它包括很多局部站点之间的短途铁路线,我们用这个大动脉来比喻端到端的流程,用一截一截的短途铁路线来比喻企业紧邻部门的流程(见图2-1)。

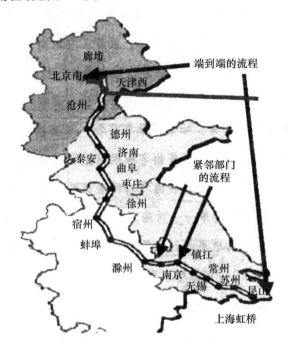

图2-1 端到端的流程与紧邻部门的流程

比如,专门就某次应急救火的事情制定了一个流程或者制度,或者用于解决其他某个具体的问题,日积月累,这种零碎的规定越来越多,经理们往往抱怨"现在的流程和制度文件比较零碎、重叠、繁多、杂乱"。

我们不妨给出一个零碎流程的实例。

案例　某发电企业关于工程物资核算的通知

各客户单位:

根据相关法规规定和执行问题反馈,现对我公司的工程物资核算管理做重新修订。

工程物资是指用于更改工程、零购项目、基建工程的材料、设备。如果贵公司与我公司签订的物资采购合同属于此类项目,按本通知执行。

根据核算管理的要求,工程物资按全价核算,我公司收料单上的金额是含税金额。商家提供的增值税专用发票,如果是单项货物,可直接在增值税发票上列明;如果是两项及以上货物,增值税发票货物名称栏可注明"见货物明细",票面金额、税额可汇总填写,后附明细表,明细表内货物的金额按含税价(全价)填写。货物项目必须与我公司工程物资收料单一一对应。

另外,对于已经打印出的收料单,如果采购员能在本月到财务部报账,仍执行以前的程序;如果不能在9月前报账,采购员必须把收料单的金额改成含税价,商家提供的货物明细表也要与我公司收料单对应。经财务审核无误后方能支付货款。

本办法于2014年9月1日起执行。

回想一下,你了解的企业中,这种零碎规定多不多?那么,从企业全局来看,要不要抓大放小、把几个大流程真正抓好呢?一个企业有哪几个大流程要管理?如何对其定期开会反思、检讨改进呢?开会检讨的时候怎样避免把责任推给某个部门或者某个人呢?

当你讨论这些问题的时候,其实就已经涉及端到端的流程管理,这和中国铁路的大提速也很相似:中国铁路近几年已经有好几次提速,铁路提速必须从整体出发,统一规划,因为各条线路的运行是相互影响的,而且也只有从主干线着手才能最大限度地体现提速的价值,因此第六次大提速的时候涉及的京哈线、京广线、京沪线、京九线等,几乎都是主干线。如果换成流程的语言,即局部铁路的提速不等于全国大提速,要实现大提速,就要关注端到端的流程的优化。同理,紧邻部门的流程与端到端的流程的差别就是局部与系统的差别,紧邻部门的流程关注的是整个流程中的一段,而端到端的流程则是整个流程的大动脉。从一定意义上说,局部流程只是手段,是实现端到端的流程的手段。从企业高层视角来看,局部流程的优化不能解决根本性问题,不能实现全局的优化。

下面以某快速消费品(简称快消品)公司的端到端的流程为例来说明这一问题。

从图2-2可见,端到端的流程连起来的不只是两个紧邻部门,而是若干个部门,是某个业务的全程闭环(Business Cycle)。端到端的流程应具有一项业务从"开始到结束""发起到完成""PDCA"等特征。图中的这个端到端的流程,从分析客户需求开始,到收集客户反馈结束,中间经历了概念形成、市场研究、应用开发、产品实现、市场测试、销售推广、业绩评估等几个阶段,涉及营销部、研发部、采购部、生产部等若干部门。而且,这个端到端的流程又包含了和营销流程、采

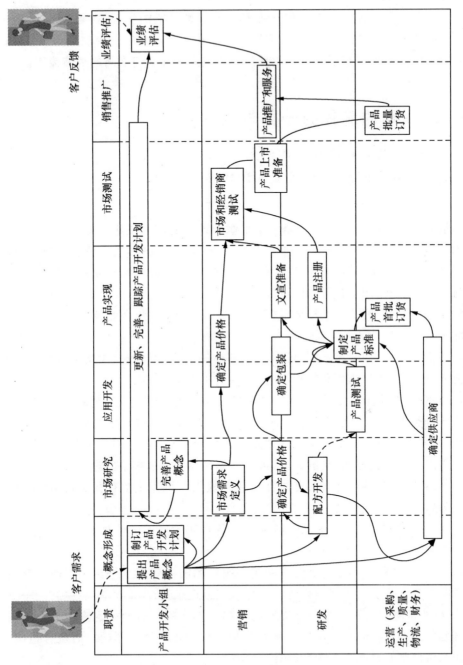

图2-2 某快销品公司的新产品开发流程

购流程等的衔接关系。

国内流程管理水平比较高的企业都已开展端到端的流程,如华为的集成产品开发(IPD)流程、集成供应链(ISC)流程,上海贝尔-阿尔卡特的"from order to cash"流程,这些流程都不同于企业部门内部或者紧邻部门之间的细节流程。

8 端到端的流程的分类与表述

你说:端到端的流程怎样分类,又如何表述呢?
我说:参考分类模型,利用 SIPOC 图来表述。

端到端的流程的"端"指的是一个组织内外部的输入或输出点,这些输入或输出点包括供应商、客户(含内部客户)、市场、政府、机构以及企业所有的利益相关者。通俗地说,端到端的流程要"两头在外",强调高屋建瓴地看待组织内部流程的大流转,而不是盯着眼皮底下芝麻绿豆大的事儿。因此,端到端的流程也就是以供应商、客户(含内部客户)、市场、政府、机构及企业所有利益相关者为输入或输出点的,一系列连贯、有序的活动的组合。

因输入、输出的端点不同,可以将端到端的流程划分为三大类,即战略发展类流程、核心业务类流程和管理支持类流程(见图2-3)。

当然,这个模型只是参考,对于不同的公司来说,核心流程、辅助流程和管理流程的分类不一定与上面完全一样,尤其要注意的是,端到端的流程不能教条化,不是说企业写个大的流程文件就完成了端到端的流程。对于企业来说,重要的是多考虑现实:企业本身的业务,需要把哪些端到端的事情管理起来。比如:

- 采购部内部各岗位之间需要联动管理吗?为什么?有什么价值?迫切吗?为什么有紧迫感呢?
- 集团采购、分支机构采购需要联动管理吗?当前的管理水平达到了吗?时机合适吗?
- 需要把采购、研发、销售联动起来吗?当前的管理水平达到了吗?时机合适吗?有什么价值呢?迫切吗?为什么有紧迫感呢?
- 和供应商之间的跨企业流程需要如何加强呢?这个采购流程是否需要一直延伸到客户甚至客户的客户呢?当前的管理水平达到了吗?时机合适吗?有什么价值呢?迫切吗?为什么有紧迫感呢?

因此,流程如何实现端到端的管理,最终取决于企业实际业务改进的实实在在的需求,切不可为了端到端的流程而谈端到端的流程。

第 2 章 流程浮现

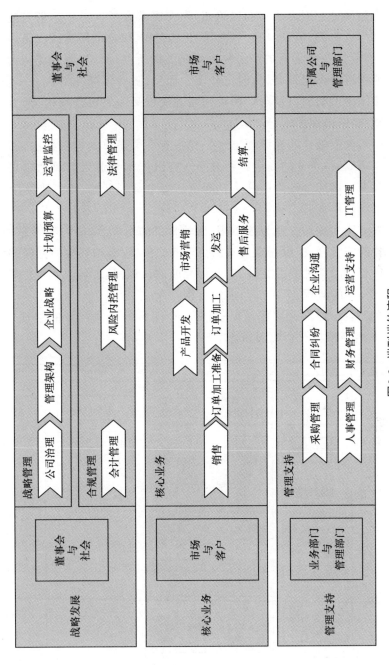

图2-3 端到端的流程

以华为为例。华为的集成供应链、集成产品开发就是端到端的流程,华为为什么制定这些流程?因为华为的紧迫感、内在需求到了这一步。华为最初是借助低成本参与竞争的,但是当它开始国际化的时候,仅靠低制造成本是远远不够的,高效的物流体系和创新的产品体系更是关键所在,所以,华为花费大量精力对这两个流程进行优化提高,历时三年多。而且,随着国际化的进一步发展,以前华为面向国内市场的 IPD、ISC 的端到端的流程又需要再次架构,因为它有了新的紧迫感、新的内在需求。

端到端的流程怎样才算浮现出来了呢?有一个简单的检测办法,那就是流程浮现工作完成后,企业的高层是否都能回答出:"本企业当前要把哪几个关键链条管理起来?这几个链条叫什么?起点从哪个部门开始、终点到哪个部门结束?管理难点是什么?"

能回答上述问题的企业为数不多,比较常见的情况是,企业有零散的文件、有对流程片断的管理,但没有端到端的流程的文件、没有端到端的流程的意识和管理办法。企业的这种零散文件、对流程片断的认识,笔者称其为"工作项",即不是真正意义上的流程,只是部门内的工作碎片。

具体在表述端到端的流程的时候,SIPOC 图是一个非常好的展现形式(见图 2-4)。其名字来自五个单词的首字母。

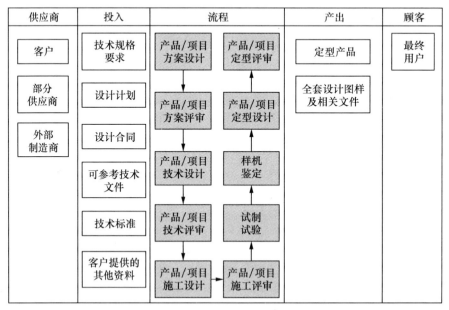

图 2-4　设计与开发流程的 SIPOC 图例

（1）供应商（Supplier）：向流程提供关键信息、材料或其他资源的人或群体；

（2）输入物（Input）：供应商提供的东西；

（3）流程（Process）：使输入物发生改变的一组步骤，理论上，这个过程将增加输入物的价值；

（4）输出物（Output）：流程的最终产品；

（5）顾客（Customer）：接受输出物的人、群体或流程。

之所以选择 SIPOC 图，是因为其有三大优点：

- 能在一张简单的图中展示出一组跨越职能部门界限的活动；
- 不论一个组织的规模有多大，都可以用一个五列的描述框架来勾勒其端到端的流程；
- 有助于保持全景视角，还可以向全景中增加需要的构成成分。

9 从端到端的流程到企业整体流程框架

你说：企业整体流程框架的意义是什么，又应如何构建？

我说：从线到面，从专业到艺术。

通过端到端流程的识别，我们建立了一条条流程的"线"。企业运作是一个整体系统，这些线与线之间也存在密切的关联性，因此我们需要将企业里的各条流程紧密地捏合在一起，不但让每条流程成功地运转，而且使各条流程之间能进行良好的配合，从而形成企业整体的流程框架，确保企业整体效益。

从端到端的流程到企业整体流程框架，我们称之为流程从"线"到"面"的优化，具体包括两个方面：流程与战略的配称和流程间运行时钟协同（流程间运行时钟协同优化见第 26 节"从提升单个流程效率到提升企业整体流程效率"）。流程从"线"到"面"的优化，使得组织纵向和战略目标对齐，横向执行的步调一致，从而提升企业战略一体化的管控能力。

图 2-5 显示了某企业战略导向的整体流程框架，该流程框架起始于战略及计划预算制定流程，通过战略及计划预算制定，确定各业务流程领域的流程目标以及需要的资源支持，形成具体的业务运营计划。业务运营流程的构建则需要和企业的战略及流程目标相匹配，如企业战略要求快速响应市场，则供应链流程的设计优化应更多地考虑如何提高柔性。最后，通过运营流程中的信息反馈，进行战略执行监控，从而形成战略到运营的 PDCA 闭环管理。

企业的整体流程框架反映企业的整体业务模式，体现的是从企业最高管

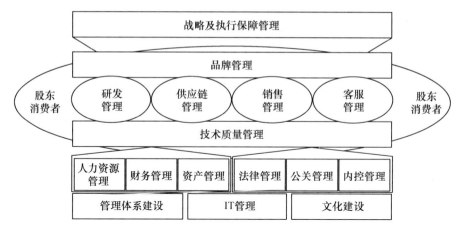

图 2-5 企业整体流程框架示例

层视角对企业的整体认识。因此,这张整体流程框架图既要能反映企业的业务运作特点,又要能突出企业的战略或核心竞争力,以及企业各业务领域的定位和相互间的逻辑关系(见图 2-6)。当流程框架总图被赋予以上意义时,这项工作就从专业上升到了艺术。

企业的最高管理层是这张整体的流程框架总图的责任人,其主要职责是制定并传达企业的战略,同时使企业里的各条流程都能紧密衔接,通过建立企业各项活动的有机组合,形成整体系统,从而确保战略的实现。

构建流程框架是一个理清企业管理结构的过程。整体流程框架往往反映企业的一级、二级流程,通过将一级流程逐渐往下分类分级细化,形成二级、三级直到完整的企业流程清单。

不同的企业可以按照自己的实际业务情况来建立流程框架和流程清单。美国生产与质量中心(America Product & Quality Center,APQC)结合美国近百家高业绩公司的流程实践,提出了一套流程框架。这个流程分类框架最初是在 1991 年由 APQC 推动成立的 International Benchmarking Clearinghouse 为业务流程的分类方法进行设计时提出的,Clearinghouse 的发起成员使用了不依赖于特定行业的通用语汇,即根据流程进行信息分类,帮助不同公司超越"内部"术语的限制。代表行业和 APQC 的小型团队,在 1992 年早期举行了初始设计会议;同年晚期,APQC 发表了该框架的第一版,以后不停地进行修订。APQC 的流程分类框架用一套架构和词汇来展示主流程与子流程,而不是展现职能划分(见图 2-7)。架构中没有列出一些特殊组织的流程。同样,并不是架构中的每个流程都可以在每个组织中找到。

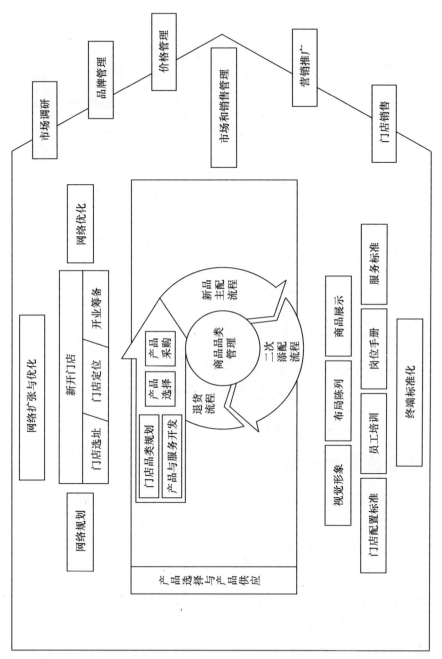

图 2-6 企业整体流程框架体现业务逻辑关系示例

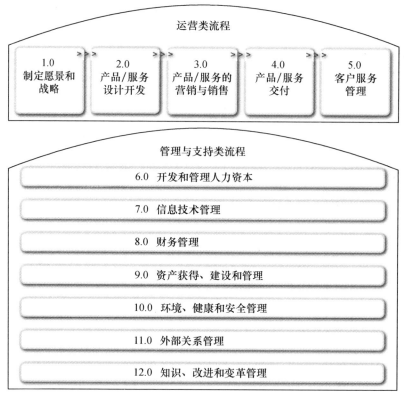

图 2-7 APQC 流程框架

资料来源：APQC-2006。

10　企业流程的分类分级

你说：有没有一些企业流程分类分级的实例？有没有一些常见的做法？

我说：反映业务模式，理清业务逻辑，建立流程清单。

很多企业都有以下困惑：

公司多年来没有一个统一的流程体系，流程散落在各种规章、制度、操作手册以及 IT 系统中。这种体系的缺失导致各个部门对流程的认识不统一、描述方式不统一、精细程度不统一，直接制约了公司精细化管理能力的提升，使得一些跨组织管理、跨部门协同出现了权力交叉或责任盲区，使得业务及管理改造缺乏整体性视角。能否在整个企业范围内建立清晰的流程脉络,而不是各部门独立编写很多零散的相互交叉但又各自为政的流程?

从一级流程框架分解细化形成企业分类分级的流程清单,对于着手进行流程体系建设和管理的企业意义重大,就如同企业HR进行人员管理的"花名册",必须有清晰的上下级结构以及对自身属性的清晰描述。在此清晰的架构上,才能保证相关的流程制度文件之间接口清晰,不出现差异。因此,流程框架/流程清单的建立是企业流程梳理优化和管理的基础。

对于流程的分类分级,即把流程从粗到细、从宏观到微观、从端到端的流程到具体指导操作的明细流程进行分解,可将其分为三四个级别,它们分别是:

- 一级流程,即价值链图的构成部分,是高阶流程,也称为"域"(Field)。它往往是端到端的流程。
- 二级流程,在每个域内,它是中阶流程,也称为"域过程"(Field Process)。
- 三级流程,即对域过程进行细分,由子流程(也就是四级流程)和业务活动构成,是低阶流程,也称为"流程"(即比较具体的流程)。

如果把流程做了这样的分类分级,形成一个清单(还可以对流程进行编号),也就是流程清单,我们就得到了一本流程的"花名册"。

当然,未必所有企业都引用了"域""域过程""流程"这样的术语,在下面的案例中,把流程的总图称为"企业模型",表述了企业的整体业务;然后是"业务模型",表述了某一个业务领域的流程,对应于我们的"域";再不断分级,形成各级更具体的流程,直至指导每个岗位、每个流程节点如何工作的手册和表单(见图2-8)。

流程的分类分级首先是从管理要求的角度出发对业务的分类,由于不同管理对象流程的目标和流转环节差异较大,因此可分解为不同的流程,从而使相应的流程设置不同的控制点和对应不同的知识经验积累点。如对于房地产企业的项目管理流程,有住宅地产、商业地产等,每一种类型在专业活动的节点和知识经验上有所不同;同时还有异地项目、本地项目等,以及按照项目大小区分的大型项目、中型项目等,项目管控要求不同,因此需对应不同的项目分类设置对应的流程,即流程分类首先是区分管理的差异化,建立多样化流程,在此基础上再进一步追求标准化和精细化,切忌为追求流程简单而用统一的流程应对所有类型的业务。

其次是流程的分级。如果一个二级流程描述得比较复杂,可将其中一部分独立为其子流程;或者,将多个流程都会用到的公共流程分解出来作为单独的流程,如《合同签订管理流程》,所有与采购相关的流程都可调用此公共流程。流

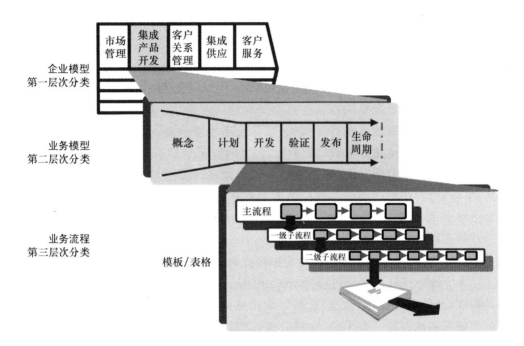

图 2-8 某知名通信企业的流程分级

程的分级细化需考虑不同细化颗粒度对应的应用对象,使分解的不同层级流程能对应到某一组织或岗位层级。同时,不同级别的流程,可以采取不同的描述方法,从而避免高层看到的是一个特别偏重细节的烦琐流程,而基层看到的是一个大而笼统的描述。

对于集团管控型企业,可能还会面临一个问题,即流程清单的分层。比如人力资源管理,集团总部负责整体的人力资源政策和标准的制定,制定框架性的流程制度,下属业务单元会再分解细化,形成具体的操作流程,但其分解的下一层流程制度文件,必须和上一层流程衔接一致形成一体化,同时细化分解的流程清单也可根据流程责任人区分形成下一层组织的流程清单。

流程清单的表现形式一般类似于树状结构逐级分解,然而现实业务流程整体描绘出来的应该是网状结构,即各类不同的业务都有交叉影响作用,因此在流程清单分解时,其关键是既要体现流程体系的完整性和逻辑关联性,又要清晰地界定流程间的边界。在流程清单中,可通过流程起点和流程终点来进行流程间关联关系的界定(见表 2-1)。

表 2-1 流程清单示例

一级流程	二级流程	三级流程	四级流程	流程简介			流程责任人
				流程起点	流程内容概要	流程终点	
人力资源管理	培训与开发管理	培训课程开发管理流程		根据年度计划或开发者课程开发需求	课程开发计划制订—课程开发过程管理—评审论证—成果管理	培训课程成果归档	人力资源总部
		内部培训管理流程	兼职培训师管理流程	兼职培训师需求	选拔—培养—考核	兼职培训师认证通过	股份公司人力资源部
			兼职培训管理员管理流程	兼职培训管理员需求	选拔—培养—考核	兼职培训管理员认证通过	人力资源总部
			内部培训项目实施流程（包括内部培训项目实施WBS，培训基地运营SOP）	根据年度计划或内部培训者培训需求	计划申报审批—评估—费用核销WBS：内部培训项目实施前、实施中、实施后具体的活动清单SOP：培训基地运营详细指导	内部培评估表	股份公司人力资源部
		外派培训实施流程		根据年度计划或外派者培训	计划申报审批—费用核销—成果转训	成果转训及资料归档	人力资源总部

流程起点包括三种情况：一是此流程在什么条件下触发，如基于年度计划、临时申请、每月固定时间触发；二是此流程属于某一上级流程的子流程，由于在上级流程中表述得比较复杂，被单独作为一个子流程列出；三是被某个流程触发，如新员工入职培训流程被入职管理流程触发。流程终点是本流程结束的标志，或者触发的下游流程，如新员工入职管理流程，触发新员工入职培训流程等。

有了感性直观的认识后，我们来探讨一份流程清单有什么作用。

第一，流程清单（又称流程分类框架、流程框架体系）本质上说明了企业是如何创造价值的。流程清单和组织结构图不同，组织结构图是从纵向的角度反映了企业各级机构的管理关系，而流程清单是从横向的角度反映了企业是如何创造价值的。

第二，给企业提供一次重新对自己进行整体观察的机会，重塑以客户为导向的业务链，突出客户的导向。组织结构图的最上部是公司一把手的职位，而流程总图中看不到公司的行政级别，突出客户、市场的导向。

第三，给企业提供一次发现业务盲点、业务冗余点的机会。通过流程分类分级得到一份流程清单时，参与人员会经常探讨不同的流程是否可以正常连接，避免流程各管一段、冗余或遗漏，如果探讨得深入，还可以发现公司价值链上的重大缺失、业务运营与管控方面的问题，继而探讨解决的途径。

第四，同步完成岗位名称的梳理，得到岗位"花名册"、岗位与所在流程的定义，继而方便对该岗位进行结合流程的考核。不少企业存在这样的问题：同样的流程、同样的岗位设置，但是各个部门的叫法不一致，尤其是有很多分支的公司。

第五，建立一致的工作语言，统一认识问题的思维结构。经理人经常会在不同的层面探讨问题，如果一个营销事业部有三位副总监的话，这三个人对营销管理的认识不同，你认为有三个维度，他认为有五个层面，我强调有四个要素，这样就很容易造成混乱。而流程清单可以清晰地列出"营销管理"这个域到底包括哪些"域过程"，将来在开会、工作交流时，可以把这个分类框架作为统一的工作语言、统一的思维结构。

第六，提供了不同企业间流程借鉴的可能性。当两家企业尤其是不同行业的企业交流沟通时，经常受限于具体产品、具体服务的不同，就像尿布和润滑油的区别。哪怕是相似的行业，也感觉像是苹果和橘子的差别。其实，管理是相通的，APQC在提出流程分类框架时就提到，优秀的流程框架具有规范性、完备性和独立性的特点，这就为流程的优化提供了参考的基础。常常有很多企业害怕在标杆比较中犯错误，因而止步不前。由于它们相信自身具有唯一的特性和限制，因此很难理解如何将自己的流程与其他不同组织的流程进行有意义的比较。而流程框架则提供了这样的可能性，特别是高水准、通用的公司流程框架模型，可以鼓励企业和组织从跨行业的流程观点来审视其活动,而不是狭窄的功能观点。经验表明,标杆比较之所以能带来显著改进,其潜力常常来自"跳出框框"的比较,恰恰是要去发现一些在行业内的典型范例中找不到的经验和亮点。组织之间如何有效地进行跨行业的沟通,如何冲破那些把业务流程通用性遮盖起来的专业术语重围?流程分类框架提供了不同行业和部门的业务流程的通用视图,如服务、健康、医疗、政府、教育等。

第七,建立了企业可持续积累的架构。通过分类分级的流程体系架构,形成企业完整的、结构化的流程制度文件体系,便于查询和管理,从而摆脱了按照部门进行管理文件分类,组织架构每次调整带来的管理体系重新建设的状况。按照业务领域进行分类,可促进各业务领域知识和最佳实践的持续积累。

流程分类分级的目的,是通过流程架构的搭建,促进企业最终形成一个稳定的、可积累的架构来支持企业的持续成功(见图2-9)。

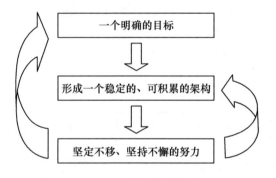

图2-9 企业成功模型

11 盘点企业流程的注意事项

你说:我们企业现有很多套流程制度文件,如果重新盘点和梳理要注意什么?

我说:流程制度融合,层级清楚,六大口诀。

很多企事业单位的流程制度都是在发展壮大的过程中不断补充出来的,如同补丁,少了就加一些,不完善就修改,多从微观或者局部的角度考虑。所以,时间长了,就如同一件百衲衣,许多地方重重叠叠,却还有疏漏之处。再加上企业要通过各种认证、各种规范体系文件,把 ISO 体系、SOX 法案、企业日常经营制度、风险管理体系放在一起,制度简直就是"交叉、重叠、相互矛盾"的代名词了。那么,如何梳理这些纷繁杂乱的制度呢?

要解决这个问题,我们先来分析一下流程和制度的区别:

所谓流程就是跨岗位、跨部门流转的过程,用更加简洁的话说,就是一件事至少要两个人或者三个人才能完成。流程管理要解决的核心问题是"跨部门和跨岗位的协同",因此流程识别的过程是从业务活动执行的视角来看的。通过端到端的流程,使所有流程上的岗位都面向同一个"流程目标",更加关注输出和客户,通过"面向流程的绩效指标"来保障流程上的岗位"同向同力"。

制度的范围往往比较宽泛,强调工作的标准,"什么可以做,什么不可以做",同时也会包含流程性质的对业务活动执行的说明和要求。对制度文件内容进行分析,会发现有一部分是原则或者政策导向性的内容,这些内容往往是下级业务单位在制定流程时需遵循的总体原则;另外,制度文件中很大篇幅是对业务过程的描述,对应到流程节点,这部分就可以用流程图的方式加以描述,避免文字描述的诸多弊端;最后,有一些内容是对某些业务活动执行中的操作规范,可作为流程节点上的操作指导或者融入流程的表单模板中去(见图2-10)。

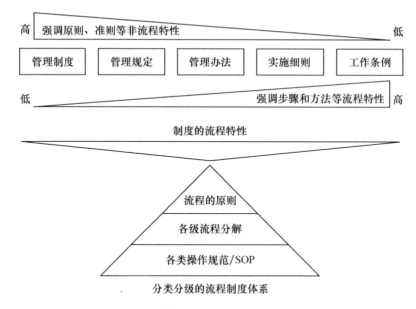

图 2-10 制度文件梳理形成分类分级的流程制度体系

企业流程制度的盘点,关键是按照业务运作的主线(从流程的视角)搭建起条线明晰、层级清晰的分类分级流程制度文件架构。

企业在进行流程架构梳理的时候,要避免的常见问题是什么?我们把其中一些经验编成顺口溜,通俗好记:宁连不断,频率分开,亮点在节,追求在章,命名两端,宁缺毋滥、会议紧牵。

具体说明一下:

- 宁连不断

举例来说,有的企业把"采购流程"继续梳理为更细的流程,比如"采购申请流程""采购申请审批流程""采购订单下达流程""到货验收流程""入库流程",等等,然后把这些再细化下去,直至将每个岗位具体是怎么做的,也作为一个"流程"。你的体会是什么?没错,这样分解下去,流程越发细碎,越发"只见树木,不见森林",越发成为一种"工作项",越发成为被部门墙所挡断的部门内部职责的描述。

而流程关注的是什么?流程关注的是那个申购的人从申购提出直到拿到货的总时间长度是多少;流程关注的是"从 PR 到入库"的全程哪里有成本节约和降低出错率的空间。细碎的"工作项"只是手段,不是目的。

因此,"宁连不断"更倾向于把"采购流程"梳理为"紧急采购流程"和"一般采购流程";或者"战略采购流程"和"零星采购流程";或者"设备采购流程"与"低值易耗品采购流程";等等。也就是说,不管采用哪种分法,流程都是从头到尾、中间不断。

- 频率分开

如果只有第一句话"宁连不断",那么企业的流程会越连越长,最后把企业整体价值链拿出来作为流程管理的关注对象,那么整个企业就剩下一个流程了,这显然不合适,我们毕竟要梳理出一个个流程来细化关注。这就用到"频率分开"这句话了。

举例来说,"采购流程"中可以梳理出"供应商认定流程""下单采购流程",前者可能是一年才做一次,后者是随时可以做的,由于两者的频率不同,因此可以形成自然的流程断点,于是就梳理为两个流程。

- 亮点在节

流程清单是分级的,是一个树状结构,像一本书的目录一样,有章、节、小节、条目,各级还有不同的名称。

"企业流程总图"下面可以分出"采购流程",再向下细分出"战略采购流程",再向下细分出"战略供应商认定流程",再向下细分出"战略供应商认定中的谈判流程"。

"采购流程"好比是整个大目录中的一章,"战略采购流程"好比是一节,后面依次对应到小节、条目等。

而"亮点在节"就是在说这个。经验值是"节",即例子中的"战略采购流程"。这个颗粒度相对最合适,"采购流程"颗粒度太大,"战略供应商认定流程"颗粒度偏小。如果一个项目小组在一年时间内,能把一个"节"好好做出亮点、使企业有口皆碑,这个项目小组就是值得嘉奖的。

- 追求在章

一位从事流程管理的职业经理人,如果在他的履历里面写有"曾经领导和重点参与了 IPD/ISC 流程的设计与推行",笔者估计,能给他的求职履历添加很重的分量。这里的 IPD、ISC,都是流程清单中的"章"。一个企业级的流程即指"章"这一级别的流程设计、优化和推行。

- 命名两端

每一个流程都要起一个名字。那么叫什么名字好呢?当然可以叫"销售流程""采购流程",这是很常见的流程/制度的名字。但这种命名有一个硬伤,就是和"部门职能""部门分工"很像。企业不是有"销售部""采购部"吗,这些部门不就是这样命名的吗?但这种命名没能体现流程的内涵及其独特性,其概念也比较含糊,我们推荐一种方式,即命名两端,如从接收订单到付款(from order to cash)。它清晰地界定了流程的起点和终点,同时体现了流程的特性。

- 宁缺毋滥、会议紧牵

流程清单的梳理没必要追求大而全,而是看企业所关心的或者希望改进的业务问题和管理难题是否已经包括了。一个简单的判断标准是,如果后续会有定期的会议来围绕这个流程,那么就把这个流程列到清单中。就像"从接收订单到付款"这个流程,来自各部门的流程接口人会定期围绕这个流程来开会,谈实行这个流程的公司要求的绩效目标,谈实际指标做到什么程度,谈平均值和方差出现的原因是什么,谈流程上的盲点和漏洞,谈回去开展什么行动来提升这个流程。一旦"会议紧牵",业务部门对流程清单的梳理往往要审慎很多。

判断梳理的流程清单是否优秀,还可以参考以下标准:

(1) 是按流程视角还是职能视角进行分解?

(2) 这个流程足够重要到放到这个分解的级别吗?

(3) 这个流程涵盖业务 PDCA 整个循环吗?有无遗漏重大价值活动、频发接口活动?

(4) 是否人为断开了流程?是否应把两段片段流程归并串联起来?

Chapter Three

第3章 考核流程的方法
——从定性规范到定量测评

阅前思考

流程不能只是画到纸上,具体应怎样执行?不能说画得漂亮的流程就是好流程。那什么样的流程才是好流程?好流程有什么特征?流程绩效的比对标杆是什么?流程的好坏能不能用量化指标来实时反映?

如果以上问题触动你,那么请你从这一章开始阅读。

阅后收获

了解什么样的流程是好的流程,什么是基于流程的绩效管理,如何实施基于流程的绩效管理,这种管理与传统的部门绩效管理有哪些差别和联系。

12 流程好坏的判断标准

你说:不同的部门对流程如何优化会各执一词,什么样的流程才是好的流程呢?

我说:能实现增值的流程就是好流程。

我们不妨先看一个生活中的小例子:

如果你在中国电信的营业厅缴费,会看到一个服务标语牌——"首问负责制":
- 接待客户,周到热情;
- 问明情况,记录详尽;
- 本职范围,当场解答;
- 复杂问题,及时转达;
- 第一受理,责任不推。

由于中国电信有了"首问负责制",客户就不会因为被"踢皮球"或冷眼接待而拂袖而去,愿意接受它的服务并付费给它——这不就是哈默"增值"提法("客户愿意付费的活动"是增值的活动)的生动解读吗?

因此,我们在判断一个流程是不是好流程的时候,不是从部门出发,也不是从总经理意志出发,而是要把这个流程的客户恭恭敬敬地请来,问他们觉得这个流程还有哪些不足,这个流程中有哪些步骤是客户愿意付费的、有哪些步骤是客户根本就不愿意付费的。

"增值/不增值"是判断流程好坏的标准。例如,运用 ASME 表格对某企业的文具物品领用的流程进行"增值/不增值"分析(见表3-1)。ASME 表格是由美国机械工程师学会(American Society of Mechanical Engineers)提出的,使用这个表格可以描述现有流程,表格中的各列记录了活动内容、耗用时间及该操作对整个流程的贡献等。ASME 表格的最大优点是可以清晰地表达流程中各个活动是不是增值活动,清楚地显示了非增值活动所在的环节。

表3-1细致地列出了领取文具的步骤,从流程的客户也就是申领人的视角来看,"尽快得到适用的文具"是他希望得到的价值,而现有的步骤中,很多步骤不是在实现这个价值(即"增值活动"),而是在审查和审批中耗用了大量的时间(即"非增值活动"),其实很多审批环节也只是走过场,实际运行中很少出现不批准的行为。那么这种无谓的活动为什么还要做呢?有没有改进的可能呢?整个流程是否可能只抓几个关键的增值活动(比如"从目录中查找物品代码""打电话到文具库,告知所需文具""仓库接受订单,申领人领用")呢?我们就可以从这些问题来进行流程的优化。由此例可以看出,ASME 表格是一个简便而实用的找出增值活动和非增值活动的方法。

小结一下,一个流程到底好不好,不以部门的意志为转移,而是由客户和外部利益相关者来衡量的,要牢牢抓住增值这个量尺,利用这个量尺统一各部门的思维方式,把各部门的关注点集中到"为客户创造价值,同时企业得到收费回报"这个流程的本质上,而这正是"以客户为导向的流程"的最好体现。

客户导向是流程管理的前提,流程必须做正确的事情,能够为客户增值,使

表 3-1 运用 ASME 表格对某企业的文具物品领用的流程进行"增值/不增值"的分析

序号	活动	增值活动	非增值活动	检查（对数量和质量的检查）	输送（表示人员、物料、文件及信息的移动）	耽搁（表示在相继的操作之间暂时的存放、耽搁或停滞）	存贮（表示受控存贮如文件归档，这类存贮不属于耽搁）	时间（分钟）	操作者
1	取多联申领单	○						2	申领人
2	查找物件代码	○						1	申领人
3	填写多联申领单	○						5	申领人
4	送本部门经理批准				○			5	申领人
5	审查申领单			○				1	本部门经理
6	签字	○						1	本部门经理
7	送申请单到仓库主管部门				○			10	申领人
8	审查申领单			○				10	仓库部门经理
9	签字	○						1	仓库部门经理
10	送申请单到财务主管部门				○			10	申领人
11	审查申领单			○				10	财务部门经理
12	签字	○						1	财务部门经理
13	核实物品费用,登记部门预算						○	10	财务部门
14	送申请单到仓库		○					10	申领人
15	检查签字和申领单内容			○				5	文具库
16	列入出货清单	○						5	文具库
17	库房出货	○						10	文具库
18	捆绑领取物品	○						5	文具库
19	等待所有物品捆绑完毕					○		10	文具库
20	等待所有物品登记完毕					○		10	文具库
21	将申请单第一联存档						○	1	文具库
22	送物品和申请单第二联给申领人	○						10	文具库
23	申领人得到物品								
	步骤合计	10	4	4		2	2		
	时间合计（分钟）	41	35	26		20	11	133	

客户愿意付费。但有的时候,客户并不能很清晰地表达出自己的需求,客户的心声有时是零碎的、感性的甚至彼此冲突的,那么企业就有必要对客户心声进行研究、提炼。

能够提供正确服务和产品的流程才是好的流程。企业必须将客户的显在和潜在需求都尽量满足,客户不仅希望能得到订购的产品或者服务,还希望能够按照预先设定的时间、地点、包装要求送货,这才是客户满意的服务。

响应速度快的流程才是好的流程。如果有人问"什么时候交货",那么客户肯定会说"越快越好"。为什么呢?在这迅速变化的世界中,如果我们行动缓慢,就会让客户承受不确定性的压力。响应速度快同时还暗含交易要容易进行,这对流程的接口简易化提出了更高的要求。

因此,不同的客户定位,增值的含义也有所不同。这样我们就需要将"增值"概念转化到企业的战略目标(为哪些客户提供什么样的具有竞争优势的产品/服务)并分解落实到每一个具体流程的目标。比如,在审批流程中,各审批人员从风险控制的角度在流程中审批,不同公司审批点的多少是不一样的,理论上设置审批点都是为了防范风险,是有价值的活动。但如果流程目标是为了提高效率或者效率优先,一些非关键的审批点会作为非增值活动被去除掉,而对于持谨慎策略的公司,将风险控制摆在第一位,这些点则是增值的。

思考一下、行动起来

阅读并思考:这两家银行的流程差别在哪里?请用 ASME 表格对其流程进行分析。

凡是去银行办理业务都要排队,那么银行与银行间有什么差别呢?前不久,笔者正好领略了 A 银行和 B 银行的服务,都是去柜台办理最简单的存款业务,却发现它们在流程方面存在不少差别。

先看 B 银行的服务流程:

客户进去—跟着人群排队(这次去的是很小的支行,取号的程序都省了)—排了好久终于轮到自己,准备办理业务—金卡客户插队进来—等在金卡客户后面—金卡客户办完—再次准备走向前—又来了一个客户(该客户因办理某业务时,不知道要填表,刚才到一旁去填表了)—终于轮到自己。

回过头来,我们再看 A 银行的服务流程:

客户进去(金卡客户直接去金卡专区,一般客户在普通客户服务区)—先取号—等着叫号—大堂服务人员过来主动提供咨询,如果要填表的话,他们会详细指导—大家安心等待服务。

13 好流程的九个特征

你说：怎么判断一个流程优化工作是否做到位了？
我说：好流程具有九个特征。

一个好的流程本身应当具备什么样的特征？也就是说，企业在流程优化前后，一个流程在哪些特征方面发生了明显的变化？只有具备这种特征的识别能力，我们才能在流程梳理过程中知道我们应当关注的重点是什么，我们才有可能做到一眼看过去就基本知道哪些流程做得好，将来会产生价值；哪些流程做得不好，可能在实际运作中困难重重。这些特征是判断一个流程能否产生价值、运行过程的成本和可操作性的基础。下面从这些特征发挥价值的作用点、实现的方式来分别说明。

好流程的特征包括但不限于：

（1）流程是否包括完整的5W2H，流程相关的要素是否全面到位。比如具体到某项活动是哪些岗位在做，如果岗位上的人不在，有谁可以接手？这些是流程活动的可靠性的基础之一。

（2）流程是否包括大量有商业价值的规则。比如大于20吨从总仓库出，小于20吨从区域仓库出。它包含很多商业规划，是处理不同业务的判断方法。

（3）流程是否包括运作过程所需要的资源。比如广告制作，哪些广告公司中的哪些人是相当重要的资源；房地产企业有设计院、工程单位、监理单位、政府、银行、法律、税务，以及会计师事务所、咨询公司等很多外围的关系，正是在这种业务中建立的关系，成为一种强大的核心能力。所以企业各业务领域对于需要的资源的记录，是成功的关键所在。但很多企业偏硬件轻软件，一次次损失自己在这个方面的积累。这其中要重点考虑获得这种资源的途径，如通过财务费用报销的审批信息和日常业务处理过程中的表单设计，使得大量信息资料的获取融入业务活动过程中，经过分类成为以后统计和分析的基础。

（4）流程是否包括运作过程所需要的信息和结果性的事实。比如运行中需要的信息包括可以参考哪些文件、参考哪些网站，可以求助哪些人？结果性的事实，是常年工作总结的基本常识和经验值，比如促销活动投入产出比应大于2.5，传统企业IT投资总额占营业收入的0.5%—1%等。这些信息资料的获取有赖于企业建立以流程为主线的知识管理机制，在做业务的过程中实现知识的积累和复用。

(5)流程是否有大量例外的处理考虑,即流程有正向处理和大量例外情况处理的原则。很多的流程都是按执行过程的顺序来进行的,但实际运行的流程在每一个环节上都会出现各种各样的例外情况,对于例外情况处理的流程,在现实运作过程中的总量远远大于正常运行的量。我们不断要求人们按流程工作,可能表面上来看流程执行效率低了,但事实上通过流程减少了大量例外处理的情况,从而提升了整体效率。所以我们需要重点考虑这一类流程的运作程序,基于大量例外的处理程序。比如送原材料的货车发生意外,根据意外的大小,可能要通知仓库,通知生产部门修改日期,如果量大可能要通知计划部门重新考虑订单满足情况,同时通知客户等。事实上这正是流程管理需要深化的地方,一方面是对例外进行处理的流程,另一方面是减少例外发生的流程。只有对大量例外的流程进行分析和说明,我们才能更深刻地感受到严格按正常流程工作的价值,也才让我们知道了更多的核心业务经验。这是一个企业风险管理能力和管理体系成熟稳健的标志。

(6)流程是否有核心的指导原则,这种指导原则是否具有强大的生命力。所谓具有强大的生命力,就在于当流程中没有规定的事情时,大家可以参考流程的基本原则来做事,而不是等待。这也是应对例外的最终标准。流程的指导原则是正向流程和例外流程的设计基础,是对没有规定的工作的处理原则,是有限制度对无限环境的影响机制(见第4章"指导具体流程的业务原则")。

(7)流程是否在与组织、绩效三者的匹配方面存在内在一致性。没有这种一致性,流程会失去基本的运行能力。特别是绩效指标本身的合理性,是推动企业各个部门工作的动力,也是流程优化过程的难点。

(8)流程在多次运行过程中的结果具有相对的稳定性,比如流程运行时间的统计不仅要看平均值,还要看方差。稳定性是流程本身的质量的一种度量单位,是重要的衡量标准。

(9)流程本身是否考虑到了基于不同业务分类的多样化。比如采购流程要分为设备、工程、原料、电脑等类别;销售流程要有KA、代理商这样的区别;项目管理流程会根据重要性分为A、B、C不同类别的项目,只有分类细化才能加速流程的处理速度而不影响质量。

通过这种对流程特征的评估,流程优化项目组在工作过程中对于流程优化是否做到位就有了明确的目标,这是比具体的流程优化方法有更大优势的地方。因为知道对结果的评价,流程优化工作的难度就一下子降了很多。

思考一下、行动起来

你目前所在的企业正在优化的流程是否具有上述九个特征，还有哪些方面需要进一步深入优化？

除了这九个特征之外，还有哪些你认为比较重要的衡量标准？

14 流程的绩效指标的建立

你说：如何判断流程是否得到有效执行，如何及时发现流程的问题以持续改进？

我说：流程绩效指标的建立，从规范到量化管理。

管理大师彼得·德鲁克说："你不能衡量它，就不能管理它。"这句话同样适用于企业的流程管理。我们不止一次地听到来自企业相关流程管理人员的困惑：（1）流程文件发布实施后，如何及时有效地发现流程的问题以推动持续改进？（2）流程优化后，怎样衡量优化取得的价值？

这就如同我们每年或定期要进行的身体检查一样，需要有一些固定的指标或确定的检查项，以及时发现问题或者观察治疗的阶段效果，从而为下一步的行动改进指明方向。这种对流程的体检也同样需要，一方面，对流程运行进行定期体检以发现问题；另一方面，针对某个关键流程，持续地跟踪检查改进情况，从而使流程优化带来的价值能够显性化。

针对上述需求，我们需要从两个方面来解决：（1）设定流程的绩效测评指标；（2）开展流程绩效测评并分析改进。而其中如何设定流程的绩效指标是前提和关键。

笔者认为，面向流程的绩效管理是以战略目标为导向的，通过确保公司的关键流程尤其是端到端流程的有效执行来确保公司战略目标的实现（见图3-1）。要注意的是，这里流程的 KPI 的设定不同于传统绩效管理按照垂直部门维度的目标业绩进行分解，而是沿着"战略目标—流程体系—关键流程—价值与标杆分析—流程 KPI—岗位 KPI"的路线，面向流程上的最终产出。

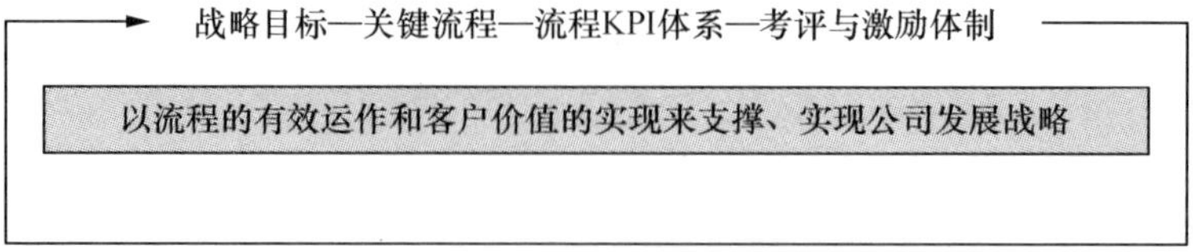

```
        ┌──→ 战略目标—关键流程—流程KPI体系—考评与激励体制 ┐
        │   以流程的有效运作和客户价值的实现来支撑、实现公司发展战略 │
        └─────────────────────────────────────────────────────────┘
```

图 3-1　面向流程的绩效管理

流程绩效测评指标是对流程目标的量化。在流程建立或者优化之初要考虑，通过这个流程如何促进相应业务改进和战略的实现，从而明确流程目标，并提炼出对应可量化的绩效测评指标。在一般企业常见的是，在流程文件描述的时候目标往往比较含糊和笼统，如"规范××管理"，或者"加强××执行"，目标变成了写流程文件的目的，而不是从业务本身出发考虑的绩效改进，最终导致流程文件写了一堆，但不知道是为了解决什么业务问题，为流程而流程。因此，我们建议流程的目标设置一定要直指业务目标本身，如根据企业战略，强调要加强产品一体化管理、进行产品整合、减少产品的 SKU 数量。衡量产品管理流程更关注的是产品线结构的合理性，而不是产品上市申请审批效率的提升。

基于流程的目标，我们就能比较容易地找出衡量流程好坏的结果性指标，即通过这个流程的运作为企业带来的直接业务效益。与结果性指标相对应，流程同时也有过程性指标，即对于容易出现问题等关键流程节点设置的过程监测指标。过程性指标更多地应用于过程分析与改进。如表 3-2 显示了某企业新产品管理流程的结果性指标和过程性指标。结果性指标指的是新产品上市目标达成率（或称新产品上市成功率），它反映了该流程所对应业务活动的最终绩效目标。通过对该企业新产品开发上市流程的优化分析，该流程存在的最大问题是不能按照上市计划及时推出新产品，导致新产品总是错过最佳上市时机，因此设置过程性指标非常必要。过程性指标包含开发计划完成率、上市计划完成率和平均新产品开发周期三项指标。前两项指标主要从计划进度方面来监测流程的运作改善情况，而设置"平均新产品开发周期"这个指标，是用于同行对比，以选择适合企业的产品实现策略。如一个战略性新产品需要经过严格的阶段评审和市场测试才能最终推出市场，要求企业对新产品的规划和开发具有一定的前瞻性，为新产品开发储备预留 1—2 年的时间。当然，如果企业新产品管理的突出问题是推出的新产品总是不能满足市场的需求，那么则需要增加或者强化开发过程的阶段评审和市场测试等检查项，以保证过程改进。可见，过程性指标是要找出流程的关键驱动因素，以及时发现问题并予以改进，通过过程优化保证结果改善。

表 3-2　某企业新产品流程指标示例

分类	指标名称	指标定义/计算公式	设定本指标目的
结果性指标	新产品上市目标达成率	新产品上市后目标达成情况（销量、利润、市场占有率等） 公式＝实际市场表现/目标设定值	衡量新产品上市成功率
过程性指标	开发计划完成率	项目开发时间计划达成情况 单个项目开发计划完成率＝（项目实际完成时间－项目计划完成时间）/开发阶段整体时间 整体开发计划完成率＝按计划完成的新产品项目数/年度开发的新产品项目总数	衡量开发计划的达成情况，确保项目按计划推进
过程性指标	上市计划完成率	项目上市时间计划达成情况（以小规模上市时间计算） 单个项目上市计划完成率＝（实际小规模上市时间－计划小规模上市时间）/（小规模上市时间－上市方案制订和启动时间） 整体上市计划完成率＝按计划上市的新产品项目数/年度计划上市的新产品项目总数	衡量上市计划的达成情况，确保项目按计划推进
过程性指标	平均新产品开发周期	按是否有工艺开发分为两类项目统计平均开发周期，是指各个项目从立项到上市（以小规模上市时间为准）的平均周期	同行或标杆对比，优化新产品开发策略

下面我们来介绍某通信企业在自己的集成供应链流程上对 KPI 的借鉴使用。

案例　某通信企业对 KPI 的借鉴使用

该企业参照 SCOR 模型中的供应链考核 KPI（见表 3-3），制定了衡量本企业供应链绩效的标准。

KPI 的作用：制定公司衡量业务绩效的"共同语言"，并在此基础上勾画公司关于"最佳实践"的愿景，以及实现这一愿景的途径。提供业务绩效与业界基准/竞争对手的比较，以识别公司供应链优势和改进机会（见表 3-4）。

供应链流程 KPI 的结构：KPI 从结构上可以分为两个层次，即 4 个"供应链层面 KPI"，并通过 29 个下层"功能层面 KPI"来支持。

表 3-3　SCOR 模型中给出的对供应链考核的 KPI

性能特征	性能特征定义	衡量指标 KPI
供应链配送可靠性	供应链配送的性能特征:正确的产品,到达正确的地点,正确的时间,正确的产品包装和条件,正确的质量,正确的文件资料,送达正确的客户	配送性能
		完成率
		完好订单的履行
供应链的反应	供应链将产品送达客户的速度	定单完成提前期
供应链的柔性	供应链面对市场变化获得和维持竞争优势的灵活性	供应链响应时间
		生产的柔性
供应链的成本	供应链运营所耗成本	产品销售成本
		供应链管理总成本
		增值生产力
		产品保证成本/退货处理成本
供应链管理的资产利用率	一个组织为满足需求利用资本的有效性,包括各项资本的利用:固定资本和运营资本	现金周转时间
		供应库存总天数
		净资产周转次数

表 3-4　将流程 KPI 与竞争对手进行对照和差距分析

		供应链		性能/竞争者数量			
	衡量指标概述	SCOR 的一层指标	目前的	一般	较好	高级	改进后所获效益
外部	供应链可靠性	按承诺准时配送的百分比					
		完成率					
		完好订单的履行					
	响应	订单完成提前期					
	柔性	供应链响应时间					
		生产的柔性					
内部	成本	SCM 管理总成本					
		担保成本					
		增值生产					
	资产	供应的库存成本					
		现金周转时间					
		净资产周转率(运营资本)					

　　实践心得:该企业库存水平曾经比较高、订单完成率很低,于是对以上流程 KPI 确定一个可行的改进目标值,然后寻找方法,下个阶段再定个更高的目标值,再努力提升,使绩效水平得到长足提升。

　　举一反三,除了供应链流程可以采用这种方法外,其他流程的绩效指标也可以采用这种方法确定吗?

15　建立面向流程的考核体系

你说：怎么建立面向流程的、系统的、全面的考核体系呢？
我说：破门而入，不求全求多，关键是要面向流程解决问题。

借用"破门而入"这个表述方法，是想阐明：面向流程的、系统的、全面的考核体系，对于绝大多数的中国企业而言，还为时尚早。原因在于人力资源部门将建立系统的、全面的考核体系视为分内的事，但很少有人力资源主管熟悉流程，并且认为建立面向流程的、系统的、全面的考核体系迫在眉睫；相反，很多人力资源主管并不知道流程是什么，和他们天天做的职位设计/绩效薪酬有什么关系。

因此，面向流程的考核更多应该关注"怎样切入""怎样快速见效""怎样才能不是为了考核而考核，而是让流程变得更好"。那么，"怎样切入""怎样快速见效"呢？我们提供以下"八步法"。

1. 明目标：企业开展流程考核的实实在在的目标是什么？

- 为了促进流程的持续改进。如果是为了这个目标，就先不用"考核"这个词，而是要找出需要紧迫优化的流程，记录这个流程的表现情况。要在记录中发现问题，比如这个流程什么时候表现好、什么时候表现差，影响的因素是什么，然后分析问题找到改进方法。

- 为了解决上下游不同部门的扯皮、割裂和不配合的问题。通过找到跨部门协同问题严重的关键流程，在流程中的上下游不同部门之间签订 SLA（服务水平协议）来考核；或者，各部门公开对其他上下游部门实行内部承诺，并且明晰提出要求其他部门做出什么承诺，对承诺进行显性、定量、公开和实时化 IT 统计，持续化、制度化跟进整改。

- 为了提高客户服务质量等企业的关键业绩指标。找到和这些关键业绩指标相关的内部流程，分析这些流程涉及哪些部门、哪些岗位？各部门、各岗位是如何影响这些指标的？提高这些指标的关键点在哪里？由谁来计划、组织、监控整个工作持续有效地开展？整个工作的持续动力在哪里？

- 为了保障流程的执行落地。找到关键流程，梳理流程的关键控制点，找到流程的责任人和关键控制点的责任岗位，结合流程审计持续地监测，对执行情况进行专项的考核。

可能还有其他很多触发因素，总之，找到目标，以终为始地开展流程考核工作，以确保流程考核能落到实处。

2. 筛流程：对哪些流程进行考核？

基于前面讲的目标，选择关键的流程。可以先做流程重要度分析。分析的维度有多个，比如客户导向、行业竞争力因素等。完成重要度分析后，还要遵循先点后面、先易后难、先业务后职能的原则逐步实施。先找一到两个重要流程，完成整个流程绩效管理闭环再逐步扩大范围，以积累经验，控制风险。

3. 设指标：设置哪些面向流程的 KPI 指标，以对流程运行情况进行有效衡量？

此内容在本章第 13 节"流程的绩效指标的建立"中已有过介绍，这里简单总结几个要点：

- 流程的绩效指标不要太复杂，要找到简洁、有洞察力、面向最终产出的整体目标，而不是各部门的指标；
- 流程的绩效指标应与战略保持一致，是对企业的战略目标分解落实到具体流程目标的量化；
- 在流程绩效评估中，不宜设置过多的指标，应根据流程关键点或重点优化方向设置相应的过程测评指标。

4. 选对象：找到流程绩效指标的负责人。

没有人会主动对流程绩效的指标负责，所以在制定流程绩效指标之前，必须找到合适的负责人。这个负责人要有足够的授权和魅力，能够领导、组织其他部门，综合运用各部门的资源。有时，流程绩效会和部门绩效联系在一起，特别是管理人员同时兼任流程负责人和部门负责人的情况下更是如此。如果在企业的某个流程上，所涉及的部门谁也不服谁，只能依靠老板来协调，那么面向流程的考核再完善，也只能靠企业领导的权力来强制执行，而不是流程上的授权到位。为了解决这个问题，有的企业设置一个委员会、项目组来管理，或者多个部门共同承担。至于哪种方法最有效，要结合企业实际来深入研究。

5. 定标准/目标值：这个指标应该达到多少才算正常、达标。

在确定了流程考核推进思路和步骤后，确定指标的标准/目标值则成为真正推进流程考核的关键。好的标准要符合 SMART 原则，即具体的、可量化的、可实现的、切合实际的，最后还有很重要的一点，就是要有明确的实现时间，即设置分阶段的改进目标。目标值确定的前提是对当前的现状值进行准确的衡量。表 3-5 是一个流程指标改进目标值设置的示例。

6. 比数据：采集实际运行值，与目标值做对比，做统计分析。

通常情况下，在对关键节点指标考核时，会面临如何获取日常运营的数据这一现实问题。我们建议对于考核对象还是要优先选择信息系统可以支撑的部分，以实现流程考核完全定量化。

表 3-5 流程指标改进目标值设置示例

部门	责任人	流程流经节点活动描述	活动所需工作日		创造的价值	增值活动	非增值活动	检查	输送	耽搁	储存
			实际运行时间	承诺时间							
需求部门	需求发起人	提出新产品开发需求	5个工作日	3个工作日	理解需求发起背景、需求内容、时间要求等信息	是					
研发中心	项目经理	组织相关部门进行需求评审	2个工作日	1个工作日	从项目实施风险、项目所需资源、项目产生效益等多方面评估项目实施可行性	是					
研发中心	项目经理	实施业务初步开发	10个工作日	8个工作日	对业务进行简单初步开发、升级、改造,使其具备基础功能					是	
……							是				

一般来说,我们把考核过程分成四个步骤:从信息系统中导出数据,录入数据到考核系统或EXCEL表中,计算实际指标值,确定目标完成率(见表3-6)。

表 3-6 流程考核过程

考核过程	导出数据	录入数据	计算实际指标值	确定目标完成率
目的	• 获得审批的时间点数据	• 统一基础数据格式 • 便于计算和分析 • 明确责任人所在的部门 • 便于统计各部门承诺达成率	• 了解各节点运行时长 • 判断节点相对于承诺的状态	• 统计分析流程节点承诺达成率 • 为流程优化提供依据
工作标准	• 按需求部门提取数据	• 按数据分析模板格式录入 • 将数据转化为部门数据	• 明确各节点运行状态	• 统计节点承诺达成率的百分比
工作方式	• 列出当月工单名称 • 对名称进行抽样 • 按照名称从系统中将数据一个一个导出	• 导入系统或手工录入数据	• 如有系统直接计算或用EXCEL公式计算	• 如有系统直接计算或用EXCEL公式计算

通过系统或EXCEL考核表单,我们可以清晰地看到每个操作节点的执行情况,判断出实际的运行情况与考核标准的比较(见表3-7)。

7. 出结果:对流程考核结果进行排名、公示。

流程考核的结果,是为了发现谁是先进分子、谁是后进分子,因此可以考虑做出一个各部门/各岗位的排名。具体数据是多少其实都不重要了,但是这个排名很重要。推进流程考核这个事情的部门和人才可以将排名情况向"一把手"

表 3-7 流程指标统计结果示例

订单编号	主办部门审批			运行状态	责任人/部门
	上传订单时间	审批结束时间	审批时长		
200700291-1	2009-4-23	2009-4-24	1.00	完成	华南销售中心
200701037-1	2009-4-22	2009-4-22	1.00	完成	华东销售中心
200900951	2009-4-27	2009-4-29	2.00	超过	西北销售中心
200900978	2009-5-15	2009-5-16	1.00	已完成对审批时长的计算	华南销售中心
200900995	2009-4-27	2009-4-28	1.00		西南销售中心
200901002	2009-4-28	2009-5-5	5.00		华南销售中心
200901022	2009-4-29	2009-4-30	1.00	完成	华南销售中心

汇报,以对各部门产生威慑力。

8. 做行动:根据先进、后进情况,提出流程整改/进一步提高的行动计划。

大部分企业忽视了这一步,认为流程绩效得到测评和考核就是工作的终点,或者对后期的改进行动减少了注意力,这绝对是本末倒置,因为流程绩效考核最核心的目的不仅是衡量过去,更重要的是促进未来的改进,通过定期、客观分析流程当前绩效值与客户期望值及竞争对手标杆值的差距,持续优化并提升流程绩效。

思考一下、行动起来

如果让你去记录一个流程的绩效表现:
- 你会选择哪个流程?为什么?
- 你会记录哪个绩效指标的表现?为什么?
- 你会怎么记录流程的表现?
- 你如何判断什么样的情况下叫做流程表现好、差、稳定、不稳定?

16 面向流程的绩效考核与三大绩效考核模式的异同

你说:三大既有绩效考核模式和面向流程的绩效考核如何配合使用?

我说:克服部门鸿沟,促成跨部门协作。

关于三大既有绩效考核模式——关键业绩指标(KPI)、平衡计分卡(BSC)和经济增加值(EVA),这里简要介绍一下(见图 3-2)。

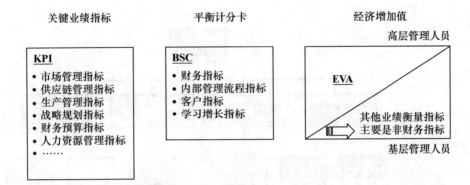

图 3-2　三大既有绩效考核模式（KPI/BSC/EVA）

在企业和市场发展的不同阶段,应分别采取不同的绩效管理策略和方法（见图3-3）。

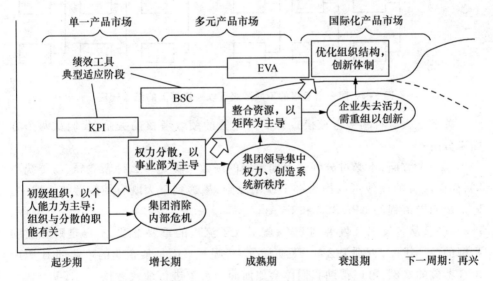

图 3-3　市场与企业内部发展的不同阶段示意图

- KPI:适用于操作控制/计划导向/开拓扩展期,单一、统一的业务结构。
- BSC:适用于战略控制/计划与结果相结合/战略转型期,一元向多元转变的业务结构。
- EVA:适用于财务控制/结果导向/行业成熟期,多元的业务结构,注重成本管理。

即使在同一个组织内,也应根据实际情况,采取与不同层级相适应的绩效管理体系(见图3-4)。

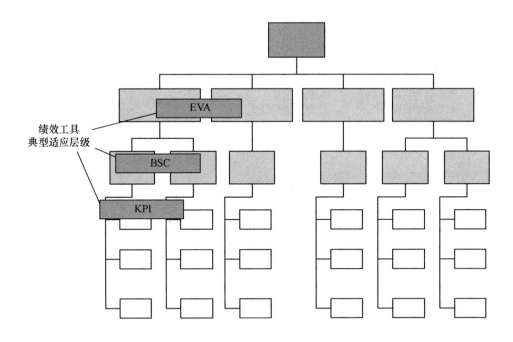

图 3-4　同一个组织的不同层级可以采取不同的绩效管理

关于三大既有绩效考核模式和面向流程的绩效考核的关系,我们从两个方面来分析:

第一个方面,不必过分强调面向流程的绩效考核是多么标新立异、与传统不同,面向流程的绩效可以作为一个应用原则,渗透到三大既有绩效考核模式中,即形成面向流程的 KPI、BSC 和 EVA。

其实,从传统 KPI 发展到 BSC,就引入了流程的重要维度,不再是财务业绩指标的单一维度,否则怎么叫"平衡计分卡"呢?下面是某企业的事业部 H 应用 BSC 考核的实例,可以帮助我们体会如何面向流程进行绩效考核。

该企业的基本背景是:以某种快消品的生产和销售为主营业务,营销渠道为"经销商+大客户 KA",随着一线市场竞争的日益激烈,该公司提出战略举措,准备下一年全面进入二三线市场,由事业部副总经理负责推进,二三线市场派驻专人负责(见图 3-5、图 3-6、图 3-7、图 3-8、图 3-9、图 3-10)。

第二个方面,三大既有绩效考核模式往往把指标放在具体岗位和个人上,面向流程的绩效考核提倡把指标放在协同团队上,前者往往造成部门(岗位)之间的对立鸿沟,后者促进跨部门协作成为可能(见图 3-11)。

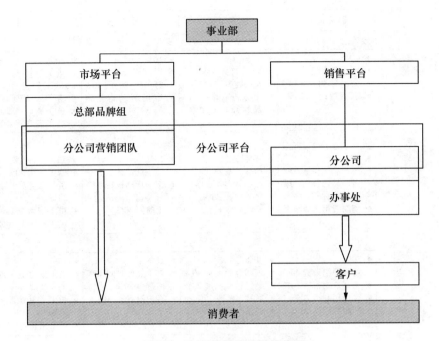

图 3-5　H 事业部的组织结构图

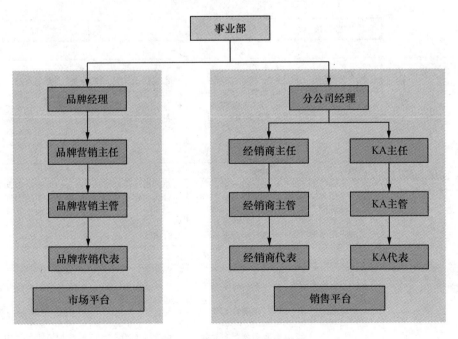

图 3-6　H 事业部下设的岗位

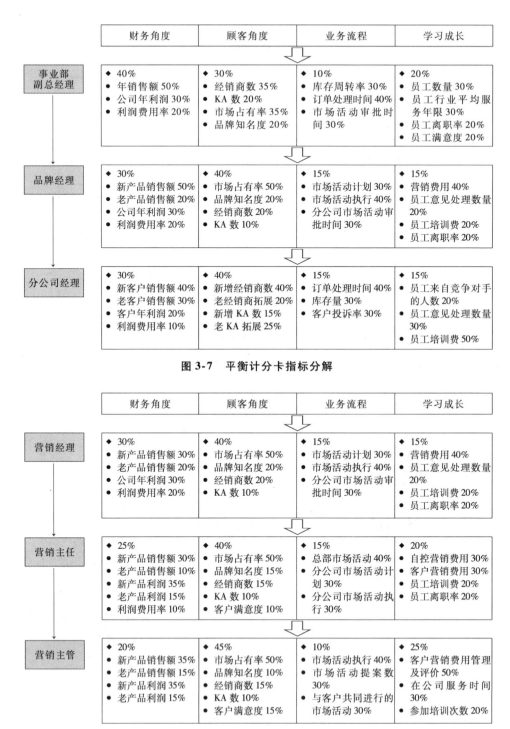

图 3-7 平衡计分卡指标分解

图 3-8 平衡计分卡指标分解——市场平台

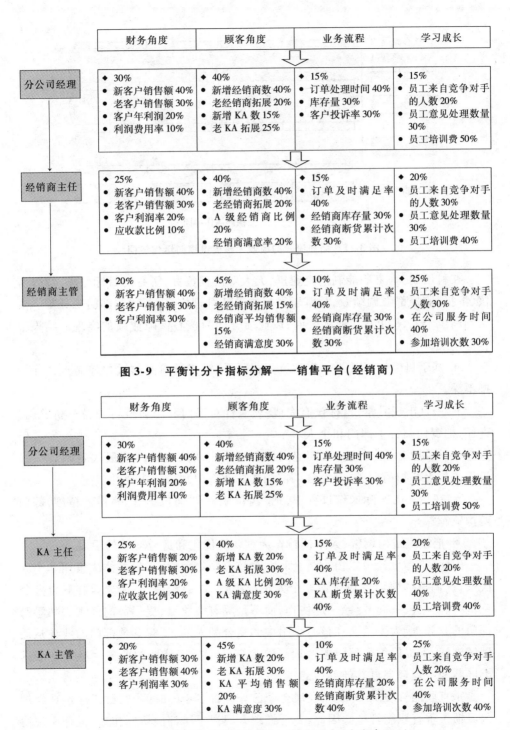

图 3-9　平衡计分卡指标分解——销售平台（经销商）

图 3-10　平衡计分卡指标分解——销售平台（大客户 KA）

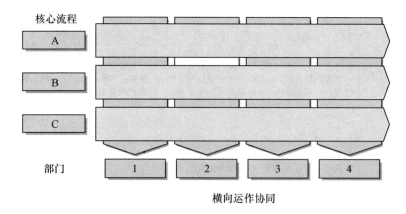

图 3-11　面向流程的绩效考核促进横向运作协同

在科层制、垂直职能制的企业里，无人对流程负责，所有的目标分解、绩效考核、汇报、监控都强调绩效，是基于目标的 KPI 管理体系，一律按部门来分割。落实到岗位个人，KPI 对应业绩合同，以业绩合同为核心保障业绩的实现。结果很容易造成：

- 基于目标的 KPI 不一定和流程相联系，对流程内部的过程控制点往往挖掘不深。
- 一旦出现异常、目标没有完成，就只针对部门和个人进行异常分析、查找责任，把责任归咎于部门和个人。
- 不同 KPI 的对立带来相应岗位负责人之间的对立，"屁股决定脑袋"，在流程协作上各扫门前雪，竭力强调部门指标或部门利益的重要性。
- 在企业的实际操作过程中，把"岗位职责""岗位 KPI"搞得越精细，部门鸿沟就越深。
- 把组织结构调整、人事调整作为重要的优化和适应变革的手段。

因此，指标设计可以由委员会和一个核心小组负责，提倡群体决策而非个人决策；提倡群体建设性讨论而非个人拍板决定；提倡跨部门、跨岗位在联合办公室里一起办公、一起开会、一起协作，而不是隔着墙争辩；提倡部门经理去熟悉跨部门的业务，成为委员会和核心小组中的复合型人才，了解其他部门的业务从而理解支持，不提倡每个部门的经理只熟悉自己一亩三分地的业务而导致在心理上屏蔽和不理解来自其他部门的声音。

垂直职能管理从 1900 年发展至今已有一百多年的时间，它已经逐步让经理人习惯于垂直职能管理。因此，要让经理人习惯于跨部门协同作战，把跨岗位协作办公视为常态，是一个深刻而艰巨的转变。我们不期望各个企业在一夜之间拆除所有部门的隔墙,但我们可以从某一个流程开始去探索和实践,把指标放在协同团队上,促进跨部门协作成为可能。这种协作团队有以下特征:

- 强调流程结果,从端到端的流程的整体来考虑流程的效益和成本,以流程为核心保障业绩的实现。
- 不仅关注结果指标,也提倡对流程内部的过程控制点进行深入挖掘和管控。
- 一旦出现异常,流程的KPI目标值没有达成,应面向流程而非部门或个人开展异常分析,即对事不对人。
- 把流程标准化、流程优化、流程创新作为重要的优化和适应变革的手段。

我们来看一个实例,体会"对流程内部过程指标的挖掘和管控"。

案例　某移动公司的KPI设计

某移动公司启动了"流程优化"项目,整个项目涉及与客户接触的六个界面:营业服务,业务与服务规范,基础服务,集团客户、大客户服务,咨询投诉处理服务和服务热线。

最初的时候,总公司对投诉处理的KPI设计只包含客户满意度和及时率两项结果指标,但是呼叫中心发现如果仅将这两项KPI指标分解到一线的投诉管理人员岗位不仅缺乏有效的执行手段,而且结果不可控。同时,对于呼叫中心来说,不仅要求流程的结果要达到目标,也要求流程更具有效率(如降低成本、提高速度等)。因此,考虑建立面向流程的KPI来管理客户投诉流程,以保证目标的实现(见图3-12)。

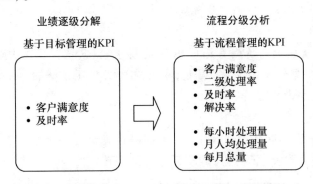

图3-12　某移动公司呼叫中心对流程内部过程指标的挖掘

围绕以上结果及过程指标,它们进行了指标值的逐月记录并进行了分析(见表3-8)。

表 3-8　某移动公司呼叫中心流程指标值的目标值及实际值记录

指标	1月	2月	3月	4月	5月	6月	目标
及时率(%)	98	75	95	80	78	97	95
准确率(%)	50	45	50	57	60	66	98
处理时间(分钟)	35	36	20	15	14	14	15
满意度(%)		70			95		90
投诉量(次)	2 100	2 000	2 200	2 430	2 501	2 700	

- 及时率

6月份的指标超过了目标值95%的要求,但1—6月份各月及时率的变化为大幅波动,有多次低于目标值的情况。可见,对于及时率的管理是失控的、无效的,其表现为大幅波动、处于不稳定状态,它的结果是不可预期的,即无法预测下一个月(7月份)的及时率是多少、能否达标。

- 准确率

各月指标值都低于目标值,处于没有达标状态,但从1—6月份的准确率的变化情况来看,其处于一个持续改进状态(连续三点以上的上升方可认为属于持续改进),这说明通过管理控制,该指标得到了持续改善。因此,对准确率的管理是有效的,虽然目前还没有达到目标值。

- 处理时间

6月份的指标值达到目标值15分钟以下的要求,处于达标状态;从1—6月份的处理时间的变化情况来看,也处于一个持续改进状态。这说明通过管理,该指标得到了持续改善。因此,这是一个最好的指标,在持续改进达到目标值后,处于一个稳定状态,对其管理是有效的。

- 满意度

5月份的指标值已达到目标值90%的要求,但只统计了2月份和5月份两个月的数据,数据收集不完整,因此,我们对该指标无法评价(一般认为对三个以下的数据无法做出评价)。

- 投诉量

1—6月份的投诉量在持续上升,这说明在投诉处理的前端,即对投诉预防环节的管理是失控的、无效的,要改善的是投诉预防流程。

我们再以采购流程上的成本控制为例,来体会面向个人和部门的异常原因分析和面向流程的不同。对采购的端到端的流程进行分析,可以发现采购成本包括三大部分:其一,采购的原材料费用、运杂费、保险费等原材料成本。其二,采购过程成本,即采购部门完成采购过程所付出的成本,主要是采购部门人工和差旅费。采购过程是指从采购计划开始,到采购询价、采购合同签订,一直到采购材料进场为止的过程。其三,因采购不良而造成的管理不善成本。它包括质量成本、效率成本、资金占用成本、风险成本及其他浪费等。

进一步分解,可以得到影响原材料成本的因素,包括:
- 产品功能的设计;
- 零部件品种的数量;
- 标准件还是非标准件;
- 长期供应商还是短期供应商;
- 供应商的生产能力、资金能力和管理能力;
- 采购数量(安全库存);
- 采购计划安排(交货期);
- 采购时机选择;
- 国际市场的价格;
- 物流方面。

影响采购过程成本的因素,包括:
- 采购部门的人员配置;
- 采购部门的采购方式;
- 采购管理制度,包括采购的审批流程;
- 供应商的距离;
- 供应链的组织管理能力。

因采购不良而造成的管理不善成本,包括:
- 材料质量不合格→质量损失成本;
- 库存不足造成的产能浪费和人工无效等待→效率损失成本;
- 交货延迟造成的产能浪费和人工无效等待→效率损失成本;
- 过量采购形成的存货→资金占用成本;
- 原材料价格大幅波动(如受供应商、汇率等影响)→风险损失成本。

从价值链的角度对采购环节的总体成本进行这样的分析,很容易发现,采购部无法单一承担"采购成本降低"的重任,把"采购成本降低"作为评价采购部门的关键绩效指标有弊有利。一旦采购部不能完成绩效指标,就可以此为借口推卸责任,比如"采购量的确定都是由生产部门负责协调和计划的"等。这种心态不是源于个人执行力差、采购经理的责任心不强,而是源于传统的成本中心的会计理论,这些理论建立在等级森严的组织结构的基础上,企业在具体操作中,或者把相关的责任和成本强硬地摊到采购部门的头上,或者干脆忽略一部分成本,将这些数据分摊于无形。

思考一下、行动起来

如果让你去促成一个流程上的跨部门协作:
- 你会选择哪个流程,为什么?
- 你会成立哪种类型的协作组织(如委员会、小组等),为什么?
- 从办公硬件环境、工作软件环境上,怎么促进协作成员之间的建设性沟通?
- 群体决策可以采取哪些决策程序?怎么保障民主+集中、科学决策、及时决策?
- 这个协作组织应该对流程的哪个KPI负责?如果达到或者没有达到KPI,怎么对该协作组织进行物质或非物质的正负激励?

Chapter Four

第4章 指导具体流程的业务原则
——从一般性原则到战略导向原则

阅前思考

  流程图可以这样流转,也可以那样流转;流程文件可以让这个部门多管一些事情,也可以让那个部门多管一些事情,于是各部门开会定流程的时候就各执一词吵起来了。那么,定流程的时候,有没有一些规定必须这样、不能那样的业务原则?能不能利用这些原则把公司领导目前的管理重点、导向和具体流程衔接起来?我们是否清楚,企业目前在流程上到底提倡哪种做法,不提倡哪种做法?

  如果以上问题触动了你,那么请你从这一章开始阅读。

阅后收获

  了解什么是面向原则的流程管理,学习流程业务原则如何提炼和应用,了解一些行业的研发流程的原则,分享流程管理的最佳实践。

17 流程的业务原则

  你说:确定流程绩效目标后为什么不宜直接进入流程细节?请举例说明什么是流程的业务原则。

  我说:把运作流程的历史宝贵经验沉淀下来并用于指导实践,避免成为瞬间事件的奴隶。

在完成对流程绩效指标的设定,即确定了"什么是一个好流程"之后,就应该直接进入流程细节,制定流程规范,百分百地去执行,为什么还要确立流程的业务原则(Business Principles)呢?

流程的业务原则,是比具体流程怎么流转更高层次的东西,是指导具体流程怎么流转的宝贵经验,是用来解决流程具体流转方案分歧的钥匙,是企业运作某个流程的历史宝贵经验的沉淀,是企业少数人知道但往往没有成文的东西。

例如,《三联生活周刊》介绍,当年韩国汉城奥运会的开幕式、闭幕式就制定了三大原则,分别是:

- 符合奥运会倡导的主题思想;
- 富有韩国特色;
- 具有新鲜感。

除此之外的原则性指南还包括:

- 不动员全国人民做陪衬;
- 杜绝洛杉矶奥运会的纯商业性行为;
- 不要廉价出售属于韩国自己的东西;
- 杜绝日本气息;
- 避开扇子舞和舞龙等老一套的表演形式。

以上这些原则不是大而空洞的口号,而是言之有物的、具有高含金量的信息,其作用如下:

- 这些原则为奥运会的具体操作定了基调,给出了必须怎么做、不能怎么做的界限;
- 这些原则是为了"把本届奥运会办成功"这个奋斗目标服务的;
- 这些原则既借鉴了过往各届奥运会的经验教训,又和本国的具体情况相结合。

如果没有这些原则,直接进入奥运会的开幕式、闭幕式的细节策划,很多专业人才就会拿出各种方案进行争论,甚至一个方案启动很久又觉得不对,再推翻重来,耗费大量的人力物力。

如果决策高层不事先公布这些原则,使得具体执行人员在不知情的情况下无论怎样做都是错的,或者决策高层直接去纠正具体执行人员的具体做法,就会让具体执行人员无所适从,对工作没有评判依据,一切只能以决策者的临时好恶唯马首是瞻。

案例　某日化公司新产品上市流程的原则

我们以某著名日化公司新产品上市流程的原则为例,来看一个真实企业的流程业务原则。

- 原则一:不把新产品当作当年销售的增长点

它的价值通常体现在上市12个月以后。

如果为了实现目标而急功近利,就会缩短上市准备时间,减少必要的工作流程,忽略产品的质量和完整性。

新产品上市是为下一年度市场增长做的准备工作。

- 原则二:建立一套以客户价值为导向的管理流程

在新产品上市流程中明确提出新产品的本质是产品"概念",而概念就是客户的价值。

开发产品概念作为整个新产品开发的第一步,而产品研发及广告、渠道策划都以产品概念作为依据。

为了保证概念的质量,进一步建立了标准的七步概念开发法。

- 原则三:在开始市场营销前科学地预测销售额

在上市管理流程中,对产品上市后12个月内的销售量进行了4次预测。

如果没有科学预测,就会陷入"盲目狂喜—现实觉醒—深度迷茫—严重悔恨—无奈惩办"的怪圈。

- 原则四:建立一个独立的新产品上市小组,高层充分授权

新产品上市人员独立出来,形成类似小型事业部的组织形式,并要求全体人员全职进行产品上市工作。

- 原则五:导入项目管理制

全程导入项目管理制,将所有工作模块分解为80—100项工作任务。

每个任务都事先安排好时间、负责人、资源估计及量化目标。

- 原则六:在全国推广前进行小规模市场测试

通常选择一两个相对封闭的城市进行,测试期通常为3—6个月。

近30%的新产品在测试市场中发现问题,从而避免了全国推出时的巨大宣传损失。

- 原则七:使用量化的分析支持工具(市场调查与模型)

对近20个关键决策点,大量应用科学的分析支持工具,例如:

概念→概念测试与COT;

广告→OAT(播放前测试);

产品复合体→音测、包装测试、香味测试;

目标市场确定→需求研究；

测试市场评估→EBES 早期品牌评估研究。

- 原则八：在上市准备期发现不可克服的问题时应果断终止项目

在新产品上市准备阶段，由于对市场与产品逐步深入的了解，有近20%的概率会发现一些不可克服的问题。

以正确方式界定了多种项目终止的条件，并且对发现问题和及时终止新产品上市的经理给予褒奖，以鼓励客观务实的态度。

上述这些原则体现在新产品上市流程的不同环节之中（见图4-1）。

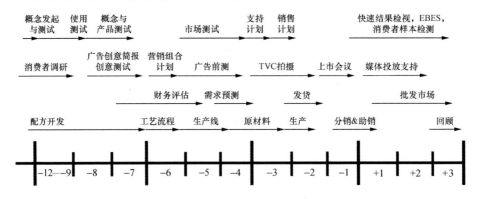

图4-1　某日化公司新产品上市流程示意图

从图4-1可以看出，以新产品上市的时间点为零点，一个历时15个月（向前12个月、向后3个月）的端到端的流程的流转，其间涉及的各个部门就像训练有素的接力赛跑运动员一样，在哪个月介入哪件事情，都已经有了约定。这些约定，要体现刚才提到的八大原则，要重复使用以往上百次推出新产品的宝贵经验，而不是新人上手、一切从头来、朝着"新产品上市成功率"这个奋斗目标蛮干，市场不会给企业这种重复犯错的机会。

我们还可以进一步体会到，这家日化公司的诸多同行也有新产品上市流程，这些流程图甚至大同小异，但为什么这家日化公司的新产品上市成功率能高达85%呢？这就是因为，同样是新产品上市流程，不同公司却执行着不同的业务原则，这时，业务原则就成了企业独特的竞争力所在。

18　面向战略的实现，流程原则的提炼与应用

你说：怎么提炼出流程的业务原则？提炼出来又怎么应用呢？
我说：企业战略＋最佳实践，两大来源，四大原则，灵活运用。

流程业务原则的提炼来自两个方面：

一是企业战略规划。围绕公司新的战略方向，要将其落实到具体每个业务领域的执行策略上，如公司战略提出定位于年轻的消费群体，打造年轻化的品牌形象，于是在品牌管理的执行策略中要增加一条原则，即品牌传播推广要体现年轻和激情的元素。

二是最佳实践提炼。最佳实践可能来自外部标杆，也可能来自企业的知识经验积累。因为流程一旦被执行就会产生经验和教训，所以若能在日常工作中及时沉淀这些经验和教训对企业的发展就会非常有帮助。不要隔几年才想起来，再派专人整理，写在纸上了事。

提炼流程的业务原则，应注意以下几点：

第一，各级经理人尤其是高职位的领导要学会面向原则的管理，主动提炼业务原则，并把这些原则明确地告知下属。

某企业高层主管曾深有体会地说："管理者的职位越高，就越要根据原则进行管理，而不是沉浸在一大堆具体事实里面。"

比如，一个基层销售员工关注的是如何和代理商搞好关系；销售经理就要关注超级终端模式和代理模式的不同、根本原则的把握及这些原则在本地区的灵活运用；总经理就要把握更高的原则，把事实提炼成原则，用原则来指导实践。

如果高层领导人局限于事实，动辄给基层员工非常具体的指示，那么基层员工就难以发挥主动性、难以成长。

高层领导人要从原则出发来指导下属如何开展业务，这样下属得到了发展，自己才能进一步发展。

第二，业务原则切忌口号化、空洞无物，要把业务原则变成衔接公司战略规划（年度工作大纲）和具体流程日常工作的桥梁。

如果一家企业的流程业务原则提炼为"以客户为中心"，那么基本和没有提炼一样。我们发现许多公司的使命和宣言都千篇一律，很少有让人怦然心动的。我们需要的是言之有物、非套话空话、能给流程的具体操作打上烙印的业务原

则。下面给出一个例子作为参考:丽思-卡尔顿酒店(The Ritz-Carlton Hotel Company)的黄金标准(Gold Standards)。

其黄金标准提炼得非常人性化,尤其是"我们是服务于淑女、绅士之淑女、绅士"这句,能够有效培养员工的自尊和自信,当员工都以此态度来投入工作时,何愁他们不能发挥主观能动性为组织创造价值并实现其自我价值?

案例 丽思-卡尔顿的黄金标准

信条
丽思-卡尔顿以客人得到真诚关怀和舒适款待为最高使命。
我们承诺为客人提供细致入微的个人服务和齐全完善的设施,我们的客人将尽享一个温暖、舒适而又优雅的环境。
丽思-卡尔顿之行能使您愉悦身心、受益匪浅,我们甚至还能心照不宣地满足客人内心的愿望和需求。

箴言
我们是服务于淑女、绅士之淑女、绅士。

服务三部曲
热情真诚地问候客人,亲切地称呼客人。
提前预想每位客人的需求并积极满足。
亲切地称呼客人,深情地告别。

服务价值:我以丽思-卡尔顿为荣
建立良好的人际关系,长期为丽思-卡尔顿吸引客人。
敏锐察觉客人明示和内心的愿望及需求并迅速做出反应。
能够为客人创造独特难忘的亲身体验。
了解在实现成功关键因素和创造丽思-卡尔顿法宝过程中自己所起的作用。
不断寻求机会创新与改进丽思-卡尔顿的服务。
勇于面对并快速解决客人的问题。
创造团队合作和边缘服务的工作环境,从而满足客人及同事之间的需求。
有机会不断学习和成长。
专心制订与自身相关的工作计划。
对自己专业的仪表、语言和举止感到自豪。
保护客人、同事的隐私和安全,并保护公司的机密信息和资产。
负责使清洁程度保持最高标准,创造安全无忧的环境。

员工宣言

在丽思-卡尔顿,我们的员工是我们向客人提供服务的最重要的资源。

我们以信任、诚实、尊重、正直和献身精神为准则,培养并最大限度地发挥员工的才能,从而实现每位员工和公司的共赢。

丽思-卡尔顿致力于打造一个重视多元化、能够提高生活品质、实现个人抱负、稳固丽思-卡尔顿成功法宝的工作环境。

第三,把业务原则的提炼日常化,把提炼出的原则落实到各种管控措施中去,以保障该原则得到执行。

例如,对于房地产开发公司来说,"停车位旁边不能种榕树",是具体执行业务流程时得到的一条宝贵经验。为什么呢?看看一位停车人写的诗就知道了:

荷兰榕落英

昨晚停车榕树下,今晨扑面尽黄金。
狂风一阵飞英舞,四处芳菲乱吻人。

可是,仍然会有房地产开发公司犯这种错误:其一,不知道这些知识和经验。其二,知道,但具体执行时可能又会有人疏忽了。其三,知道,也照此执行,但在另一个问题上又重复犯低级错误,比如"窗下种的某种花爱招虫子""别墅漏水",等等。

这就引出业务原则提炼的几种行为,也可以说是从初级到高级的几种行为:

1. 从"不知道这些知识和经验"到"知道"

隐性经验显性化,即把每个人脑海当中的经验总结出来。

2. 从"虽然知道但具体执行时可能又会有人疏忽了"到"和管控措施相结合"

可以在流程中设计控制点,比如在招标时就包含这一条,要求中标单位进行设计时参照某条标准。在设计评审时,还可以请监理公司对照任务书逐条检查。这样会切实保证经验和教训的重复使用。其实,企业要想做到卓越管理并不难,只要不重复犯自己曾经犯过的错误即可。但是,有很多企业一边进行各种先进管理,一边继续犯自己曾经犯过的各种错误。

3. 从"企业自己能知道并做到了,但没有让客户也知道"到"主动与客户沟通"

比如,主动公示给小区居民,"我们这个小区经过精心设计,具体体现在若干点,其中有一点就是树种的选择,即为什么选择种其他树种而不是榕树",这样不仅让客户"知其然并知其所以然",把业务原则变成企业和客户之间的一种共识、一种约定,而且把业务原则变成一种客户可以去传播的口碑和品牌,成为现有客户和潜在客户购买的一种有力理由。

4. 从"知道了,也照此执行了,但在另一个问题上又重复犯低级错误"到"形成一种发现问题并解决问题的长效制度"

要把业务原则的提炼及更新形成一种机制,凡是某人或某团队试验过发现效果很好或者是出了纰漏的事要迅速让其他团队或者个人知晓,使得经验和教训被其他人学习到。比如这家房地产公司,"以前的某个项目可能在停车位旁边种了榕树,结果……",这个教训要能够传播开来,最终形成制度——不准在停车位旁边种榕树(写到设计任务书里去),使得这种经验能共享并应用。

第四,提炼出的业务原则要书面化,写在具体流程图的显要位置,使企业高层领导有80%以上甚至100%的知晓率。

高层领导往往没有时间了解具体的流程文件,他们更关心设计这个流程的主导思想、将来运作这个流程的核心理念是什么。这就是为什么会在很厚的流程文件前面专门讲述这个流程的设计原理、驱动思想、应用环境和流程在某些情况下发生改变的原因。这些流程图里画不出来但却无时无刻不在指导具体流程的东西,要让企业高层领导知晓并达成共识,从而防止经理人把个人意志凌驾于经过实践检验的业务原则之上。

例如,集成产品开发流程,强调市场管理、需求管理、产品开发过程管理的三位一体。如果一家企业的产品开发过程很完善,但是没有好的需求管理流程,对到底开发什么样的产品没有很好的规划管理,那么即便开发过程控制得再好,做出的产品也不会很好。因此,这家企业产品开发流程的优化,实质是要确认刚才这条业务原则,并把这条原则落实到具体流程细节中去。从这个意义上说,具体流程只是一个载体,是把流程管理的核心理念、流程的绩效目标、流程的业务原则实现落地的载体,一直落地到各岗位具体怎么干,这也就是我们说的不依赖于个人执行力的企业级执行力。

19　研发流程的业务原则

你说:能否给出一些研发流程的业务原则?

我说:与其把事情做错后反复再做,不如把事情一次做对。

首先来看一个案例。某企业曾经流传一句话:"我们总是没有时间把事情一次做对,却总有时间把事情做错后反复再做。"

案例 某企业的"研发流程七阶段法"

为了追求把事情一次做对,该企业找到了"研发流程七阶段法"(见图 4-2)。

新产品项目管理流程总览

一、新产品开发准备阶段

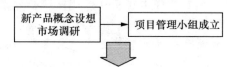

二、新产品开发可行性分析与评审阶段

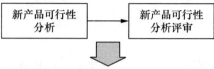

三、新产品开发项目行动计划编制与评审阶段

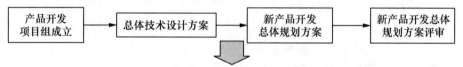

四、新产品设计/开发与评审阶段

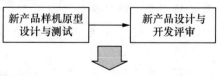

五、新产品验证/确认与评审阶段

六、新产品市场投放阶段

七、新产品开发总结阶段

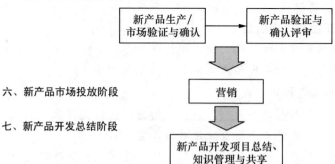

图 4-2 研发流程的七个阶段

该企业还提炼了业务原则：

1. 新产品开发准备阶段

1.1 新产品概念设想市场调研
- 确保公司的新产品设想市场调研活动能够符合并促进公司整体战略与新产品战略的达成和发展。
- 确保公司的新产品概念设想具有技术和经营可行性。

1.2 新产品设想的筛选
- 基于公司产品规划和资源条件进行新产品开发决策，确保新产品开发能够增强企业的核心竞争力。
- 确保公司高层对新产品开发决策达成一致意见，以实现新产品开发过程的资源保障。

1.3 项目管理小组成立
- 根据新产品开发的性质，确保产品经理人选有能力协调各方资源，完成新产品开发任务。
- 确保项目管理小组人员的素质与技能合理组合。

2. 新产品开发可行性分析与评审阶段
- 合理计划新产品开发资源投入，控制开发项目风险。
- 确保分析过程中提出的技术可行性方案能够实现。

3. 新产品开发项目行动计划编制与评审阶段
- 确保新产品开发总体规划方案符合公司的新产品开发要求。
- 确保新产品开发总体规划方案建立在客观评估公司资源条件的基础上。
- 确保各部门充分理解和支持新产品开发工作，并认可总体规划方案中对本部门的人员调度和进度安排。

4. 新产品设计/开发与评审阶段
- 确保新产品设想报告中的功能需求在原型样机上逐一得到实现和验证。
- 确保新产品开发的工作进度和预算符合总体规划方案的要求。

5. 新产品验证/确认与评审阶段
- 确保新产品设计中的问题通过生产和市场的验证得以发现及纠正。
- 确保下阶段新产品生产与市场投放活动的正常进行。
- 确保不适合进行商业化的新产品能够以技术转让等形式及时实现价值。

6. 新产品市场投放阶段

7. 新产品开发总结阶段
- 确保新产品开发的设计文档齐全。

- 确保新产品开发过程中积累的经验和知识得到管理及共享。
- 确保新产品开发的奖惩措施和激励政策得到贯彻。

我们再回过头来看第一步的"新产品开发准备阶段",关于新产品设想,如何有充足的创新,如何才能想出抢占先机的点子,以开发出创新性的产品,引领市场潮流,是该企业领导极其头痛的问题。这个阶段做得好不好,对后续的步骤至关重要。根据通用的划分标准,产品开发的生命周期可分为需求分析、概念设计、详细设计、工艺分析、加工制造等不同阶段。根据成本沉淀理论,产品总价值的80%—85%是在产品研发阶段决定的,其中约75%是在产品概念设计阶段决定的。另外,产品设计初期相应的设计知识较少、设计自由度大、对设计人员的约束少、创新的空间广,随着设计的进行,设计知识逐渐增加,设计的自由度也相应减少。因此,早期阶段的创新和决策对最终产品具有决定性的作用。

因此,我们建议该企业在逐步达到这七个阶段的时候,应该明确一条业务原则:要实现产品研发创新,企业关注的焦点应该沿着产品生命周期逐步前移,要能够评估和改进目前的企业创新机制与氛围,通过以下五个步骤来实现一个促进"产品研发创新"的流程。

■ 步骤一:评估目前的创新机制

首先,我们要分析公司目前的创新机制如何,判断出:什么时候创新?怎样进行创新?在创新方面的优势和劣势分别是什么?例如:

- 公司能够理解客户、市场、竞争对手和外部环境吗?
- 创新怎样囊括战略文件(如提及战略的价值和使命的陈述)、战略目标(如公司设定新产品或服务销售目标)和战略计划(如为了创新而投入多少资本和支出费用预算?有多少人被指派从事新产品、服务或其他创新的工作)?
- 组织的行为与其战略想法是否始终保持一致(是否有庞大的计划,却只有很少的预算)?
- 公司有一种结构化的方法来实现创新吗?创新得到很清晰的定义了吗?有将想法变成产品的流程吗?人们知道其本质吗?有专门负责创新的人员吗?人们拥有与其责任相当的权利吗?
- 创新的责任在哪里(个人、团队、领导或其他)?
- 是否有一些经营业务禁止进行创新?

- 公司能够在多大程度上容忍冲突、不一致、含糊、多元化思考和非传统行为？
- 在实行导向计划的第一个月，向相关人员展示什么或谈论哪些有关创新的事情？

20世纪90年代后期，汽车零部件制造商Borg-Warner公司发现，它需要重新启动自己的创新机制，新的素材已经不能为公司创造出超过十年的领先优势。它在外部咨询公司的帮助下，对其创新机制进行了评估，发现两个主要问题：一是它缺乏一个递送创新思想的过程，"Borg-Warner公司有思想，却没有地方可以利用这些思想"；二是它下面有六个业务单元，每个业务单元都有自己的研发预算、人员和优先考虑，新的思想无法实现跨部门的整合。

■ 步骤二：建立产生思想萌芽的机制

评估创新机制的现状之后，就需要对现状进行改进，改进的措施无非从组织、流程和绩效上入手。比如，修改一位高级经理的奖金内容，将之与员工建议的数量结合起来，检验他是否能够通过老套但有效的员工建议计划使员工提出建议的数量增加3倍。采取改进措施的首要目的是在公司内部建立产生思想萌芽的机制，这些思想的萌芽是创新的基础，公司任何层级的人都要了解产生萌芽的必要性，只有这样，他们才能拥护并有意识地这样做。

普华永道（PWC）为了加大公司的创新能力，举办"超级100"竞赛，宣布将向150名创新者提供10万美元的奖金，既包括个人也包括团队。两个星期内，同预想的一样，"超级100"集中了很多有创意的想法。截至竞赛的最后期限，PWC已经从个人和团队那里获得了700个应用方案。PWC的一位合伙人乔治·贝利说："我们应该陈述出创新的重要性——进化或死亡，或者两者兼而有之——但是，在谈论创新和说服人们如何接受创新之间还存在差别。而通过创意竞赛这样具体的形式，甚至没有人询问我们花的钱是否得到了相应的回报，实际上我们已经获得了几倍的回报。"

■ 步骤三：创新萌芽的筛选

有了大量的思想萌芽，还需要建立一种筛选的机制。在筛选过程中，要能够让每一个思想萌芽都有机会充分展现自己，因此头脑风暴和角色扮演是常见的方法。

为了可以让思想流动起来，Borg-Warner公司举办了一次创新高峰会，这是一个持续3天的盛会。有70个人参加，所有人都有备而来，提出了140个有关产品创新的方案,最终,经过筛选保留了4个。最后一天的下午,公司的董事会到达会场,并聆听这4个方案。然后,董事会利用电子仪器重新分析,并认可其中的1个,同时向这个方案提供资助。第二年,它们又召开了如何改善燃料经济性并减少能量散发的技术创新高峰会。

通用电气公司也有类似于创新高峰会的机制以创造性地解决问题,并被应用到公司内部的流程中,用以创造出管理公司的思想。

角色扮演也是常见的做法。即一些公司通过建立团队来产生创意的机会,团队成员的工作就是假装参与到竞争中去。

■ 步骤四:设计一个具体可操作的流程

创新的基本阶段——市场感受、思想创造、确定目标市场、开发、形成原型、推出和衡量——都是非常容易形成框架的,但不容易执行。因此,有了思想萌芽,有了筛选机制,为了让创新活动持之以恒,必须建立符合公司实际情况的具体可执行的流程。

Borg-Warner公司创新高峰会的最佳之处就是,它的成果——一个高度可行性的项目——能够获得公司高层管理人员的认可和资助,因为高层管理人员不太可能让几个小障碍阻止一个非常好的思想,于是他们当众承诺会保证这个思想得以最终实现。通过将创新高峰会变成公司运作流程中的一个重要环节,Borg-Warner公司就建立了持续创新的基础。

但是,知识工作不是线性的,而是反复再反复、退后再逆风向前的过程。知识创造过程也无法跳出这个框架。知识创造的"供应链"是:科学基础—市场知识—发明—产品开发—流程开发—应用开发—顾客流程开发—工厂支持—顾客支持。在实际生活中,传统的产品供应链全部都是原料的流动,而创新的供应链则是知识的流动。二者不能用同样的方式进行管理,因为创新供应链不是线性的,实际上,许多条创新供应链可以并行运行。知识的流动也需要进行管理,在全球环境中,所有知识可以迅速并合理地共享。

■ 步骤五:持续改进流程

建立了具体可操作的流程并非一劳永逸,必须随着外部环境的变化、组织内部的改变不断调整、不断优化。

为了改善机制,Borg-Warner公司的首席知识官(CKO)亲自领导,努力改善公司在创新流程方面的重大缺陷。他说:"我们已经在关注通用汽车、福特和克莱斯勒等公司,并了解在下一个年度中,它们可能需要的装饰品。"另外,通过学习 3M 公司的"引导使用者流程",Borg-Warner 公司更加关注超前的客户;它也通过研究进行过调整的客户,发现市场可能发生变化的迹象。

20　流程管理的思想原则

你说:不管是什么流程,只要追求高效顺畅,是不是就有一些共性的原则可以遵循?

我说:流程管理的思想原则是回归流程管理本质。

所谓流程管理的思想原则,是指人们对流程管理的本质及其内在规律的一些基本看法,是可以应用于各类流程的共性原则。

归纳起来有如下原则:

■ 原则一:组织结构应该以产出为中心,而不是以任务为中心

这条原则是说应该由一个人或一个小组来完成流程中的所有步骤。员工的工作应该是围绕着目标或产出,而不是围绕着单个任务。

对于这一原则,有些人把它和目标管理相混淆,这里我们不妨稍加比较。

目标管理,也称成果管理,产生于 20 世纪 50 年代,是以科学管理和行为管理为基础的。这套管理体系体现了重成果的思想,它改变了在以往管理中出现的"人治"问题,强调要建立起一套科学的目标管理体系,明晰责任,以便执行和考核。具体做法是,企业首先要确定总体目标,然后由各部门和员工根据这一总体目标,参与制定分目标,并主动积极地去完成。目标管理的确是一种有效的管理方法,也是美国和日本企业较为普遍采取的一种方法。

但是,目标管理一般都是在以任务为中心的组织中完成的,所以目标也就不可避免地带上了部门分割的色彩。换句话说,各个分目标实际上就是一个个任务,而这些任务本应是一个整体,一个以流程为基础的整体,但是却被分割开来,这样就降低了系统的整体性,从而影响了组织的效率。

正因为如此,我们在这里要谈的并不是企业是否要按照目标来进行管理,而是要关注"目标是根据什么制定的"。

如果目标是根据任务制定的,那么我们说它是与流程管理的原则相违背的;如果是根据流程来制定的,那么这种目标管理是有积极意义的。虽然流程管理强调一切以流程为中心,根据流程而不是任务来开展工作,但是实际上,这些原

则在具体实施时还是要转化成一个个具体的目标,这就是它与目标管理的联系所在。

流程管理强调打破原有的职能界限和任务划分,尽可能地将跨越不同职能部门、由不同专业人员完成的工作环节集成起来,合并成单一任务,由单个人来完成。这种集成与合并其实是对员工素质提出了更高要求,传统模式中的专才难以适应新流程的要求,同时信息技术要对集成后企业活动的运行提供有力的工具支持,否则员工也难以迅速适应活动集成的转变,甚至无法胜任新工作流程的要求。

需要说明的是,企业活动的集成并不是集成活动越多越好,过分的活动集成反而会降低工作效率。企业活动的集成较适合那些"亲和力"较高的活动,即资源处理联系紧密、信息交互频繁的活动。

案例 MBL 公司保单申请程序的前后对比

MBL(Mutual Benefit Life Insurance)是全美第 18 大人寿保险公司。以前,从顾客填写保单开始,须经过信用评估、承保直到开具保单等一系列过程。这其间包括 30 个步骤,跨越 5 个部门,须经 19 位员工之手。因此他们最快也需要 24 个小时才能完成申请过程,而正常办理则需 5—25 天。这么漫长的时间中究竟有多少是创造附加价值的呢?有人推算,假设整个过程需要 22 天的话,则真正用于创造价值的只有 17 分钟,也就是还不到 0.05% 的时间,而 99.95% 的时间都在从事不创造价值的无用工作。这种僵化的处理程序将大部分时间都耗费在部门间的信息传递上,使本应简单的工作变得复杂。例如,一位顾客想将自己现有的保单进行现金结算,并同时购买一份新保单。这是他们每天都要遇到的寻常工作,可是在这种流程下,却变得格外复杂,必须先由财务部计算出保单的现金价值,开具发票,然后再经承保部的一系列活动,最后客户才能拿到所需的保单。

面对这种情形,MBL 的总裁提出了将效率提高 60% 的目标。这种 60% 的目标是不可能通过修补现有流程实现的,唯一方案就是进行流程的全面审视,从流程结构上来解决问题。

MBL 的新做法是扫清原有的工作界限和组织障碍,设立一个新职位——专案经理(Case Manager)。专案经理对从接收保单到签发保单的全部过程负有全部责任,也同时具有全部权力。好在有共享数据库、计算机网络以及专家系统的支持,专案经理对日常工作处理起来游刃有余,只有遇到棘手的问题时,他们才请求专家帮助。

这种由专案经理处理整个流程的做法,不仅压缩了线性序列的工作,而且消除了中间管理层,这种从两个方面同时进行的压缩,取得了惊人的成效。MBL在削减100个原有职位的同时,每天的工作量却增加了1倍,处理一份保单只需要4个小时,即使是较复杂的任务也只需要2—5天。

■ 原则二:让那些需要得到流程产出的人自己执行流程

过去,由于专业化精密分工,企业的各个专业化部门只做专业性工作,同时又是其他部门的顾客。例如会计部就只做会计工作,如果该部门需要一些新铅笔就只能求助于采购部,于是采购部需要寻找供货商,讨价还价,发出订单,验收货物,付款,最后会计部才能得到所需的铅笔。这一流程的确能完成工作,并且对于采购贵重货物的确能显示出专业化采购优势,但是对于铅笔这类廉价的非战略性物品,这一流程就显得笨重而缓慢了,并且用以采购的各项间接费用往往会超过所购产品的成本。

在有了信息系统以后,一切就有可能变得容易了。通过数据库和专家系统,会计部可以自己采购。当与流程关系最密切的人自己可以完成流程时,就大大消除了原有各工作界面之间的摩擦,从而减少了管理费用。

但是这并不意味着要取消所有的专业部门的专业职能。例如,对于企业的主要设备和原材料,则仍由采购部门来完成。具体如何安排,还是要以全局最优为标准。

■ 原则三:将信息处理工作纳入产生这些信息的实际工作中去

过去大部分企业都建立了这样一些部门,它们的工作仅仅是收集和处理其他部门产生的信息。这种安排反映了一种旧思想,即认为低层组织的员工没有能力处理他们产生的信息。而今伴随着互联网的普及和员工素质的提高,信息不再是一种特权,信息处理工作完全可以由低层组织的员工自己完成。

福特公司就是个很好的例子。原来,验收部门虽然产生了关于货物到达的信息,却无权处理它,而须将验收报告交至应付款部门。在新的流程中,福特公司采用了新的计算机系统,实现了信息的收集、储存和分享,使得验收部门自己就能够独立完成产生信息和处理信息的任务,极大地提高了流程效率。

■ 原则四：将各地分散的资源视为一体

集权和分权的矛盾是长期困扰企业的问题。集权的优势在于规模效益，而缺点则是缺乏灵活性；分权，即将人、设备、资金等资源分散开来，能够满足更大范围的服务，却随之产生冗员增多、官僚主义和丧失规模效益的后果。

有了数据库、远程通信网络以及信息分布处理系统，人们就不再为"鱼和熊掌不可兼得"而伤透脑筋，企业完全可以在保持灵活服务的同时，获得规模效益。

下面我们看看惠普公司是如何做到这一点的。

惠普公司在采购方面一贯采取放权的做法，其下属的五十多个制造单位在采购上完全自主，因为它们最清楚自己需要什么。这种安排具有较强的灵活性，对于时刻变化的市场需求有较快的反应速度，但是对于总公司来说，却损失了规模效益，特别是采购时数量的折扣优惠。现在运用信息技术，惠普公司重建其采购流程，总公司与各制造单位使用一个共同的采购软件系统，各部门依然是订自己的货，但必须使用标准采购系统。总部据此掌握全公司的需求状况，并派出采购部与供应商谈判，签订总合同。在执行合同时，各单位根据数据库，向供应商发出各自的订单。这一流程运作的结果是惊人的，公司的发货及时率提高了50%，交货期缩短了50%，潜在顾客丢失率降低了75%，并且由于折扣，所购产品的成本也大为降低。

■ 原则五：将并行工作联系起来，而不仅仅是联系产出

存在两种形式的并行：一种是各独立单位从事相同的工作；另一种是各独立单位从事不同的工作，而这些工作最终必须组合到一起。新产品的开发就属于后一种的典型。并行的好处在于将研究开发工作分割成一个个任务，同时进行，可以缩短开发周期。但是传统的并行流程缺乏各部门间的协作，这样，往往在组装和测试阶段就会暴露出各种问题，从而延误了新产品的上市。现在配合各项信息技术，如网络通信、共享数据库和远程会议，企业可以协调并行的各独立团体的活动，而不是在最后进行简单的组合，这样可以缩短产品开发期，减少不必要的浪费。最近一些企业所推行的"并行工程"也正是基于这样的思路。

并行工程（Concurrent Engineering，CE）起源于20世纪60年代，但此概念是1987年美国防御分析研究所在一份报告中提出后才被逐渐接受的。实践已证明，CE能大大改善新产品开发过程，大幅度缩短开发周期（包括减少设计修改次数，缩短设计时间、生产准备时间、制造时间和发送时间等），降低新产品生命周期中的成本（包括产品设计、制造、发送顾客使用至产品报废等成本）。实现CE

的关键是利用信息技术实现信息的集成和小组成员之间的相互协调。这种思想可应用到新产品开发以外的运营和管理过程，帮助提高企业流程的性能。

■ 原则六：使决策点位于工作执行的地方，在业务流程中建立控制程序

在大多数的企业中，工作的执行者、监控者和决策者是严格分开的。这是基于一种传统的假设，即认为一线工人既没有时间也没有意愿去监控流程，同时他们也没有足够的知识和眼界去做出决策。

这种假设就构成了整个金字塔式的管理结构的基础。而今，信息技术能够捕捉和处理信息，专家系统又拓展了人们的知识，于是一线工作者可以自行决策，在流程中建立控制，这就为压缩管理层次和实现扁平组织提供了技术支持。而一旦员工在自我管理、自我决策的时候，金字塔式的组织结构以及伴随着它的效率低下和官僚主义，也都会改变。

例如，在某化纤公司的销售流程中，提货单审核活动主要审核客户的资金情况。在原有流程中，只要客户资金不足，审核人员就无权加盖财务章，必须经过上级认可，审核人员只是起到"橡皮图章"的作用。一些信誉较好而资金一时紧张的客户常常抱怨审核的僵硬做法。权力下放为解决这一矛盾提供了思路，企业可以利用信息系统建立用户的信用评估体系，评估标准由管理人员确定，工作人员可以通过评估体系辅助提货单审核，对于信用较好的用户可以允许他们暂时赊欠，在满足他们需求的同时降低企业风险。

决策权力下放，必然压缩管理层次，减少对监督人员的不必要的控制，减少相应的管理费用。需要指出的是，权力下放并不意味着管理人员无事可做，实际上管理人员需要对员工决策提供必要的支持，同时将更多的精力放在企业的战略决策上。

此外，传统管理模式有时出于防止员工和管理人员偷工减料或者滥用职权的考虑，设置了多重核查和控制程序，并有意在不同部门之间建立互相牵制的制度。控制自然是要付出人力和成本的，有时甚至超过了控制所能产生的收益。而且严格控制使员工始终处于受管制的地位，难以发挥工作的积极性和主动性，部门间的职能不清与"管理真空地带"的存在更为部门之间互相推诿提供了借口。

流程管理主张在能产生经济效益时才进行控制，也就是要求控制产生的收益大于进行控制耗费的成本，否则就取消控制或改变控制的方式。流程管理提倡总量控制和延迟控制，这两种控制机制工作量小、成本低、允许少量的权力滥

用,也在一定程度上提高了员工的积极性。

> **案例** 某企业人事丧假制度的前后对比
>
> **人事丧假制度(旧制度):**
> 所有员工如有近亲过世,最多可请三天带薪假。带薪假必须在七天内请完,从请假第一天开始算起,而且其中一天要为丧礼日。而如果葬礼落在原无损工作时间(如周末假日、法定假日、厂修日或工伤假内),则不计薪。
> 带薪计算方式为每日八小时计日薪,加上前三个月一般奖金额依比例计薪。
> 兼职者:依该员工前一个月平均工时,按日薪与一般奖金额来计算。
> 员工之近亲包括:配偶、子女、继子(女)、母亲、父亲、姊妹、兄弟、继父母、祖父母、孙子(女)、女婿、媳妇以及配偶的父亲、兄弟、姊妹、祖父母。
> 员工需向人事部门提出丧假申请后,才予计算。
> 人事部也许会要求证实丧者与员工的亲属关系。
> **人事丧假制度(新制度):**
> 如果你有必要参加亲戚或朋友的葬礼,请通知你的督导人员。

你会为该企业这种"无为而治"而担心,还是有点豁然开朗的感觉?且听听该企业的理由:至少95%的员工是值得信任的,只有5%的员工不值得信任,控制措施应该为大多数人而设立。

■ 原则七:流程多样化

传统的大批量生产为实现规模经济,形成了统一风格、统一程序的流程,所有输入,无论难易、大小、缓急都遵循统一流程进行。统一流程把常规情况和特例混杂在一起,运转复杂,速度迟缓,无法适应市场多元化和需求多变化的发展。为主动适应新的市场环境,流程管理支持流程多样化,企业可以根据不同市场、不同输入、不同形式制定具体的流程流转。对于某一输入,首先确定最合适的流程,然后按照流程运行,使对输入的处理能通过最节约的流程完成,既提高了处理速度,又降低了成本。

比如,在某化纤公司的销售流程中,用户的需求来自两个渠道:首先是每年一度的订货会,其次是个别用户的随机需求。订货会上的用户需求批量大,往往是分批交货,可以采用先签订合同再发货处理的统一流程;随机需求虽然批量较小,但要求交货迅速,甚至提出现场提货的要求,往往难以接受统一处理的延迟,实际上完全可以采用直接付款交货的"窗口购买"方式完成。

■ 原则八:单点接触顾客

为了做到对顾客负责,及时满足顾客的需求,改变传统的多点接触顾客但实际上又无人负责的局面,企业需要让流程"单点接触顾客",也就是企业和顾客只有一个联系点,即业务专管员或业务负责人。如果流程较为复杂或过于分散、集成较困难,需要一名业务负责人作为缓冲器,与顾客打交道,对顾客负责,解决顾客的问题。业务负责人还应该具备这样的能力:能使用流程中所用的信息系统,有能力与流程的其他执行人员保持联系并相互协作。

■ 原则九:从信息来源地一次性地获取信息

在信息难以传递的时代,人们往往会重复地采集信息。而由于不同的人、不同的部门和组织对于信息的要求及所需的格式各不相同,这样就不可避免地会给企业造成延迟、输入错误以及额外费用。然而今天,当信息技术如此飞速发展而又如此普及的时候,人们再也不需要重复地采集信息了,我们可以将信息储存于在线数据库中,让所有需要信息的人实现共享。

思考一下、行动起来

如果要行动起来,去提炼一个流程的业务原则:
- 你会选择哪个流程?为什么?是上一章你找到的那个明确了绩效目标的流程吗?
  - 这个流程的业务原则怎么避免口号化和空洞无物?
  - 这些原则是给谁看的,对谁有用?
  - 如果这些业务原则没有达成共识、成文,会有什么问题?
  - 你怎样推动这些业务原则达成共识、成文?

Chapter Five

第5章 流程细化与优化
——从提升单个流程效率到提升整体流程效率

阅前思考

　　流程清单中哪些流程需要优化？如何通过流程优化促进业务改进？怎么实现系统性的优化而不是局部点上的优化？如何通过流程优化明晰组织授权，形成面向流程的管控体系？如何实现流程间的协同，以避免各流程运行的冲突？

　　如果以上问题触动了你，那么请你从这一章开始阅读。

阅后收获

　　了解流程系统化优化的方法和工具，以及面向流程的管控体系怎么建立，流程体系与会议体系之间会有什么关系，如何通过流程间会议/时钟的协同提升整体的流程运作效率。

21　以业务改进为目标的流程优化方法

　　你说：企业业务和管理运作各方面都存在问题，该如何切入和快速见效？

　　我说：抓住业务之痛，以流程为主线，配套各管理工具落实。

企业在流程优化过程中会面临以下方面的问题。

第一个问题：有的企业制定好了战略，但是对于战略如何落实，从组织、流程、绩效到IT支撑各个方面似乎都存在问题，不知道从哪里切入。

第二个问题：流程优化没有具体目的、没有项目范围，只有工作量，这种做法会导致部门间无休止的讨论与争吵，但不知道究竟要解决什么问题，容易陷入就流程而流程的低水平讨论中，而忽略组织的经营目标和真正要解决的问题及效益点。

第三个问题：流程改善后，领导找不到改善的感觉，因为这些改善不是业务之痛。流程的改善不是目的，其之上应该有更高的管理命题，比如不知如何调配人手，不知还有没有成本空间可挖。流程的改善只是手段和过程，最终要解决业务之痛。

笔者建议，企业要解决什么问题，要实现什么样的目标，应先找到关键的问题，对这些关键问题进行深入的流程分析。从流程的角度切入，只要能更好地实现这个目标，所有的工具和方法都会为我们所用。流程本身是对企业业务模式、组织、业务运转的一个表述，企业所有的问题要得到解决都要落到流程上。通过流程分析找到问题的解决方案，再进一步通过落实到流程的作业手册和IT工具来实现。

以业务改进为目标的流程优化可以用这样一个体系来表述：一个诊断、三次优化、两个落实、一个推动。

■ 一个诊断

一个诊断就是要找目标。从两个方面找目标，一个是找实现企业战略要求的目标，一个是找企业需要解决的问题。找到目标后，流程优化就有了方向（见图5-1）。值得注意的是，目标最好能有可量化的KPI来衡量，并且明确现状值和分阶段的改进目标值，这样流程优化的改进过程和价值才可度量。

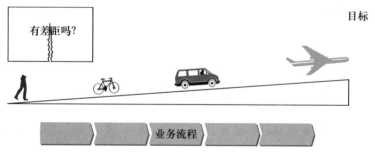

图5-1 找到流程优化的目标

■ 三次优化

首先是流程框架体系的优化。流程框架体系的优化是优化企业的业务模式、优化企业的资源配置，以及优化企业的职能，提升组织的效率。我们以采购的业务模式为例来了解流程框架体系优化。通过采购品分类我们了解了企业的战略和组织应该怎样去设计，包括采购策略、管理方式、决策分权、组织配合，最后形成企业采购战略、采购管理模式、业务模式。举个例子来说，我们把所有工程性的产品做成战略采购，并进行集中采购。集中采购以后相应的业务管理的方式、业务运转的模式和业务流程都会不一样。

其次是流程的优化。流程的优化其实是指优化企业业务模式后能落地在流程上。这个方面的流程优化就是要通过流程优化的手段解决企业的问题。前期进行诊断时，会发现企业存在很多问题，这些问题比较散，应该把企业的问题归结起来形成关键的问题。流程优化要去解决这些关键问题。例如，某电信企业在投资流程优化过程中发现企业有这样的问题：市场导向不够、项目周期长、市场响应速度慢，影响投资收益。电信企业的投资在于建网、建基站。运营商之间的竞争是看网络铺建速度和覆盖广度。市级公司一年可能有上千个投资项目，这些项目都需要相应的市场。我们对问题的根源进行分析，结论如下：一是企业对投资的项目没有进行区分，无论大项目、小项目都是同样的流程；二是地市级建网授权不够，项目审批时间长，很多需要上经理会，甚至到省级公司审批。平均每个项目的审批时间为 20 天左右。框架体系优化后将企业的项目分为两类投资：一类是大型资本性的投资，另一类是小基站的建设；每个项目投资金额不大，但是项目多、总金额大，叫做滚动性投资。对滚动性投资优化的结果是对零散的投资要通过预算来控制。前期可根据市场的情况制定投资计划预算，因此需要强化滚动性投资预算的流程。该电信企业的业务中原来没有这个流程，现在就要增加这个流程，对原有的滚动性投资流程进行优化。这个优化的流程里面所有公司的总经理会、上级公司不需要再参与这类项目的审批，审批周期由 20 天缩短到 8 天。

最后是流程的标准化。是指把企业一些具体的做事流程，以及在这个流程里做事的规范、标准及知识沉淀下来，然后标准化。流程作业手册的优化就是企业管理的规范化，即企业知识的标准化。作业流程手册一要通过手册来规范企业业务的运作；二要总结企业的最佳实践，然后将其知识化。有了手册后，所有同类工作都要采用一个标准来做，即采用一个流程步骤、一个流程操作规范来做，这就是制定手册的意义。

所有这三个流程优化的最终结果必须落地,企业才可以去执行。

■ 两个落实

两个落实,一是框架体系的优化和流程的优化一定要落到组织中去。这里所说的组织涉及一个比较广义的组织,包括企业的组织架构、企业部门的设置、职能的设置、岗位的职责等。二是要落到流程的作业手册上。作业手册包括两方面的内容:一个是流程,另一个是流程运转的一系列的操作顺序、操作规范、操作标准及相关的知识。

■ 一个推动

最终实现效果还要有一个推动——考评,没有考评,所有的标准规范都无法执行。另外还要有激励,没有激励就没有动力,大家就不会去做这件事情。

小结一下,流程优化过程中的重点:

- 问题导向。流程优化应该以问题为导向,这是流程优化的价值所在。流程优化是为了解决业务问题和管理问题而存在的,不是为了流程本身。
- 流程框架体系优化。流程框架体系优化是流程优化的基础、明确问题的边界和逻辑关系。
- 强调对流程配套措施(标准/规范/表单/模板)的设计和流程中知识点的总结。

思考一下、行动起来

- 找到企业当前迫切需要改进的关键问题是什么。
- 对关键问题进行分析,建立端到端的流程框架,设置分阶段的改进目标值;
- 结合具体流程以及流程上配套表单模板和标准规范的设计优化,落实对问题的解决方案;
- 定期测评分析流程执行和改进情况。

22 如何筛选关键的业务流程

> 你说:我们的企业流程有成百上千个,从哪些流程开始优化呢?
> 我说:筛选关键业务流程,从能切实见效的开始。

大大小小的流程往往成百上千,如果一一进行优化,工作量过于庞大。那么,流程优化到底该从哪些流程入手呢?粗略地看,理想的候选流程是那些法律(如《萨班斯-奥克斯利法案》)要求的流程或是平衡计分卡上显示绩效特别差从而需要改进的流程。

进一步分析,流程管理的核心在于增值,为客户创造价值的同时要让企业得到回报,这是好流程和差流程的分水岭。因此,从客户的视角来看,含有以下活动的流程是可以重点关注的流程:

- 客户可见的活动;
- 出现问题和投诉最多的活动;
- 回报率最高的活动;
- 占用资源量最多的活动;
- 与核心业务相关的活动。

我们把筛选出来的流程称为"关键流程"。如何确定关键流程,并不存在唯一的数学评估公式,但有一些可用的方法和工具,企业可以综合使用。

■ 工具一:流程重要度选择矩阵,确定重要的流程

这个矩阵从三个方面来体现流程的重要性:流程的增值性、流程的独特性和流程类型。一个流程的重要性可以依据这三个方面来综合判断(见图5-2)。

第一步,流程的增值性与独特性判断。

企业的使命就是创造价值,流程管理的使命是为了更快更好地创造价值。哪些流程在创造价值方面是主力军,是我们衡量流程重要度的一个维度。

流程的独特性也是确定其重要程度的要素。一个有别于行业竞争对手且运作良好的流程必将为企业创造竞争对手难以复制和超越的客户价值,越发挥其独特性则越能为企业创造价值(见图5-3)。

第二步,流程的独特性与类型判断。

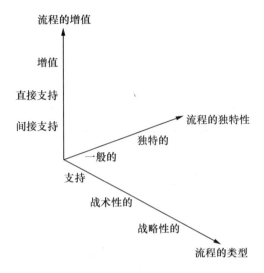

图 5-2　流程重要性三维描述

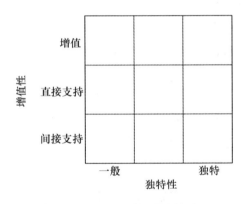

图 5-3　流程的增值性/独特性对照图

对流程的划分除了依据增值性和独特性之外,还可以按流程类型划分为战略性、战术性和支持性三类。

根据大量案例分析和以往经验可以得出,"战略性/独特"和"战术性/独特"流程对企业来说是比较重要的,而"支持性/独特""战略性/一般"和"战术性/一般"流程的重要程度为中,"支持性/一般"流程的重要程度则相对较低。

第三步,关键流程确定。

上面两步可以分别用来判断流程的重要程度,为了全面,也可以结合上述两种方法,将这些判断出来的相对重要的流程置于"流程重要性三维描述"的框架中综合考虑,最终找出相对重要的流程,作为关键流程率先进行优化。

■ 工具二：流程优先选择矩阵，确定流程优化的优先级

这个矩阵根据待选流程优化的风险与收益的对比关系，找到优化流程的先后顺序（见图5-4）。

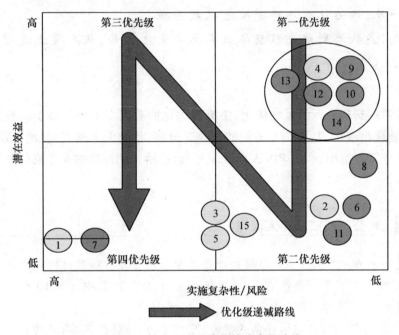

图5-4　某企业流程优化的优先级路线

在比较出流程的重要程度后，选择重要程度为中以上的流程，进行流程改进所可能取得的效益以及带来的风险分析，根据风险和收益的对比分析，明确需要优化的关键流程。

高效益、低风险的流程正是企业进行流程优化的时候需要关注的关键流程。

思考一下、行动起来

回想一下：
- 在前面的练习中，你选择了哪个流程进行优化？
- 为什么会选中这个流程？
- 这个流程在流程重要度矩阵中处在什么位置？
- 这个流程在流程优先矩阵中处在哪个象限？

23　端到端流程系统优化的实例

你说：我们各部门也开展了对流程的梳理优化，最后流程文件发布了一堆，但为什么总感觉改进收效甚微？

我说：从端到端流程整体业务模式优化开始，从本质上进行改进，形成 PDCA 业务闭环。

所谓端到端流程的系统优化，使流程优化的着眼点不再局限于流程上的活动，而是跳出流程，从整个业务链的视角来分析，优化业务模式，明确管控授权，落实业务管理组织，形成 PDCA 业务闭环，最后落实到标准的业务流程和操作规范上。

案例　E 公司新产品导入流程

我们来看一个例子。E 公司的新产品导入流程面临一系列的问题：
- 市场畅销的产品线有 30 个市场热点，E 公司产品中有近 10 个热点没有产品覆盖；
- 市场需要有计划地提供适销的、高品质的、独特的产品，但受新产品开发整体能力的限制，区域市场对新产品的要求长期没有得到满足；
- 为了满足区域市场对新产品的要求，E 公司集中导入 500 种新产品，新产品数量占总数量的 80%，但新产品的销量仅占总销量的 5%，新产品上市 1 年后 80% 已经退市或计划退市，销售前 20 位的产品仍然是老产品；
- 外部导入的畅销产品，订单欠货率每月平均高达 30% 左右。

面对这一系列严峻的问题，E 公司自己梳理了产品系列的导入流程，整个流程有 50 多项活动，但是仅有 15 项活动有操作规定，其他工作如何开展没有明确的规定。

经分析，E 公司新产品导入流程存在三个方面的问题。
- 新产品导入流程的需求管理方面：

新产品需求没有得到完全认可，在执行中对源头存在质疑；
产品需求的提出缺乏计划性和完整性；
全球市场的复杂度，使公司缺乏对一线市场和竞争对手的深刻认识。

- 新产品导入流程的管理方面:

新产品开发成功不是以最终市场的表现来衡量的;

没有任何部门的指标和新产品的成功与否挂钩,没有人真正对新产品成功与否负责;

项目组在一个部门内组建,项目成员往往站在部门的立场考虑问题;

产品决策委员会的评审机制不可操作;

开发过程中还没有建立有效的精品选择机制;

产品开发部分关键流程缺失,流程职责还没有全部落实到岗位;

新产品开发的活动没有规范,标准不统一。

- 新产品导入流程的人员方面:

新产品导入人员需求缺口大;

犯过错误的经验不能积累,人员反而在流失。

针对上述问题,E公司决定:

借鉴集成产品开发的实践,规范新产品的管理体系:变各职能部门分工运作为设立跨部门的两级组织——产品审批委员会和核心小组,以项目方式运作;设立阶段评审漏斗机制和结构化的过程活动管理,保证新产品上市成功率(见图5-5)。

在此基础上,再进行新产品运作体系的优化,明确业务管理组织及职责;建立从概念形成到业务评估的分类分级流程体系(见图5-6)。

为了确保新流程的运行状况能够得到有效监控,同时确保流程能够得到有效执行,E公司为该流程建立了面向流程的新产品开发指标体系(见表5-1)。

为了推动流程的落地执行,在建立和完善指标体系的基础上,E公司又设立了一整套的操作表格和标准化的操作手册(见图5-7)。

总体来看,这个端到端的流程的优化包括以下特点:

- 业务模式的优化(引入PACE框架),从管理理念到组织运作模式都进行了改进;
- 从概念形成到业绩评估形成一个完整的PDCA业务闭环,通过过程结构化活动实现管理标准化,通过流程的反馈又推动持续改进;
- 流程的微观优化,包括流程操作手册与表单的优化。
- 这些系统设计不能只停留在书面报告上,为了使新流程能够落地实施,还需要制订相应的推广与实施计划,并通过相应的IT系统进行固化。

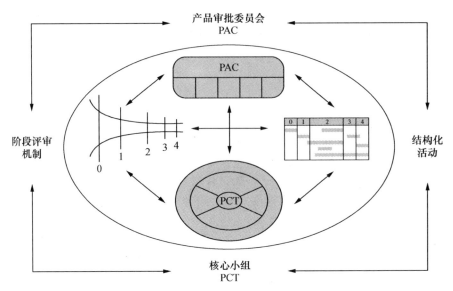

图 5-5 E 公司的新产品开发体系

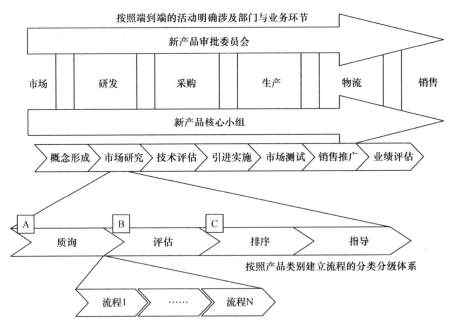

图 5-6 E 公司的新产品运作流程体系

表 5-1　E 公司的新产品开发指标体系

序号	考核对象	指标名称	指标描述	计算公式	数据来源	考核频率	考核部门	现有值	目标值
			新产品开发指标体系						
1	产品审批委员会	新产品销售贡献率	区域新产品实际销售额与总销售额的比值	本期新产品销售实际额/总销售额×100%		年			
2		新产品利润贡献率	区域新产品实际销售额与总销售额的比值	本期新产品销售实际额/总销售额×100%		年			
3		上市时间/上市数量	区域主导的新产品：其实际上市时间/数量与预计上市时间/数量之间的差额			年			
4	核心小组	销售额	新产品实际销售额	本期新产品销售实际额		年			
5		开发周期	新产品开发各阶段实际时间与计划时间之间的差值	本期∑（各阶段实际时间 – 计划时间）		季度			
6		开发成本	新产品开发实际费用与预算费用的差值	本期预算费用额 – 实际费用额		季度			
7		质量投诉次数	产品上市后消费者对质量的投诉次数	对保健品类，一票否决；对器械类，每确认一次扣 5 分		季度			

目录

1　概述 4
2　产品审批委员会(PAC) 5
　　2.1　目的和角色 5
　　2.2　职责 6
　　　　2.2.1　产品审批委员会 6
　　　　2.2.2　主席 7
　　　　2.2.3　成员 8
3　项目核心小组 9
　　3.1　目的和角色 9
　　3.2　职责 10
　　　　3.2.1　核心小组 11
　　　　3.2.2　核心小组组长 11
　　　　3.2.3　成员 1：研发部门成员 12
　　　　3.2.4　成员 2：生产部成员 12
　　　　3.2.5　成员 3：质量部成员 12
　　　　3.2.6　成员 4：采购部成员 12
4　职能经理 14

图 5-7　E 公司新产品开发流程的操作手册（节选）

24　如何进行审批流程的优化

你说：我们流程的审批时间特别长、签字特别多，怎么优化呢？
我说：分析签字原因，使风险和效率得到平衡。

随着企业规模的扩大，企业高层会面临如何有效掌控企业的困惑，时时警惕和规避企业管理失控的风险；中层管理者也很痛苦，每天都有那么多的待办工作需要签字；内部员工越来越多地抱怨，什么事情都要层层上报审批，导致业务执行效率低下。究其原因，企业规模扩大，出现更多专业化分工，组织范围、管理层级都不断增加，因此对管控授权以及信息及时上传下达的要求提高。

在一个流程优化咨询项目中，我们面临着客户、上下管理层不同的要求，领导层及总部职能部门提出要规范管理和规避风险，要求加强管控和审批；下属业务单位要求简化流程，提高对市场的快速响应能力。那么在具体的流程设计优化中，如何既简化流程又满足对风险管理的要求，这似乎是两个截然不同的流程优化目标。经过对问题的分解细化和流程优化方法工具的应用，我们发现，其实"鱼和熊掌可以兼得"。

■ 攻略一：分析是决策点还是沟通点

我们发现很多管控问题的提出是由于不了解或沟通不到位造成的。可以理解，在一个大的企业内部，由于一线的业务信息不能及时传达，领导层或者总部管理层会由于不知情而产生失控的担心，因此提出要对流程环节增加审批节点，实际是出于知情的考虑。

在流程优化时我们要分析管理目的和需求，然后在具体的流程环节应该区分是决策点还是沟通点，从而从不同角度考虑优化。如对于知情权的需求，可将决策点改为沟通点，将审批变为定期的报告和备案，使领导定期（比如密度大到每天一次）得到动态情况，从而知情，而不是介入流程、成为流程的一个必经环节（耗费时间甚至不增值）。流程直接执行，并行地让领导知情，既解决了高层信息知晓和监管的需求，又提高了流程的效率，不会因为高层出差而产生业务停滞。

■ 攻略二：通过提炼规则实现事前的管理

现实中很多企业领导虽身居高位，却处理着很多事务性的工作，对下属不放心，要用自己的丰富经验来把关和判断。如一位企业高层所说："我很想放权，但放权是基于信任和默契，是对能力的信任。现在更多的审批，是避免错误和帮助下属各主管把关，同时，更深入地了解一些新上任主管的能力、风格，增加双向了解的机会，审批的过程就是为了逐步地放权。"可见，流程上的管理授权和企业高层的领导风格、企业面临的组织变革、人事调整等背景相关。

在企业现场开展流程优化时，可以采取如下对策：企业领导既然经验丰富，可以把经验要求写成规则和指导，提前发布，让下属来参照执行。对于一些可结构化的规则，还可以借助信息系统来实现强制控制。如某快消品企业，每个销售季都会发布营销指导意见，对下一个销售季的销售策略进行明确，比如可以在哪些媒体投放哪些版本的广告，形成标准化选项，并将这些要求落实到IT系统上。这样下属业务单位在制订营销活动计划时，就可以选择总部已经规定的营销组合，变事后的核对审批为事前的控制。当然，即使不能通过IT系统去识别，有了明确的指导，也可以授权一个职位相对低的人员去进行相应的核对工作，解放领导的时间，以用于处理更重要的工作。

■ 攻略三：决策流程优化1W2H

当我们明确流程中的决策点时，如何提高决策的效率和科学性就成为优化的关注点。关于决策流程优化有以下几种方法：

- When——明确决策时机，实现管理前置

举一个例子，在一个新供应商引入流程中，其主要步骤分为确定入选条件—供应商初选—现场考察确定最终入选者。如果只在最后一个步骤设置决策点，会发现实际业务操作多了很多不必要的投入和返工，如现场考察完后发现此供应商在初选名单时就应该被淘汰，或者开始设置的入选条件就不太合适，导致后期做了很多多余的工作。根据分析，我们对流程设置了三个决策评审点：第一个决策点，在招标遴选之前先由决策者对入选条件进行审批；第二个决策点，在初选名单之后由决策者进行审批；第三个决策点，在通过现场考察等环节做出进一步的评价之后由决策者进行审批。虽然流程图看起来复杂了，但是通过管理前置，使实际业务执行效率得到了提高。因此我们说，"流程简化≠流程图简化"，

而应该是管理规范化和精细化。

另一个典型的例子是项目管理流程,它被分为年度项目规划及预算决策、单个项目立项审批决策两个重要管控环节。项目执行单位对以下事项有所质疑:项目年度规划预算中都已经对项目审批过了,为什么单个项目立项时还要再审批?而高层决策者却认为,年度规划预算制定得太粗了,项目目标及预算都不明确,评审也不充分,因此必须在执行立项时进行控制,但由此必然带来工作量的增加。最终,我们提出以下流程优化方案:加强对年度项目规划及预算的决策过程,明确项目规划、预算的输出要求和评审决策程序,既达成高层风险控制的目的,同时也督促项目执行单位提高项目规划/计划管理能力。前端控制好了,单个项目立项审批则只需关注计划预算外的项目,从而使执行层和决策层实现双赢。

- How——明确决策方式,提高决策科学性

决策的过程如果都是靠主观判断,那么不管增加多少审批环节都无法从根本上解决问题。因此对于流程中的每一个决策点,都要明确决策依据和决策方式是什么。如对于一个广告宣传片的评审,这是一个仁者见仁、智者见智的事情,因此评审决策就不能是谁职位高、权力大就由谁决策,而应该是以消费者测试或专业机构评审意见为决策依据,发挥群体智慧的科学决策。

- How Much——分析流程频率,在管控和成本间取得平衡

在流程中增加审批管控节点,看起来加强了管理和风险控制,但是同样带来效率的损失和成本的增加,因此要规避事无巨细的管理过度。那么哪些该管控,根据80/20原则和流程分类的思想,按照重要度的相关属性对业务进行分类,从而分析不同类型业务的流程运行频率,以及每种类型流程可容许的审批效率,进而设置不同的决策机制。如对于20%的重点分类进行事前审批控制,对于其余80%进行抽样检查和监督。以往企业也有一些类似的做法,如1 000万元以上由总经理审批,1 000万元以下由部门经理审批等。但是这些分类规则一般比较简单,更多地基于金额,分类标准也是基于历史情况的延承,因此在流程优化中要结合实际运行情况的统计分析,以及影响该业务的重要因素重新来考虑分类管控方式的设置,从而在管控和成本间取得平衡。

25 如何优化流程中的无效活动

你说：对于流程中的一些无效活动，除了删除不做以外，还能怎么优化呢？

我说：根据 ESEIA 五字口诀进行优化。

上面谈到的"检查"（具体表现形式往往就是"签字"）等流程中的四大可疑活动，要如何整改呢？我们可以进一步来分析，这些活动到底是必要的，还是可以被优化的。如果要优化，可以按照 ESIA 进行。

ESIA 是 Eliminate、Simplify、Integrate、Automate 四个英文单词的缩写，其含义分别是清除、简化、整合、自动化（见表5-2），这是减少流程中非增值活动以及调整流程的核心增值活动的实用原则。

表5-2 流程优化的口诀

清除	简化	整合	自动化
过量产出	表格	活动	脏活
活动间的等待	程序	团队	累活
不必要的运输	沟通	顾客（流程上游方）	乏味的活
反复的加工	物流	供应商（流程下游方）	数据采集与运输
多余的库存			数据分析
缺陷、失误			
重复的活动			
活动的重组			
反复的检验			
跨部门的协调			

■ E：清除

主要指清除企业现有流程内的非增值活动。非增值活动中，有一些是不得已而存在的，有一些则是多余的，我们所清除的应该是多余的非增值活动。因而在设计流程时，对流程的每个环节（或要素），可以思考"这个环节为何要存在""这个流程所产出的结果是整个流程完成的必要条件吗""它的存在直接或间接产生了怎样的结果""清除它会解决怎样的问题点""清除它可行吗"。通过一系列的问题,判断其是否为非增值环节、是否多余,它的存在产生了怎样的不利影响,而清除是否可行。如何消除或最小化这些活动,同时又不给流程带来负面影响,是重新设计流程的主要问题。

- 过量产出。超过需要的产出对于流程而言就是一种浪费,因为它无效地占用了流程有限的资源,在一定意义上,它带来的问题是增加库存和掩盖问题。
- 活动间的等待。指流程内任何时刻由于某种原因导致的对人或物的等待。带来的问题是待处理文件和库存物品增加,通行时间加长,追踪和监测变得更加复杂,却几乎未增加顾客价值。
- 不必要的运输。任何人员、物料和文件移动都要花时间,浪费了员工时间,增加了成本。
- 反复的加工。在公司运营流程的实际运作中,很多产品或文件会被多次处理。那么这些处理增值吗?如不增值,是不是由于产品设计不佳或流程不完善?
- 多余的库存。不但指物品的库存,还包括流程运营过程中大量文件和信息的淤积。
- 缺陷、失误。一般来说,产生故障的原因除了人员外,很大原因在于流程结构的不合理。
- 重复的活动。如信息需要重复的录入,而运用了数据库共享技术就可以在整个价值链的任何一点上输入,被整个价值链共享。
- 活动的重组。是指相似的活动在处理上有部分不同时,为了适应某些特定的习惯就采取不同流程方式,造成流程资源的浪费。这种活动应进行清除与重组。
- 反复的检验。有些检验、监视与控制已成了一种官僚作风和形式主义,已不具有它本来的意义,甚至成了设置管理层次和管理岗位的理由。应将部分检验、审核工作进行授权,不要事无巨细地全都上报,造成审核的形式化和上层领导工作的繁重与低效化。
- 跨部门的协调。跨部门的协调已经成了本位主义、官僚作风的一个代名词。应加强流程的整体观,进行职责的重新定义。

■ S:简化

在尽可能地清除了非必要的非增值环节后,对剩下的活动仍需进一步简化。一般来说,可从下列各方面进行考虑:

• 表格。许多表格在流程中根本没有实际作用,或在表格设计上有许多重复的内容。通过重新设计表格和 IT 技术的介入,可以减轻许多工作量,减少很多环节。

• 程序。在原来设计流程时,通常认为流程内员工的信息处理能力非常有限,因而一个流程通常被割裂成多个环节,以让足够多的人来参与完成流程任务。通过运用 IT 手段,信息处理能力得以加强,可以简化流程的程序,整合一些工作内容,提高流程结构性效率。

• 沟通。简化沟通,避免沟通的复杂性。

• 物流。虽然大部分物流的初始设计都是自然流畅且有序的,但在使用过程中为了局部改进而进行的零敲碎打式的变动,在很大程度上使流程变得低效。有时,调整任务顺序或增加一条信息,就能简化物流。

■ I:整合

对分解的流程进行整合,以使流程顺畅、连贯,更好地满足顾客需求。

• 活动。授权一个人完成一系列简单活动,对活动进行整合,从而可以降低活动转交的出错率,缩短工作处理时间,实现流程与流程之间的"单点接触"。

• 团队。合并专家组成团队,形成"个案团队"或"责任团队"。这样使得物料、信息和文件"旅行"距离最短,改善同一流程上工作的人与人之间的沟通。

• 顾客(流程下游方)。面向顾客,和顾客建立完全的合作关系,整合顾客组织和自身的关系,将自己的服务交送于顾客组织的流程。

• 供应商(流程上游方)。消除企业和供应商之间的一些不必要的官僚手续,建立信任和伙伴关系,整合双方的流程。

■ A:自动化

对于流程的自动化,不是简单地从手工操作改为信息系统实现,而是要在对流程任务的清除、简化和整合基础上应用自动化,同时,任务的清除、简化和整合也要依靠自动化来解决。

• 脏活、累活与乏味的活。

• 数据采集与传输。减少反复的数据采集,并降低单次采集的时间。

• 数据分析。通过分析软件,对数据进行收集、整理与分析,加强对信息的利用率。

这个口诀在中国企业里得到了进一步的发展,有的企业在应用 ESIA 口诀时,提出了自己的想法:不能只是像 ESIA 强调的那样做"减法",国内的企业还需要做"加法",即填补增值的活动,口诀也就演变为 ESEIA,在"清除、简化"的"减法"完成以后,再做 E(Establish,填补)的"加法",然后进行"整合"与"自动化"。

那么应该增加哪些方面的增值活动呢?可以从以下方面考虑:

- 知识的积累。在流程的活动中,哪些活动中的产出应该作为知识进行归档和存储,如何归档存储有利于知识的复用。
- 知识的复用。在进行此项业务活动时,有哪些资源和知识库可以帮助此项活动开展得更好?如客服人员在解答客户问题的时候,可以增加一个对已有问题库的搜索,以获取更好的解决方案,提高处理效率。
- 评估和总结。在流程的关键里程碑或者活动结束后增加总结评估活动,找出有哪些知识经验可以记录固化下来,有哪些还需要进一步改进。

除了以上方面,请读者一起来思考,还有哪些类型的增值活动?

思考一下、行动起来

阅读下面的文字,分析江苏省淮安市国税局"一窗式"流程改革具体做了哪些 ESEIA。

作为国家税务总局征管改革的试点,江苏省淮安市国税局以方便纳税人为出发点,进行了一场流程再造的改革。

记者:各位观众,这里是江苏省淮安市国税局的一个办税大厅,我们看到,它们改变过去窗口式服务的方式,运用流程再造,与纳税人实现零距离接触,实现了在任何一个柜台办理任何一项涉税服务的工作流程。

记者看到,流程再造改革的核心内容就是,改变过去按职能窗口划分的服务方式,运用信息技术,在税务机关内部,把涉税事务分解成受理、审核、发票、发证等 170 多个工作流程,这些流程通过信息系统,在每个综合柜台都可以办理。在对外服务方面,从纳税人首次到税务机关办理税务登记时,就一次性采集纳税人所有的涉税信息资料近 300 条,避免纳税人在办理不同涉税事务时需提供各种材料、证明等烦琐的手续。

江苏省淮安市钢铁公司财务人员张海玲说:"我今天来办三件事,一是纳税申报,二是领购发票,三是发票认证。以前办理这三件事要跑很多次,现在只需一次,而且只在一个柜台就办完了,所以现在感觉办事很轻松。"

据统计,江苏省淮安市国税局进行流程改革后,办税环节由原来的 200 个减少到 80 个,平均办事时间缩减了 60%,对纳税户考察、检查次数减少了一半,彻底解决了纳税人反映强烈的多头跑、多次跑、排长队等问题。

26　从提升单个流程效率到提升企业整体流程效率

　　你说：流程虽然优化了，但是实际执行时，多个流程间还是会发生时间/资源冲突，计划老是被临时工作和会议打乱，怎么办？

　　我说：协同业务运作时钟，固化流程会议，实现节奏运作。

　　在实际工作中，我们时常碰到流程不能按计划执行的问题：
- 流程上需要领导参加和决策的会议，领导却出差了，只能一拖再拖；
- 本来应该12月份完成的年度经营计划预算要到第二年的第二季度才能定下来，指导意义大打折扣；
- 产品上市了，才发现新品画册、POP海报还没到；
- 都说市场和销售应该像空军和陆军一样协同作战，可是我们的线上线下总也配合不好……

　　分析以上问题，我们发现，或者是多个流程上运作的时间没有协同，如市场部门和销售部门分别按照自己的节奏进行工作推进，同向不同力；或者是多个流程上都需要的流程执行人员出现了资源冲突，尤其是需要高层参与的节点。

　　我们说企业运作是一个整体系统，因此最终目标是要解决企业整体流程效率提升，实现流程间的运作协同。如某企业高层所说，"希望能有一张企业的运营全景图，可以看到各条业务线都能有计划地运作，整体协同配合"。那么这张所谓的"运营全景图"就是我们要对流程的运作时间进行协调，对流程所需要的资源进行整合，从而保证所有人员按照统一的时钟有序运作，形成稳定的节奏，实现多组织多流程的运作协同。

■ 流程运作时钟的设计和优化

　　从宏观上看，流程运行时钟的设置首先要考虑企业的业务特征和外部的环境影响，如服饰企业生产运营表现出的明显的季节特征，快消品企业的淡旺季特征等，这种运行时钟多半以年为周期，是企业战略流程和重大业务运营活动所遵循的运作时钟。例如，某鞋服企业将每年分为6个产品季，明确各产品季的运作时钟，横向形成各产品季计划运作主线，保证各产品季的目标计划达成，纵向在同一时间点上进行各部门资源的协同（见图5-8）；又如，某企业大型经销商年会时钟的优化,既要考虑避免与外部大型事件冲突,同时还要考虑市场启动因素、春运因素等。

从中观上看,通过流程运作时钟优化,从时间的角度来解决跨组织资源难以统筹协调的问题。现实中,我们经常发现临时召开一个会议难以召集齐需要参加的所有人员,或者要处理的问题都是零散的,难以提高效率。针对这种情况,则需要对多个流程的时钟和会议进行整合。如某营销组织通过流程时钟优化,使得总部的品牌和销售职能管理人员在每月上旬可以跑市场,收集信息和问题,下旬则集中在总部讨论问题和改进;同时,对于区域自下而上提报的一些产品、价格、促销等需求审批流程,统一时钟,使总部的审批时间统一放在每月下旬。通过这种改进,推动品牌和销售线上线下的配合,提高了流程的审批效率,同时在总部和区域公司自上而下形成了一个稳定的运营节拍。

从微观上看,通过逐步将一些运营时钟固化,使例外管理向例行管理转移,使过去的随机式管理向计划式管理转移。如某企业高层的重大运营决策会,以前是按需召开,流程优化时我们建议最好固定在每月的20号左右召开,从而对未来时间有了明确的预期,方便高层统筹安排时间计划。

通过以上案例,不难发现会议是运营时钟的关键节点和校时器,很多决策和协同的问题都是通过会议来解决的,那么实现协同,也可以从流程上的配套会议着手。

■ 流程上会议的配套设计

举例说明,日化行业的C企业是全球500强之一,在中国,该企业新产品上市的成功率在80%左右,而一般企业新产品上市的成功率也就在20%—30%,那么C企业是如何获得这么高的新产品上市的成功率的呢?C企业有一个端到端的新产品上市流程,新产品上市前先确定一个上市时间,然后倒排工期(见图5-8)。也就是说,产品研发、生产、市场宣传、销售等各个环节都是围绕上市时间来展开的。

但是,企业通过什么来控制整个流程的各个环节的进度、质量和成本呢?图5-9中有三种会议形式,用三种不同的符号表示。

▲表示本次新品推进的具体操作项目组需要召开的会议。每个月项目组都要召开一个对各个方面进度、质量和成本进行监控的会议。

●表示品类经理召开的会议。每两个月左右就要召开一个对某产品品类下各个新产品推进的进度、质量和成本进行监控的会议。

■表示公司高层召开的会议。这种会议很少召开,只在几个关键点,比如

第 5 章 流程细化与优化

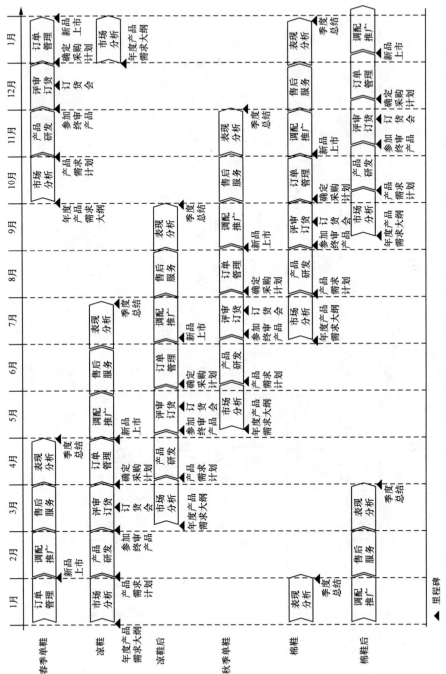

图5-8 某鞋服企业产品季运作时钟

115

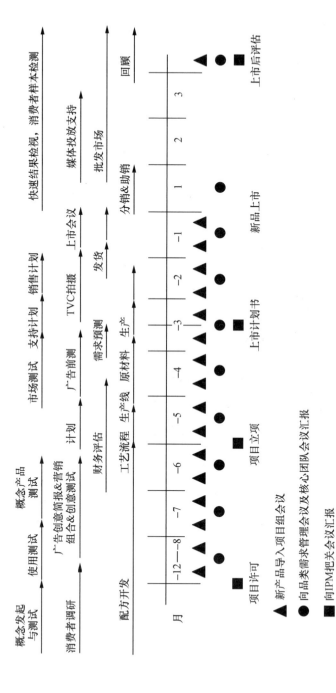

图5-9 新产品上市流程和会议的结合

项目立项、上市计划书确认的环节才组织召开相应的会议。

企业一般的会议存在以下问题：
- 经常召开十万火急的临时会议。
- 有固定的正式会议,但会议效率不高——缺少议程控制,议题本身与会议类型不匹配。
- 有些议题,该参加的人没有到场,无法做出决策;来参加会议的人很多时候不知道自己来参加这个会议的目的。
- 参与者自身的问题——"一言堂",随意打断别人发言,陈述成绩多,分析问题少。

通过流程上配套会议卡片的设计,根据业务运作的需要明确了哪些流程节点召开哪些议题的会议、会议参加的人员和角色、会议的规则,使得会议效率得以提升。某企业战略制定流程上的战略质询会会议卡片设计示例见表5-3。

表5-3 某企业会议卡片设计示例

公司战略规划质询会(对营销战略规划质询)会议卡片				
会议目标	对营销战略规划、品牌战略规划、销售战略规划和物流战略规划进行质询,确保营销战略规划和公司总体发展战略相一致			
会议时间	10月8—10日,半天	会议地点		
主持人	总裁			
参会人	总裁、副总裁、各部门负责人			
会议规则	会前:提前三天将会议材料发给公司领导和战略投资管理总部,公司领导和战略投资管理总部应在开会前阅读各部门战略规划报告 会中:一半的时间用于报告讲解(聚焦重点,讲目标和战略举措,无需全面展开),一半的时间用于质询;公司领导从"与总体发展战略的一致性、跨部门协同性、可行性、资源需求"等方面对各战略规划进行质询,各负责人需提前对可能质询的问题进行充分准备			
会议议程	时间	对应议程的上会资料	资料提交人	
质询营销三年战略规划	90分钟	营销三年战略规划	营销战略规划总监	
质询品牌三年战略规划	60分钟	品牌三年战略规划	品牌部总经理	
质询销售三年战略规划	40分钟	销售三年战略规划	销售部总经理	
质询物流三年战略规划	40分钟	物流三年战略规划	物流部总经理	
会议输出/后续活动	会议输出:质询会会议纪要 后续活动:根据质询意见修改战略规划			
会议组织部门	战略投资管理总部	会议决议跟进人	战略投资管理总部	会议纪要人	战略投资管理总部
备注				

■ 对多个流程会议进行梳理整合，打造和谐的会议体系

我们以供应链流程为例，来体会供应链的计划管理怎样通过三层会议体系进行协调。

首先来看，供应链流程上会有哪些决策要做，这些决策项就成了会议的必要议题（见图5-10）。

第一层决策涉及供应链的战略层面，包括库存（如周期库存、安全库存、季节性库存）、运输（如运输模式、运输路径和网络选择、自主或外包）、设施（如生产方法、制造方法、柔性能力）、信息（如需求预测与集合、信息共享）等。

第二层决策涉及供应链运营计划层面。比如年度、季度市场预测，计划库存等。

第三层决策涉及运营协调，即执行层面的问题。

如果把这些决策纳入不同的会议中，供应链的战略会议一般在年底开一两次，确定明年供应链的战略重点、在物流和生产各个环节有没有新的战略举措等；每个季度和月度召开供应链计划体系层次的会议及运营分析会议等；在具体的执行层面召开产销协调会、营销预备会议等。考虑到这些会议之间的关联，比如要在开营销预备会议之后，才能开产销协调会；同时考虑各会议参加人员的时间，进行时钟协同或会议合并，如需要高层参加的几个会，在时间方面安排衔接或者合并为一个会议的多个议题。我们把这些会议合理分布到时间轴上，就得到一张会议地图（见图5-11）。

从供应链流程涉及的会议再扩大到整个企业的流程会议，就形成企业级的会议体系。对于企业级的会议体系，其特点和作用为：

- 企业级会议体系综合体现了企业的运作节奏和运作方式；
- 企业级会议体系的改进帮助企业的管理者更好地利用"时间"这一不可再生资源，按照各会议参加人的维度，可以形成针对某个高层的个人会议地图，以方便高层时间资源的管理，让高层参加的会议更有效；
- 企业级会议体系的改进促进了企业运作的精细化和规范化，会议是企业业务环节中控制点的体现，通过梳理会议，来提升企业运作的规范化、标准化；
- 企业级会议体系的改进往往也是推动企业管理模式改变的重要手段。

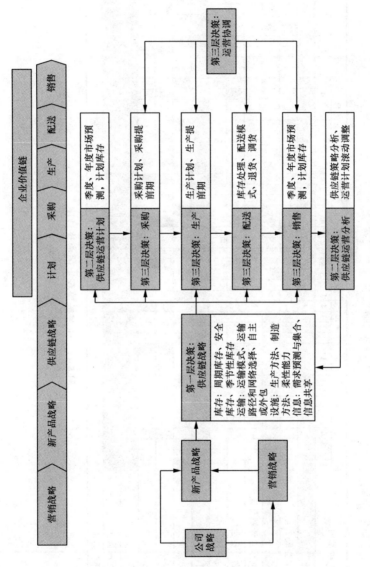

图5-10 供应链流程上的各类决策

会议类别	1月				2月				3月				4月				5月				6月				7月				8月				9月				10月				11月				12月			
	1	2	3	4	1	2	3	4	1	2	3	4	1	2	3	4	1	2	3	4	1	2	3	4	1	2	3	4	1	2	3	4	1	2	3	4	1	2	3	4	1	2	3	4	1	2	3	4
供应链战略																																																
SCM 战略会议																																																
供应链计划																																																
SCM 季度运营计划会议																																																
SCM 运营分析会议																																																
营销区域市场会议																																																
供应链运作																																																
月度营销预备会																																																
产销协调会																																																
订单分配协调会议																																																
每周生产运作会议																																																
每周销售调拨会议																																																
供应链异常协调会	不定期举行,取决于供应链的实际运营情况																																															

图 5-11 供应链流程上的会议地图

思考一下、行动起来

请找到一个执行总是被干扰的流程,分析:
- 是哪些因素造成流程不能按计划执行?
- 找到需要和这个流程进行协同的相关流程。
- 进行此流程与相关流程的时钟和会议设计,从时钟和会议上进行整合协同。

Chapter Six

第6章 基于IT的岗位标准化工具箱
——从标准化到精细化管理

阅前思考

企业老板总觉得我们的个人执行力不行,但我们已经很努力了,是不是每个人做的工作只有和流程结合才算真正有效?流程上的每个岗位到底应该怎么干?岗位工作应该怎么标准化、精细化?老员工的经验和知识怎么传承给新员工?能不能打造不依赖于个人精英的企业级的执行力?

如果以上问题触动你,那么请你从这一章开始阅读。

阅后收获

了解岗位标准化工具箱的实例,流程上表单模板设计有什么注意事项,什么是岗位逐项检查表(Checklist),流程管理与知识管理该如何结合,什么是"流程管道、知识活水"的理念,以及应用这一理念并入围"《哈佛商业评论》管理行动奖"的真实案例。

27 流程与岗位标准化的关系

你说:流程和岗位标准化是什么关系?一个岗位碰到突发情况时应该怎么办?

我说:中观制度和微观制度相辅相成,在变化中寻找规律。

如果一个人在执行一个流程的某一个活动的时候，有很多具体情况要判断，构成流程的很多分叉走法，以致流程图都写不下了，怎么办？实际工作中还会碰到很多突发情况，是流程图里没有画出来、从流程里找不到工作指导的，怎么办？

这是个两难的问题：一方面，如果把所有判断、分叉、Yes/No、突发情况都写进流程图中，这个流程图就会很冗长烦琐了，成了让人一见就困的流程图；另一方面，如果对所有判断、分叉、Yes/No、突发情况都不写，或者一笔带过，只描述最正常的情况，那么，这个流程图指导实际工作的价值也就打了很大的折扣，毕竟，经理人往往一天80%的时间都是在处理例外情况。比如，前面谈到的采购流程图说采购就是"申购—批准—下单—到货—验收—入库"这12个大字，它基本上就是一页废纸。

那么，怎么解决这个两难的问题呢？

■ 不要寄希望于让流程图或者流程文件来说清楚一切

流程图或者流程文件的一个好处是：直观，关注跨部门和跨岗位的流转，注明了哪些角色、在流程的哪个阶段做哪些活动。其实，到一个企业去，能从头到尾把一个流程说清楚的人只有少数，大多数人埋头做事情，并不清楚自己工作的前后环节是什么。

■ 流程图中说不清楚的东西可以用"企业的微观制度"即岗位标准化操作指南来规定

流程中的突发情况，可以写到岗位标准化操作指南中，我们称其为企业的微观制度，区别于流程这种企业的中观制度和战略、策略、原则、文化、价值观这种企业的宏观制度。

从上到下，我们可以画一个三角形的"制度金字塔"：数量少、在塔尖的是企业的宏观制度，比如"华为基本法"；中间的部分是中观制度，即跨部门、跨岗位的各级流程；底座的部分是数量众多的企业的微观制度，即描述了每个岗位的具体操作指南、技巧、表单、Checklist。

不少人不知道"流程"和"制度"到底是什么关系，其实，以前说的"制度"，很多时候是带着计划经济色彩的各种红头文件、奖惩办法、通知，是混杂的，旧的制度没有淘汰，新的制度又叠加上去。

现在，需要赋予"制度"更广义、清晰、有层次和结构的含义。很多企业开展"流程梳理""制度盘点"，就是把制度整理为一个广义的制度体系，这个制度体系里从宏观到微观层层衔接，对一个组织进行规范和管控。

如某跨国通信企业的供应商管理手册有几百页，供应商管理如何优化的研讨记录页数更多。这就说明，当一些企业抱怨流程图里分叉日益增多的时候，其实这个流程的管理精细度可能还远远不够，不是流程太细致了，而是可能还有很多粗糙的地方，还有很多东西可以挖掘记录到"岗位级"的制度中去。

■ 各级经理人的不断总结是这些"制度"的主要来源

经理人是干什么的？就是把不确定的事情确定化，"在变中找不变"，把例外情况升级为微观、中观或宏观的各级制度。

很多经理人说，"例外情况太多，流程指导不了工作""变化太快，流程即使优化了也会很快过时"。其实，每个行业都在变，每个岗位的工作都处在动态变化的环境中，关键是如何把握规律。例如，上海著名的出租车司机臧勤就可以找出一些规律，如"从一个客人上车到下车，平均7分钟""红绿灯都有其规律，要找出来印在脑子里"等。

其实本书在前面所强调的"按照原则进行管理"，也是这个意思。当不确定的事情发生时，企业要对这个特定问题出现的频次以及进行共享的必要性程度进行管理。

如果只出现一次且共享度不高，记录在Q&A库中让其他员工能搜索到就可以了，什么制度都不用更新；如果出现频率为5%，有必要记录到岗位操作指南中；如果出现频率为15%，有必要在流程图中出现分叉；如果出现频率为30%，则要写到企业的年度策略里了。

思考一下、行动起来

对于中国的绝大部分企业来说，快速发展是各个管理层的头等大事，在这种情况下应如何进行制度建设呢？有的企业高层认为"搞规范影响效率"，你的看法如何？对于以下具体问题你是怎样思考的：

- 中国有很多企业，发展起来靠的是速度，靠的是国外大牌竞争对手没有的对细分市场、细分客户的那种快速响应速度。那么，这个螺旋的上升，即从"无规范没速度"到"有规范没速度"，再到"有规范有速度"，应怎么实现？
- 体系和规范的建立，比如一些企业把研发流程的若干活动的决策点一一规范化。好的体系、规范是足够优化和简洁以保障速度的，还是重视健全、稳健、谨慎的？

- 对于全球大牌企业,全球格局下的稳健也许是关键成功因素(CSF),而中国很多企业需要的是"速度+成本"的CSF,不同的CSF是否要求不同的体系和规范?
- 体系、规范是否也有初级阶段,应不应该追求看似完美的国际标杆的体系、规范?

28 岗位标准化工具箱的作用

你说:能否举出一个"岗位标准化工具箱"的实例?它有什么用?

我说:岗位工作标准化,并借助IT来固化,方便管理,方便员工学习。

消费品企业B公司的管理层关注的一个核心点就是销售代表的管理,不知道这些人每天都去访问了哪些经销商,所有的客户资源尤其是大客户资源全部在他们手里,他们工作的好坏只能从最终的结果看到,过程中的进展却不清楚。每到季度末销售代表就拼命向经销商压货,带来销售业绩的泡沫。B公司的管理层除了采取人盯人的监督方式以外一直没有找到好的办法,但公司还不能盯得太严苛了,销售代表一辞职,客户就没了,新来的人也很难快速接手。

该企业的管理部门、业务部门和顾问一起梳理了销售代表所参与的所有流程,把销售代表在各个流程的具体节点上怎么做工作制定为"岗位操作手册",再借助IT进行固化(见图6-1)。

图6-1是一个矩阵的形式,我们来分别介绍它的横行和竖列。图中共有九个竖列,代表了从接触一个客户开始到最终签单,企业所维护的整个生命周期的过程,这个过程一共分了九个阶段,包括销售机会确认阶段、初步接触阶段、需求沟通阶段直至终止合作阶段等。横行则给出了销售代表参与的各个流程,包括客户拜访流程、服务记录流程、开发审批流程、终止审批流程、报价审批流程、服务推广流程等,倒数的两行"客户背景资料收集""销售机会分析表"是销售代表独立完成的活动。

行和列对应起来,我们就可以用不同的色块来涂格子了,如果在纵向的第M阶段,销售代表需要触发第N个流程,那么在M列和N行的交叉点上我们就涂上颜色进行标示。比如,在销售机会确认阶段需要触发三个流程或者活动:客户拜访、客户背景资料收集、销售机会分析。从图上就可以看到一共有若干个色块,这些色块实际上包含了从接触客户开始的第一天到签单再到最终维护,销售

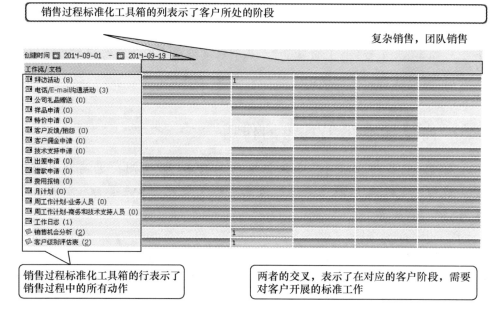

图6-1 销售岗位标准化工具箱

代表针对客户可能开展的所有标准动作。我们把这些动作固化下来,形成这样一个二维的表格——岗位标准化工作工具箱。

这个工具箱有哪些行、有哪些列、每列需要触发哪些行,来自这家企业的销售代表的最佳业务实践,也就是说,我们要把那些最优秀的销售代表的行为分析清楚:他们在推进一个客户签单的过程中,一共分了几个阶段来开展工作(即这个工具箱的"竖列"),他们会觉得哪些流程对他们真正有用(即这个工具箱的"横行"),他们觉得到了哪个阶段才触发哪件事情(即这个工具箱中的格子色块),等等,把这些都固化下来,也就为所有销售代表的工作确定了一个高标准。

同时,这个表格还能帮助公司起到管控的作用。怎样实现管控呢?举个例子,该企业有个常用的做法,在销售推进中送客户适当的小礼品,像B公司这样一个大企业,每年光小礼品动辄就要花费三四百万元左右。以前,销售代表一见客户就把小礼品送出去了,反正不给白不给、公司让给的、给了也许能促进签单。但通过仔细分析发现,并不是所有的小礼品赠送的时机都是合适的,比如在销售机会确认阶段,还没有搞清楚客户需要什么,就贸然赠送礼品的话,对于企业来说往往是成本的浪费。分析后得出一个结论,送小礼品应该在解决方案确认阶段最合适,往往在这个阶段客户已经对企业产品有了一定的认可,这个时候送小礼品更容易促进合同的签订。于是,我们可以在"解决方案确认阶段"这个列和"促销品/销售资料申请流程"这个行相交的格子做上标记,这样,销售代表如果还没有把客户状态进行到这个阶段,那么就无法申请小礼品。单这一项下来,同样销售额的情况下,礼品耗费每个月节约十万元左右。

如果举一反三,研发人员、物流经理、采购环节是不是也可以这样来管控呢?企业大到一定程度,任何一个地方的精细化管理产生的效益加起来,就是令人震惊的数字了。

不管是销售人员还是研发人员、物流经理,要真正触发一个工具箱的流程,是简便的。在图6-1中我们发现,在有的格子色块上已经有了数字"1",这个数字表示对某一个客户(每个客户都有这样一份数据)在对应的阶段已经触发了一次对应的流程。只要点击这个色块,就会触发一个对应的流程,比如客户拜访流程,客户经理只要在销售机会确认阶段里点击色块,就会触发这个流程。流程一旦触发,销售代表就可以填写他所参与的那一步的表单了。表单事先都被做成了模板,如客户拜访中得到新品需求信息的模板、客户认为产品存在的问题以及建议的模板、客户情况动态变化记录的模板等,客户经理可以按照模板上规范的字段,在客户那里留意这些信息,并把这些企业需要得到的数据和信息带回来,这样就是真正有效的客户拜访了。因此,一路执行下来,这样一张表就成了一张该客户的销售推进进展地图,对于任何有权限的企业管理人员来说,可以清楚地了解到销售代表针对这个客户做过些什么、做的细节是什么、是否需要纠正和指导。

该企业梳理的岗位、流程还不限于销售代表,还涉及营销人员、各级销售经理、研发人员等。我们选择销售基层人员(见图6-2)和销售中层管理人员(见图6-3)两类岗位来综合对比一下改进前和改进后的收效。有了这样的岗位标准化工具箱,一旦老销售人员离职,新员工接手时,也就不会茫然失措、无从入手了。

不是所有企业的岗位工作都是如此有序、标准化、有效率的,某项统计显示,大多数企业员工每天工作的有效时间非常有限(见图6-4),他们把大量时间花在无效工作上,员工抱怨加班,老板抱怨员工工作效率低,这也是我们探讨"最终落实到各个岗位怎么干——基于IT的岗位标准化工具箱"的驱动力。

目前的困惑	流程和岗位标准化并 IT 固化后
• 拜访记录、市场报告等书面文档都有，但价值没有发挥。领导无法及时反馈，对销售人员的积极性有影响 • 大部分抱怨集中在流程审批效率不高，审批的流程查不到审批进程，不能追溯 • 在出差报告中，大家写的拜访记录字数非常多，浪费时间，易读性差	• 整合了很多报表、市场情报等报告，领导通过检索很方便看报告 • 领导阅读报告、回复，或者系统自动标记"已读"——对销售人员很重要 • 对审批流程进行简化、授权，以前需要通过审批获得信息的可通过权限设置让其自动看到 • 拜访记录结构化，写的文字减少，写关键信息即可 • 作为客户档案库的一部分，可积累，可追溯 • 领导可以通过检索方便地获得这些信息

图 6-2　销售基层人员的收益：改进前和改进后对比

以前的困惑	流程和岗位标准化并 IT 固化后
• 每天跑全国市场了解一线业务，但精力总是不够 • 下属每天做什么，做到什么程度，所做的对业务发展有没有价值 • 多级组织隔断了很多信息，但扁平化管理如何应对管理跨度的挑战 • 客户都在"各地诸侯"手里，走一个主管就流失一片区域 • 无法了解客户销售进展，销售预测完全靠经验和"拍脑袋" • 没有工具和数据支持差异化营销 • 关注对手，但工业品企业情报难获得	• 从上到下的计划体系，把年度规划、区域季度计划、月工作计划、周行动计划完美结合起来，使得上下各级协调统一 • 通过工作视图查询监控下属工作完成情况，通过查询拜访记录了解一线业务状况 • 通过销售漏斗、客户生命周期的管理了解客户的动态进展，预计未来的业绩 • 审批流程透明化，通过简化、授权，减少行政时间和成本 • 通过客户阶段、级别、行业等分类查询，实现客户细分的差异化营销 • 通过知识管理，把一线拜访分解成客户动态、竞争情报、产品需求几个方面的信息

图 6-3　销售中层管理人员的收益：改进前和改进后对比

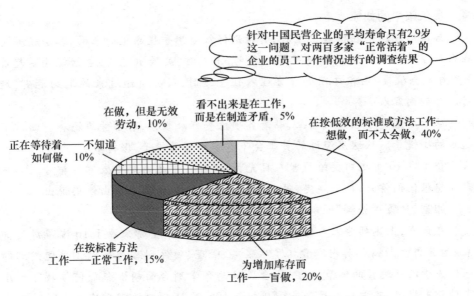

图 6-4　员工的工作时间中,只有少数时间是在做有效工作

思考一下、行动起来

阅读下面的案例并圈出你认为值得借鉴的地方。

如家酒店的"管理圣经"——"运营文件汇编"

房客感受到的如家

住过如家的人只要稍微留意,肯定都会对如家的如下特点不会陌生:"一张舒服的床,热水,干净整洁的房间,温馨的环境,交通相对便利。"

早上 7 点半,如家的客房服务员就已经推着工作车到岗,这时绝大多数客人还在睡梦中。

在客房,电视一打开你就会看到 CCTV-1,音量正好调到 15,案头印着如家新月标志的便笺纸,不多不少正好 5 页。

在走廊里,如果你遇到如家的员工,他们会对你露出微笑,并且主动说"你好"。

另外,如果你在北京住过一次,等你到上海再去如家的话,你会发现两个不同地方的店几乎是一样的,一样的房间布局,一样的配套设施,一样的微笑服务……还有一样的感受。

员工眼中的如家

如家的经理们在检查卫生时,会特别仔细地用手摸画框的上面;客房服务员在白天整理房间时会严格遵照节能原则,不开灯,关紧水龙头;电话铃响不超过3声肯定会被接起;客户在前台办理入住手续时,服务员递过来的笔的笔尖,绝对不会朝向客人……

从后厨到前厅相关的墙上,贴着各项检查标准表格,表格旁边还有一面很不起眼的小镜子。从这里经过的员工会下意识地看看镜子,保持微笑。

员工在10步之内要给予客人目光关注,在5步之内就要微笑打招呼。如果客人想跟他们聊天,按照规定,第一句话和最后一句话都应该由他们说出。

如家的"管理圣经"

在如家,上述那些客人的感受和员工的行动细节全都来源于16本厚厚的如家"运营文件汇编",其内容囊括了从服务、管理、硬件到客房等你几乎能想到的一切关于酒店运营的细节标准,从台风应急预案到台面胡椒瓶如何摆放等大小事情都有规定,其中的餐厅服务手册就有105页,而管理手册则有132页。这16本手册,如家的雇员人人必看,力求做到烂熟于胸,而且每月还要考试——这就是如家的"管理圣经"。

从某种程度上说,如家制胜的秘密,就在于员工对这16本"管理圣经"遵从后产生的执行力。一位刚刚从别的酒店管理公司跳槽到如家的中层管理人员说,酒店业中的规则大同小异,其根本差异就在于员工能否照做。在他看来,如家的这些规则未必是最全最细的,"但却是最实用和可行的"。

这16本"管理圣经"是在2004年下半年一点一点汇编成型的。从诞生之日起,它们就有专门的小组来维护,每半年还会在全公司开会吸取各个部门的意见改进一次,保证其适应市场变化。

连锁行业的精髓就在于规模效应,而如果想在大规模扩张时把风险控制到最小,就要找到一套复制的模板。理想的模板是:一个清晰的定位,一套紧密围绕定位建立的标准操作手册,以及一套有关日常运营的酒店管理系统。如此,只要资金充裕,如家就可以"按动电钮",选择合适的时机和地点复制出一家家新"如家"。

只要翻开这16本"管理圣经",就不难看出,一切内容都在致力于把如家的定位丝毫不差地变成事实。而且,这些管理规定实现了严格的成本控制,这是经济型酒店的根本。

这个根本就来源于标准化的操作手册及其严格的执行。

29　精细化管理的基础——表单模板

你说：岗位标准化有哪些容易操作落实的工具？
我说：表单模板设计，追求精细化管理。

企业花费大量的精力建立了厚厚的标准化操作手册，但是如果不能找到简单有效的落实方法，也是纸上谈兵，不能落地。特别是大规模重复的流程，复杂的地方不是流程的优化，而是如何找到易于落实的机制，让最佳实践能变成所有人的行为，使流程变得易于操作，才是问题的关键。

"管理制度化、制度流程化、流程表单化、表单IT化"，充分说明了从流程的设计到流程的执行落地的发展趋势。工作时没人会频繁地翻看厚厚的操作手册，必须要将指导融入业务操作过程中去，结合到具体操作的表单模板上，并辅助相应的IT工具支持，才能使流程变得可操作和可落地。

表单模板的设计体现了企业的精细化管理水平，其设计有以下关键要点：

■ **通过表单模板设计，落实管理要求和流程优化思路**

我们以某企业品牌传播推广管理为例，该企业面临的问题是在品牌的传播和推广方面，对同一品牌传播推广主题不统一，线上线下活动之间不协同，总部策划的活动和区域的活动之间存在冲突等，为此浪费了大量的营销资源。通过对问题的分析，确定流程的改进目标：实现品牌的一体化管理，自上而下保证品牌管理的一致性，并决定重点从年度计划制订流程着手进行改进。先在公司发展战略中确定品牌定位和发展目标，接下来根据品牌调研情况确定未来的品牌传播推广主题和策略，依据品牌传播主题，由媒介、品牌推广、公关、销售等部门一起讨论形成下一年的品牌传播推广项目计划。表6-1是该企业品牌传播推广年度计划制订的模板示例。通过这个表单，围绕该品牌既定的品牌传播推广主题，制订年度项目计划，从区域和时间跨度上，检查广告、公关、路演、促销等线上线下活动的配合和协同，从而达成整合营销的目的；此外，通过项目目标和预算的对比可以分析不同活动的投入产品，为提高营销费用投入有效性的分析奠定基础。

表 6-1　某企业品牌传播推广年度计划制订模板示例

品牌	传播推广主题	传播推广方式	项目目标	项目内容说明	区域	时间（月）												预算	备注
						1	2	3	4	5	6	7	8	9	10	11	12		
		媒介传播 公关传播 线下推广 消费者促销			全国 华东 华南 华北	从时间跨度上看线上线下、品牌销售的配合和步调一致													

■ 在表单模板设计中融入操作指导

曾经遇到一个流程上的审批人员抱怨某申请流程，申请者提报的信息每次都是不全的，以致每次申请流程都要被退回好几次，虽然也做过培训，但是申请者岗位人员调动频繁，所以每次都只能重复做工作。对此，笔者建议把你对申请内容的要求和审核标准写在申请的表单模板上，让申请者提前知道。

很多企业有大量的工作流，其表单模板设计往往就是在申请内容后面留出空格，然后审批人对应相应空格填写，这样不仅申请人迷茫，审批人估计也要多次查阅制度说明，那么能不能在表单模板的设计中就考虑将流程的检查要求、专业知识融入表单模板中，直接呈现在使用者面前，使使用者在使用时直接对照说明和注意事项，一次性把工作做好。表 6-2 是某企业合同审批表单模板的部分示例，从表中可见合同审批人不再是笼统地签字，而是要对照审核要求进行细致的检查。

表 6-2　合同审批表单模板的示例（部分）

主办部门审查事项：
一、签约相对方主体资格审查
1. 已取得对方的营业执照、税务登记证等证照复印件　　　　　　　是□　　　否□
2. 具备合同规定的行业的相应资质及合法批准手续　　　　　　　　是□　　　否□
3. 对方现有净资产是否大于合同标的　　　　　　　　　　　　　　是□　　　否□　　未知□
4. 已考察签约对方的生产能力、产品质量、信誉等资信状况，符合合同目 　　的要求　　　　　　　　　　　　　　　　　　　　　　　　　是□　　　否□
二、合同文本商务条款审查
1. 合同价格、价款的确定过程
A. 已货比三家　　　　　　　　　　　　　　　　　　　　　　是□　　　否□
B. 已招标竞价　　　　　　　　　　　　　　　　　　　　　　是□　　　否□
（如通过招标竞价确定，请附招投项目小组批准文件）
C. 确定价格的其他原因：_____
2. 产品质量或劳务、服务质量是否有保证　　　　　　　　　　　　是□　　　否□
3. 有无设定风险防范措施　　　　　　　　　　　　　　　　　　　是□　　　否□
4. 采取预付款还是验收后付款　　　　　　　　　　　　　　　　　预付款□　　验收后付款□
预付款的比例为_____%，预付款的原因是：_____

■ **表单字段结构化，为后续的经营分析奠定基础**

某企业对销售代表的客户走访管理，以前都是销售代表走访客户回来提交一份走访报告，然后报销出差费用，但是客户服务部门的管理者发现，这些走访获取的信息对公司的客户管理没有产生价值，因为一份简单格式的走访报告，其信息无法用来统计分析和应用。因此需要对走访表单进一步细化设计，进行字段结构化（见表6-3），这样基于标准化的值集选项，可从不同维度进行数据信息的统计，为决策分析提供支持。这也是我们所说的数据标准化工作。通过各业务领域的表单数据标准化，为未来企业搭建经营分析系统奠定了基础。

表6-3 客户走访表单结构化示例

分类	字段名称	值集定义
走访基本信息	走访客户名称	从客户基本信息中获取客户名单作为可选值
	走访日期	YYYY/MM/DD
	走访地点	根据客户名称，从该客户的地址信息中获取可选值，也可直接输入
	走访牵头单位	从内部组织信息中获取可选值，可根据走访带队人员自动筛选
	走访带队人员	从内部人员信息中获取可选值，可根据走访牵头单位自动筛选
	走访随行人员单位	从内部组织信息中获取可选值
	走访随行人员	直接输入
	被走访单位部门	从客户联系人信息中获取可选值
	被走访单位负责人	从客户联系人信息中获取可选值
	走访主题	客户走访的主题
	走访类型	商务、技术交流、服务、礼节性、其他
	走访概要	走访主要内容描述
	信息录入人员	系统自动
客户需求信息	需求分类	新产品、价格、资源、技术支持与交流、培训、其他
	客户需求内容	
客户投诉信息	投诉分类	服务投诉、质量投诉
	服务投诉分类	服务质量、服务态度、服务方式
	被投诉部门	
	被投诉人	
	质量投诉分类	运输、计量、价格、质量、其他
	客户投诉内容	
客户咨询信息	咨询类型	商务、技术、其他
	咨询内容	
	答复用户内容	

30　岗位标准化工作指南——Checklist

你说：岗位标准化工作指南能写成什么样子？为什么提倡Checklist？

我说：Checklist——傻瓜书，凝聚精英经验。

我们来看一段某知名动画设计公司的剧本编写工程师的岗位标准化工作指南：

- 一定要有好人与坏人，而坏人要带点幽默感；
- 好人一定要历经磨难，而且是三四回，才能取得最后成功；
- 在进行过程中，要有丑角搭配；
- 爱情故事不可少；
- 在音乐方面的模式则是男女生独唱各两位，男女主角与男女配角，加上完善的和声以及管弦乐团的恢弘演奏；
- 故事的精神一定要强调人性的光明面与积极面；
- 在挫折中要奋勇；
- 在患难中要忍耐；
- 强调朋友间的友谊；
- 最终得到广大群体的认可。

我们把这种能够指导操作的傻瓜书叫做"工作逐项检查表"（Checklist），其特点是：

- 非常具体，不笼统。上例中如果给剧本工程师一个笼统的指导——"一定要抓住观众的心"——那和没有说一样。而我们看到大量企业的岗位操作指南中有不少这种空话、废话。
- 凝聚了过往优秀人员优秀运作的经验教训。吸取这些经验教训，避免重复犯错。
- 应用时非常简便，应用的人对自己的工作按照Checklist逐项检查即可。这也是Checklist得名的由来。经理人在检查这些工作有没有做到的时候，也有明确的而非主观模糊的依据。
- 哪怕是看似很难标准化的岗位，哪怕天天面对例外情况的经理人，也能不断积累形成这种Checklist。动画剧本编写工程师的工作和一位作家差不多，看似天马行空的事情,却可以工业化、标准化,让我们体会到了什么叫做好莱坞式的文化产业工业化。

其实,现在各行各业都有并且应用着Checklist。我们举个生活中轻松的例子。

有人去做SPA,服务人员向她推荐了一个新品种——腿部刮痧,它有助于缓解疲劳,原价200元,老顾客的体验价是39元。这位顾客说,她就想享用原来的服务品种,不想再买什么新服务品种,免费体验还差不多。服务人员说:"那我去问问店长,看能否破例让您免费来体验。"

过了一会儿,服务人员回来说:"店长说,先免费体验做一条腿,如果觉得好,就继续做第二条腿,按体验价付款。如果觉得不好,就赠送一条腿的服务。"顾客也不好拒绝,就体验了一下。可是,既然做了一条腿,哪里有不全做的道理,最后顾客乖乖地付了钱。

这个生活中令人莞尔的小花絮,说明了"销售脚本"的重要性。店长的这个巧妙推销的办法,并不是她偶尔的灵光一现,而是美容企业作为产品和服务的销售方,成百上千次向老顾客推荐新产品做交叉销售(Cross-selling)时,总结出来的Checklist,即写成像剧本一样的台词。这个剧本里包含了顾客的所有心态、服务人员怎么应对、顾客所有的问询怎么回答——一线的服务人员按这段台词执行就可以了。消费者触发哪一段台词,一线人员就应对哪一段台词。

俗话说,"买家没有卖家精"。随着时代的发展,这句俗语中的"卖家精",在坑蒙拐骗上的意思会减少,越来越多的含义会是"卖家"精在"销售脚本"的标准化上,这是经过知识经验提炼和实践检验的;销售人员都将按照岗位操作指南的细微指导来一步步开展工作。这时消费者以一己之脑力哪里抵挡得住?

那么,这个Checklist是怎么提炼、更新维护、发布,使其与时俱进的呢?一般常用"经验交流会"的形式,即通过定期或不定期的经验交流、有经验的团队进行各地巡讲,将一些知识在公司或团队层面上进行交流共享,内容可以是经验、技术、技能、知识,各团队可以轮换主持。

除此之外,还有如下有新意的做法:

■ 行动后反思(After Action Review,AAR)

1. AAR是什么

AAR是一个结合了技术和人的快速报告的方法或工具,是一个简单而有效的过程,供团队用来获取从过去的成功和失败中得到的经验教训,以便改进未来的表现。它为团队提供反思一个项目、活动、事件或任务的机会,以让团队成员参与诊断和评估过程的形式来加强他们的学习过程,并同时提供关于团队表现的反馈。

2. AAR 的特点
- 从经验教训的角度来看,检讨计划与实际的差距,分析原因;
- AAR 是针对一次大型活动在执行过程中所有经验教训的总结,不是针对某一个具体的知识点的总结;
- AAR 的重点是通过预期与实际的比较,找出差别的原因,加以改善。

3. AAR 的应用场合
- 阶段性工作、整个项目结束后;
- 工作中一些重大问题、疑难问题解决之后。

4. AAR 的应用说明
- 可以由工作负责人组织,根据模板形成文件,也可以各自总结后再由组织者汇总整理,形成文件;
- 可以对文件进行总结提炼,形成案例;
- 建议在制度中固定下来,如果该类项目、活动与奖金挂钩,建议该制度也与奖金挂钩,例如在 AAR 完成后才发放奖金;
- 如果制度是固定的,Checklist 维护部门可以跟踪检查 AAR 执行的情况;
- Checklist 维护部门可以把历次 AAR 文件分类整理成知识地图;
- 对于 AAR 整理的经验和案例,可以形成强制性的方案在其他的同类组织中进行推广。

5. AAR 应用模板示例(见表 6-4)

负责人参与几次 AAR 后,要进一步优化模板。

表 6-4　AAR 模板

AAR 名称	××项目(活动/事件)的 AAR			
参与人员名单				
模版填写人		填写时间		
AAR 记录				
主要工作、活动	预期目标	实际完成情况	预期与实际的差距原因分析	改进建议

■ 警示报告

1. 警示报告是什么

警示报告(Attention)是一种通过建立快速响应的机制和渠道,将经验教训、重要问题的解决方法快速在整个组织内部进行扩散的知识管理工具。组织中的不同团队在工作过程中经常会碰到一些实效性强、对其他团队又有重要参考价值的问题与疑惑,通过警示报告可以迅速将解决方案传递到可能需要的团队,避免组织内部不同的团队间重复解决同样的问题,也避免组织犯同样的错误。

2. 警示报告的特点
- 侧重问题的负面内容;
- 是一个"推"的过程,之后也是一个沉淀的过程;
- 关注的是一个具体的问题点。

3. 警示报告的应用场合

各类错误和教训容易重复发生的地方。

4. 警示报告的应用说明
- 可由 Checklist 维护部门与各工作负责人确定有必要发送的问题;
- 一项工作的负责人组织填写标准的警示报告;
- Checklist 维护部门参与填写并进行指导;
- Checklist 维护部门与各工作负责人协商确定发送的对象;
- Checklist 维护部门及时将警示报告发送出去。

5. 警示报告的应用模板示例(见表 6-5)

此模板可以作为初稿,应用于第一次的警示报告。

表 6-5 警示报告模板

项目名称	
参与人员名单	
警示报告填写人	
问题描述	
问题产生的主要原因	
初步的解决方案	
发送时间	

■ 知识地图

1. 知识地图是什么

知识地图(Knowledge Map)是一个快速、有效地在整个组织内部传播高价值知识的工具,通常都是以固定的形式发出简报(两周一次),通过电子邮件的方式向大家介绍某段时间内组织收集、创造、整理的值得大家学习的高价值的知识。

知识地图是全面整理知识库的一种方式,可以针对某个主题进行持续积累、维护,其重要的价值是让那些缺乏时间、条件在知识库中学习知识的人能够系统掌握知识库中最新的有价值的知识。

2. 知识地图的运作方式

- Checklist 维护部门可以按照业务发展和管理的需求,制定知识地图的主体构成部分,并且公布在知识中心里面;
- 所有人在浏览外部资源、内部知识库时,如发现有价值的知识都要反馈给 Checklist 维护部门;
- 每个人每个月将有价值的知识提供给各个部门的负责人,各个部门负责人进行补充再提交给 Checklist 维护部门;
- Checklist 维护部门每两周(或每月)编辑知识地图,通过电子邮件发给所有人,同时将其上传到知识管理系统中。

3. 知识地图的应用模板示例(见表6-6)

表6-6 知识地图的模板

一、知识地图				
本期新增或更新的知识地图有:				
知识地图名称	创建/更新人	主要的知识点	此次维护性质(更新/创建)	维护人
二、重要的、有价值的文档				
本期新增的重要文档有:				
文档名称	知识概要		文档属性(原创/转载)	创建人
三、AAR				
本期新增或更新的AAR有:				
AAR 主题	创建/更新人	知识概要	此次维护性质(更新/创建)	维护人

对于上述工具的应用,Checklist 维护部门首先可以充当统筹的角色,与各部门、项目负责人沟通各种工具应用的构想,探讨可行性,并制定相关制度,如负责人、应用周期、模板等。其次,Checklist 维护部门可以运用技术手段发送相关文

件成果,先选择一两个工具进行推广。

思考一下、行动起来[①]

某企业采用新产品优先级考量标准以促进创新,阅读后尝试写出一个"新产品优先级考量 Checklist",并说明这个 Checklist 将在哪些流程被使用。

新产品对于企业成功的重要意义是不言而喻的,它往往是商场优胜劣汰的重要因素。

对于大多数公司来说,新产品上市失败的原因往往不止一个。位于美国波士顿的 AMR Research 公司的一份调查显示,有32%的受访企业将"产品延迟上市"作为产品上市失败的首要原因,紧接其后的原因是产品定价、质量问题和没能达到消费者的要求。

另一项调查显示,制造商将新产品上市作为影响需求的首要因素。如果一家公司能在一周内对渠道需求做出反应,那么这家公司在向市场推出新产品时获得成功的概率也比其他公司大一倍。

新产品研发和上市的重要战略意义促使制造商们努力改善对经营业绩的考量方法。虽然考量的含义很明确,但是要采取合理适度的措施为企业提供信息并非易事。虽然考量可以用在企业的各个层面,但是其最终目的是为管理者提供有用的信息。

AMR 公司提出了一种新产品优先级考量标准(Hierarchy of Product Metrics),包含三个层次:企业的战略效益、对商业机会的及时反应,以及确保有效执行的商业流程(见图6-5)。以下是对不同层次的详细解释。

层次一:战略效益

对新产品上市是否成功的最真实的检验标准是看能否促进企业发展、能否为股东带来预期的收益。它是以新产品创新的投资回报率为核心的顶级考量指标,由以下三部分组成:

- 新产品预测准确度。是指企业预测新产品对未来营业收入和资源消耗的准确度。准确度低则会影响公司未来的财务预期。其考量方法要依企业业务性质而定,可包括营业收入、市场占有率、机构数量等。
- 创新效益。是指计算在某一时期内新产品带来的总价值。其可以有多种考量方式,如新产品在总营业收入中所占的比重,或新产品的营利性。该指标可与下面谈到的创新投资相辅相成并决定创新回报。

---

① 资料来源:AMR Research 公司。

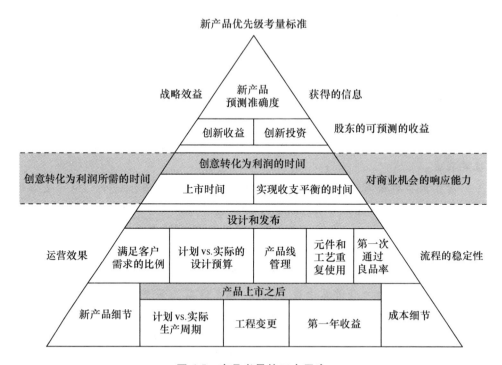

图 6-5 产品考量的三个层次

● 创新投资。是指开发和推广新产品的成本。该指标可与往年或业界同类厂商的数据进行比较,是计算创新回报的重要指标。

层次二：创意转化为利润所需的时间

其核心是企业将一个市场机会转化为可营利的产品的速度。这个时间指标可与战略效益互补,可使企业对现金流和新产品创新引擎的竞争力有更全面的认识。

其中主要包含两个指标：

● 产品上市时间。是指产品从概念设计到商品化的时间。该指标将新产品正式商品化的时间分离出来。产品上市时间可能会受生产线或工艺差异的影响,如对某些产品进行特殊行政审批的要求。

● 达到收支平衡时间。它是"产品上市时间"这一概念的延伸,即新产品投资的回收周期。对于不同的行业,该指标会有所变化,可以以达到销售峰值时间、达到合格率时间或达到预期收益率时间等形式表达。

层次三：运营效果

底层指标有助于企业获得良好的商业过程和最佳实践,并有助于中上层指标测量取得积极的结果。这些指标是最常用的。但是在更高的层面,这些指标还需要更细节化的尺度和商业流程,以保证企业实现这些指标的可行性。

细化的尺度可以分成四种:

- NPDL。是指在开发流程中实现新产品开发状态的可见度,有助于在有限的资源和供应能力的前提下满足客户需要。
- 新产品细节。是指监控新的产品商业机会,以保证长期的竞争力。如仪表盘类的工具,可以对其相关新专利数量、风险(技术和平台延伸)、市场吸引力、战略调整和技术可行性进行评估。
- 成本细节。成本管理既可能创造也可能破坏利润,因此需要对产品生命周期进行规划和监控。该指标可用来衡量一些关键的商业过程,如战略外包、价值工程等。
- 产品上市之后。该指标可衡量产品是否达到预期的目标以及企业的供应能力。制造周期太长或工程变更过多都会对产品上市的可行性带来消极影响。同样,它也可以用来指导对上游 NPDL 过程的持续改善。

过多的指标会让人不知所措。应该将精力主要集中在真正需要考量的方面,并考虑到信息使用者的能力。一种通行的做法是,先确定所有重要的方面,并从一些最关键的指标入手,然后循序渐进地向外围指标扩展。

产品发布仪表盘可对组织内的不同部门发挥不同的作用:(1)高级主管。负责监督新产品发布及企业效益的提高。(2)项目管理部门。负责所有新产品的开发状态和优先级制定。(3)项目经理。负责某一项目的进展状况和业绩。(4)项目团队。负责确定新产品发布过程中各种任务和支持工作的分工。

各个行业的制造商都应根据各自的需要部署产品发布仪表盘。以下是新产品优先级考量标准的两个应用实例:

- 战略效益。总部位于美国宾夕法尼亚州的 Glatfelter 公司是一家特种材料制造商,借助于新产品工艺改进系统,该公司新产品的营业收入增长了 40%。
- 创意转化为利润的时间。总部位于美国新泽西州的 Johnson & Johnson 公司采用多层次考量方法来监控自己的新产品研发,成功地使一款消毒剂产品的开发周期缩短了 40%,生产能力提高了 20%。

虽然新产品优先级考量标准理论是基于最近的商业案例建立起来的,但是 AMR 公司自 2000 年起便开始对 NPDL 进行长期的研究。此外,由 Robert G. Cooper 撰写的 *Winning at New Products* 一书是指导新产品开发的优秀之作。制造商们应该根据自身情况来决定采用哪种新产品优先级考量标准。

考量的概念听起来浅显易懂,但是实际操作起来却很困难。以下是一些来自制造商们的建议:

- 为确定新产品是否成功而制定可执行的衡量标准;

- 在确定开发状态时使用尽可能少的指标；
- 在采用考量方法前划清责任；
- 只有匹配相应的考量系统，考量指标才是有效和可靠的；
- 使用平台延伸方法，区分哪些是创新、哪些是对现有平台的扩展；
- 请将这些指导原则应用到你现有的新产品发布考量系统中去。

31 岗位标准化工作要点提炼实例

你说：能否举例说明，比如销售/营销流程中可以提炼出哪些岗位标准化工作要点？

我说：不找不知道，一找真不少。

销售/营销中有哪些岗位值得去提炼优秀员工的知识经验（见图6-6）？

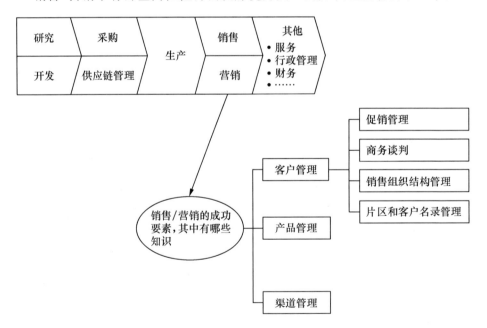

图6-6 销售/营销中涉及的知识

我们常把客户管理（包括促销管理、商务谈判、销售组织结构管理、片区和客户名录管理等）、产品管理、渠道管理列举为销售/营销的成功要素，那么，在这些方面，有哪些显性的能成文的知识、有哪些隐性的难以成文的知识呢？我们把显性知识再细分为信息和流程,把隐性知识再细分为"对……的意见"和技巧/能力(见表6-7)。

表 6-7　销售/营销流程中的显性知识和隐性知识

		显性知识		隐性知识	
		信息	流程	对……的意见看法	技巧/能力
客户管理		• 客户的利润贡献率 • 客户的规模和增长率 • 非常清晰的客户计划 • 关于该客户的非常细节的资讯	有体系的客户计划编制流程 和特殊客户相关的流程和资源(KA 大客户管理)	客户未来的发展变化	对市场和客户的理解
	促销管理	• 非常清晰的促销计划 • 成功的促销活动的存档记录	促销的实现流程 对促销的有效跟踪	—	• 促销的有效性 • 有创意的促销
	商务谈判	• 对商务谈判的结构化准备 • 已经达成共识的条款的存档记录	商务谈判流程中的决策职权	• 竞争对手的价格和条款 • 针对该客户的商务谈判定位	能够执行谈判条款的灵活定义
	销售组织结构管理	• 各位员工不同的销售目标 • 实际销售业绩跟踪	激励体系 面向潜在销售机会的销售管理	—	销售队伍的管理
	片区和客户名录管理	产品展示位的持续记录数据	区域和客户名录的计划制订 对是否提供客户名录信息的决策施加影响	竞争者的行为	片区和客户名录管理的成功开展
产品管理		• 产品的利润贡献率 • 产品簇的规模和增长率 • 非常清晰的产品发布计划 • 关于终端消费者的非常详细的资讯	有体系的产品计划编制流程 产品创新亮点的发布	细分市场的未来发展	产品发布的成功开展
渠道管理		• 渠道的利润贡献率 • 渠道的规模和增长率 • 非常清晰的渠道策略	系统地推导得出渠道策略	渠道/市场的未来发展	新渠道/市场的拓展

那么,这么多要点怎么做才算好呢?下面我们给出一些诊断表,读者可以根据自己单位的情况,在客户管理、产品管理、渠道管理的知识点(信息、流程、对……的意见、技巧/能力)上逐条对号入座,看看是"亟须改进""低于平均水平""高于平均水平"还是"最佳实践"(见表6-8、表6-9),仔细体味销售/营销中这些点点滴滴、实实在在的硬功夫。

表6-8 "客户管理"最佳实践

评估	亟须改进	低于平均水平	高于平均水平	最佳实践
信息				
客户的利润贡献率	没有考虑过客户的利润贡献率	计算了每个客户的毛利(基于各自的成本),而且计算结果被用于企业管控	把实际发生的固定成本建立了索引(根据发生原因),按客户级别进行了贡献度的计算,而且计算结果被用于企业管控	把实际发生的固定成本建立了索引(根据发生原因),按客户级别进行了贡献度的计算,而且计算结果可以被用于企业销售工作或者可以在线应用。进行贡献率的差异分析时,可以一直溯源到基层的每一个驱动因子(服务成本/发生的交易次数/产品组织等等)
客户的规模和增长率	客户带来的收入数字是知道的	还知道客户在每一个产品系列方面带来的收入数字,这些数字是书面形式的,已经计算了市场份额	还知道客户在每一个产品系列方面带来的收入数字,这些数字是书面形式的,已经计算了市场份额,而且根据每一个产品系列的收入预测,明晰了关于客户的目标收入	还知道客户在每一个产品系列方面带来的收入数字,这些数字是书面形式的,已经计算了市场份额,而且根据每一个产品系列的收入预测,明晰了关于客户的目标收入。有一个统一的方法论对所有客户进行分析。对于所有产品系列和区域,数据都在线可得
非常清晰的客户计划	没有客户计划,只有一个所有客户的收入总额	只对非常少的大客户进行了书面的计划,包括收入/每个产品系列的销售/季度目标等	已经有了一个综合的客户计划,包括客户策略、收入/销售数据的分析,这个客户计划整合了各不同区域的数字,对各区域的职责进行了清晰的描述	已经有了一个综合的客户计划,包括客户策略、收入/销售数据的分析。这个客户计划整合了各不同区域的数字,对各区域的职责进行了清晰的描述。面向贡献率的客户计划在发挥作用,根据实际运行的反馈来进行差异分析
关于该客户的非常细节的资讯	这方面的内部数据几乎没有。虽然每个销售代表了解一些客户资讯(收入/地址等),但不会彼此共享这些资讯。员工的频繁流动造成了这些资讯的流失	尽管会集中开展客户数据的采集,但销售人员没有被充分告知有某条信息,或者就是由于种种原因并不能用这条信息(技术问题、实践原因、过期或者信息不全),销售人员必须依赖个人之间的信息共享	对重要的客户数据进行了集中管理、在线可得。另外,各地的销售人员都有自己的小信息库,那里有其他更多的客户信息	有一个内部信息系统,包括所有客户信息、客户需求、采购时间表和历史信息。每个销售人员都有访问信息和使用信息的权限。个人之间可以通过讨论会来共享信息

续表

评估	亟须改进	低于平均水平	高于平均水平	最佳实践
流程				
有体系的客户计划编制流程	没有一个统一的计划流程	计划流程是分散的、彼此不一样的、得到的结果不能在业务单元（例如各销区）之间共享	有着统一的流程，是书面的，定义了这个流程的产出结果（例如客户计划）。对计划的循环开展工作是必需的，结果能共享	有着统一的流程，是书面的，定义了这个流程的产出结果（例如客户计划）。对计划的循环开展工作是必需的，结果能共享。有一个业务单元之间的共享和/或反馈流程，从而可以对计划的差异背离给予重视并进行分析
和特殊客户相关的流程和资源（KA 大客户管理）	对于所有客户或者大多数客户的流程都是一样的	对大客户/某些渠道的支持策略有个别的不同	有专门的人致力于为某些大客户或者渠道提供专门的支持	有专门的人致力于为某些大客户或者渠道提供专门的支持，有专门的流程；销售部会和物流部、订单处理部、产品研发部等部门围绕这些流程开展协同工作
对……的意见/看法				
客户未来的发展变化	各位员工对于客户未来的发展变化有着各自不同的意见和看法	对于客户未来的发展变化，各销售代表之间会交换意见和看法	对于客户未来的发展变化，会在部门间交换意见（物流部、各地区销售部、销售总部等），部门之间这样做的目的，是面向客户需求来调整自己的供给范围	对于客户未来的发展变化，会在部门间交换意见（物流部、各地区销售部、销售总部等），部门之间这样做的目的，是面向客户需求来调整自己的供给范围。部门的意见交换结果会存档记录，需要时还会请外部专家参与，或者开展相关主题的客户调研
技巧/能力				
对市场和客户的理解	只有很少数的客户经理有着丰富的与客户和市场打交道的经验，但在这方面没有什么跨职能部门或者国际经验	一些客户经理有着丰富的与客户和市场打交道的经验，以及跨职能部门或者国际经验	大多数的客户经理有着丰富的与客户和市场打交道的经验，以及跨职能部门或者国际经验	大多数的客户经理有着丰富的与客户和市场打交道的经验，以及跨职能部门或者国际经验。另外，一些客户经理曾经在零售企业工作过，洞察终端消费者

表6-9 "促销管理"最佳实践

评估	亟须改进	低于平均水平	高于平均水平	最佳实践
信息				
非常清晰的促销计划	促销都是为了应战竞争对手的促销活动而突然决定的,调整手段往往是突然的价格跳水,罕有书面文档	有一份促销计划,概述了全年关键的几个促销主题(促销年历),但没有针对专门品牌和专门客户的安排	有促销计划,促销是对特定客户或者品牌来开展的,这份计划会以书面或其他多种形式来存在,明确地给出了目标、数字、类型和促销组织	针对品牌和客户的促销计划是在线可得的,制定了促销的数字、类型组合和地区。要决定每一个具体的促销活动,需要有一份含ROI评估的促销活动建议书,各种途径要清晰地列出优先级
成功的促销活动的存档记录	成功的促销被当作神话	有几次特别成功的促销被存档,比如做成汇报资料	所有促销都有存档记录,记录形式比较简单,例如促销期间受影响产品的销售数据	成功的促销活动要靠目标和ROI来衡量,会进行成功要素的分析,结果被重复使用,促销结果的跟踪基线相应做出调整
流程				
促销的实现流程	促销期间,产品和促销品的数量出现短缺现象,或者时间出错	产品和促销品会以足够的数量、在正确的时间备用,促销的责任会分配到几个员工	产品和促销品会以足够的数量、在正确的时间备用,促销的责任会明确分配到专职的员工	该行业的促销活动的执行标准是客户设定的。产品和促销品会一贯地以足够的数量、在正确的时间备用,促销的责任会明确分配到专职的员工身上。有一个反馈机制用来做评估,促销中获得的经验会被传播分享
对促销的有效跟踪	没有一个标准的流程来做促销的评估,销售人员间几乎没有交流	没有一个标准的流程来做促销的评估,销售人员间几乎没有交流,销售人员偶尔会就成功的促销进行交流,比如在会议上随意谈及	会有一个正式的流程,来保留促销的销售数据,会有一个信息流来确保成功的促销活动能被人所知	会有一个正式的流程,来保留促销的销售数据,并进行ROI评估。会有一个信息流来确保成功的促销活动能被人所知。这个信息是在线可得的
技巧/能力				
促销的有效性	没有测量、没有信息透明。促销的有效性会大致平均推算一下	促销对销售是有影响的	每个促销活动对销售有明显影响(大于10%的增长),一些促销有正的ROI	大部分的促销对销售有明显的影响(大于10%的增长),有正的ROI
有创意的促销	在创意方面,公司的促销不如竞争对手或者顶多在一个水平上	在创意方面,公司的促销比较传统,对吸引力的拉动不足	个别促销活动有创意,明显优于竞争对手	公司给促销设置了创意的标准,这些促销活动常被同行所复制

32　流程管道、知识活水的理念与实例

你说：怎么把流程上的岗位工作要点提炼出来呢？使用什么工具？
我说：流程管道、知识活水。

为什么以及如何把流程上的岗位工作要点提炼出来？笔者提出流程管道、知识活水的理念。

我们以一系列对比的图片来说明流程管道、知识活水到底是什么意思。

一段水管有着多个环节，由多节子水管连接而成，如果哪个环节断裂了，则一定会漏水。一个流程从流程图的形状上来看也有着多个环节，历经A—H等多个部门或者岗位，体现了A—H的工作的流转，形状就像一组水管（见图6-7），所以我们把一个流程形象地比喻成"流程管道"。

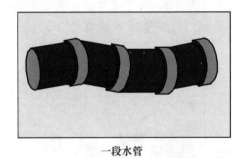
一段水管

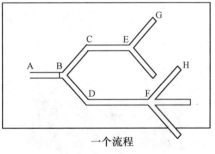
一个流程

图6-7　图说流程管道、知识活水之一

我们可以拆散、改装水管的各环节，得到一个新水管，使得这个新水管的形状更有利于水的输送（见图6-8）。

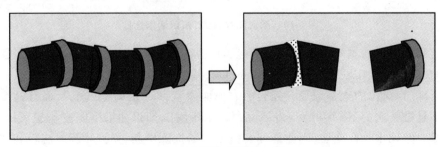
水管的"改装"

图6-8　图说流程管道、知识活水之二

同样,我们也可以对流程进行优化,清除、简化、整合一些不增值的环节,填补一些增值的环节,确保各部门、各岗位互相配合做正确的事情。结果流程图的形状就会发生变化,好比是对上面的水管进行了改装(见图6-9)。

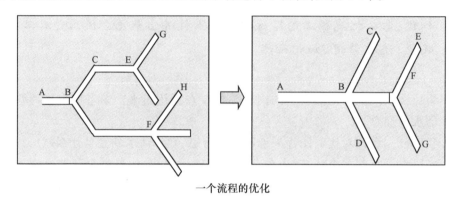

一个流程的优化

图6-9　图说流程管道、知识活水之三

一个形状好的水管,未必输送出的就是高质量的水,反而可能是质量不高的水。原因可能是源头污染或过程污染,于是我们要在管道各环节的节点上加装"活水保纯装置"(见图6-10)。

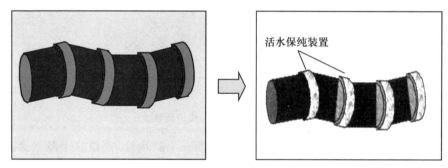

水管上加装"活水保纯装置"

图6-10　图说流程管道、知识活水之四

我们可以通过对流程上知识和经验的盘点、提炼、存储、共享,把最有经验的人的做法、最佳实践沉淀为表单、Knowhow,并进行最大可能的重复使用,从而让每个部门/岗位的人都像最有经验的人那样做事,即"正确地做事",而且这个工作不是做一次(见图6-11)。俗话说,"流水不腐",知识如果不能流动起来,也将会像一潭死水一样变腐,因此最佳实践要不断推陈出新,要持续开展流程和知识管理的结合,才能保证与时俱进。

我们看一个实例。某外资企业在中国成立了一个研发中心,运作了四年的

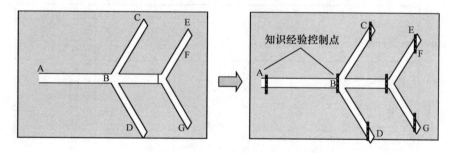

图 6-11 图说"流程管道、知识活水"之五

时间,主要业务是承接美国总部的项目开发任务,内部也在尝试一些新的研究项目。研发中心的流程直接来源于美国总部的开发流程,但这个流程让中心领导心里不踏实,按照这个流程来运作目前还算情况良好,但是现在中国的研发中心需要和整个集团内部的其他研发中心竞争总部的项目与资源,怎样才能让中国的研发中心从良好做到更好呢?此外,由于中心规模的扩张,人员也开始流动。新的人员进入带来了新知识的同时也带来了内部环境适应的问题,以及研发中心内部知识怎么交流和分享的问题;也有部分员工离开了中心,却不知道他们带走了哪些知识,而且以后再也没有机会知道了。

针对这些问题,研发中心的领导决定梳理研发流程的经验,建立起一套可操作的知识积累和知识共享的管理体系。尽管受到项目时间的限制,此次梳理只做了其中的两个核心流程,而且清理的重点在于隐性知识(尚未成文的、只有部分人知道的经验和技巧),结果按照开发流程的分解细化也能梳理出六百多条非常有价值的隐性知识,可以进一步制作成 Checklist,研发中心的领导大为惊叹:"想不到开发流程中竟然有这么多有价值的知识,把这些知识融入开发流程中好好利用,就不怕和全球同行竞争了。"

下面我们来介绍一个"知识历程图"工具,这个工具可以用来提炼和展示在企业的业务流程中何处产生或者使用何种信息及知识,下面是某个完整流程的部分知识历程图(见图 6-12)。

知识历程图的作用,我们用一个企业的实例来说明:

某上市集团公司,以房地产为主营业务,同时发展物业服务、地产中介。在集团化管理模式下,该公司希望充分发挥各子公司的协同作用,迅速提升干部、员工的能力,增强凝聚力和执行能力,构建企业核心竞争力。

主要业务3：方案深化
主要业务过程：方案深化—各专业配合—专业评审—模型效果图制作

业务过程/阶段	活动描述	对应岗位/角色	管理方式	输入文档				产出文档				参考文档				关键控制点
				文档名称	使用范围	更新频率	存储位置	文档名称	使用范围	更新频率	存储位置	文档名称	使用范围	更新频率	存储位置	
方案深化	活动1：方案深化	PD、设计小组	会议	定性方案甲方过程中要求的调整发文	项目组	及时更新	项目运作/A类项目/××产品/项目管理/知识管理/项目管理/ISO控制/方案设计/输出记录	过程汇报性节点文件；意见回复（给甲方或其他单位的发文）文件处理单	项目组	及时更新	××产品/项目管理/知识管理/设计输出/节点性文件输出/方案设计/××专业；项目运作/A类项目/××产品/项目管理/知识管理/设计输出/向甲方发文	文件归档相关规定	全部	定期更新	日常运营/总部/技术管理/技术质量/档案管理	文件处理单
	活动2：各专业配合	各专业负责人	其他	建筑专业提供各专业功能需求	项目组	及时更新	项目运作/A类项目/××产品/项目管理/知识管理/ISO控制/方案设计/输出记录	设计说明	项目组		项目运作/A类项目/××产品/项目管理/知识管理/ISO控制/方案设计/输出记录	类似专业的技术措施等文献	全部	定期更新	日常运营/总部/技术管理/ISO质量管理/ISO规范	
	活动3：专业评审	总工办、PD、专业负责人、设计人员	其他	深化后的方案	项目组	及时更新	项目运作/A类项目/××产品/项目管理/知识管理/ISO控制/方案设计/输出记录	《设计评审会议记录表》	项目组	及时更新	项目运作/A类项目/××产品/项目管理/知识管理/ISO控制/方案设计/输出记录					
	活动4：模型效果图制作	设计人员、PM	其他	地形、效果等要求	项目组	及时更新	资料库/元素图库中心/CAD绘图标准	《效果图、模型制作申请单》	项目组	及时更新	项目运作/A类项目/××产品/项目管理/知识管理/ISO控制/方案设计/输出记录	ISO文件	全部	定期更新	日常运营/总部/技术管理/ISO质量管理/ISO规范	《效果图、模型制作申请单》

图6-12　知识历程图

该公司首先对流程进行了梳理，建立了项目论证、项目策划、设计管理、营销策划、工程管理、销售管理、客户管理、物业管理等八类核心业务流程和战略规划、人力资源管理、财务管理、IT管理等支撑流程的流程分类体系，同时在每一大类流程下又层层细分，比如设计管理类流程中包括规划设计、方案设计、初步设计、施工图设计、设计变更等具体的业务流程。

然后针对每一个流程，划分流程的主要阶段和关键过程，以及每一阶段涉及的人员，再确认每一阶段（或关键过程）需要的知识和产生的知识，将以上信息描绘在一张图中，就形成了知识历程图，注意：知识历程图和流程图的本质区别在于知识历程图不强调岗位的流转，而是强调某人在某个时刻需要哪些知识。

以设计管理中的方案设计流程为例，分为方案设计准备、方案初步评审、深化方案设计三大阶段和编制方案设计任务书、确定方案设计单位、初步评审、集团评审、形成方案报建图直至深化设计等关键过程。对于编制方案设计任务书，它涉及的部门或岗位只有设计部，它需要的知识包括方案设计任务书的编制、方案设计任务书模板、以往的方案设计任务书、相关法律法规等，产生的文档和知识包括方案设计相关调研信息、方案设计任务书等。通过对知识历程图的描绘，即便是一个新人，也可以很容易地参考之前的文档和知识，借助已有的模板，产生符合规范的文档和结果。这就是流程管理与知识管理结合的价值：共享、复制，降低学习成本。

知识历程图的绘制其实就是按照流程进行知识梳理，其直接目的在于找出能为组织创造最大价值的信息和知识，它将描绘出人员、作业以及知识之间的关系。要画出一幅完整的知识历程图，需要四个阶段：

第一阶段，确认策略性业务循环，选择一项业务循环和作业，并了解其如何运作；

第二阶段，找出信息杠杆点，将此作业分解为需要采取行动的多个具体事件；

第三阶段，加入人员，找出在每一个事件点上需要使用信息和知识的人员；

第四阶段，确认信息和知识内容，确定在每一个信息杠杆点采取行动所需要的信息和知识。

绘制而成的知识历程图将显示谁何时需要什么信息和知识，下面就详细说明绘制知识历程图的各个阶段的具体行动步骤和注意事项。

■ 第一阶段：确认策略性业务循环

1. 原因

只有了解组织的目标，才不至于在进行知识管理时迷失大方向。因此，需要根据组织的特定目标，找出主要的业务循环和作业，作为知识管理行动的重点。

2. 行动步骤
- 审查公司的长期经营计划和特定经营目标；
- 确认支持这些目标的业务循环；
- 选出一项开始着手的业务循环。

3. 注意事项
- 需要走出你的专长领域，必须与自己所属部门、工作团队甚至公司之外的人进行协作。
- 跟着钱走——确定哪些产品或服务获利最高，如何运用知识管理来提高这些产品和服务的获利。
- 你公司或部门以外的人员与组织有何重要性？了解他们在实现经营目标的过程中所扮演的角色。
- 为了实现目标，需要面对哪些竞争者？了解如何运用信息和知识击败这些竞争者将是一项主要的目标。

■ 第二阶段：找出信息杠杆点

1. 原因
- 只有从整个作业过程中找出需要采取有效行动的实践，才能知道信息和知识是如何适用到业务循环的每一部分的，以及它们的优先级如何；
- 只有知道工作者在何时何地采取行动，才有可能了解他们需要哪些信息和知识。

2. 行动步骤
- 深入了解业务循环是如何运作的；
- 访问相关人员，查明重点；
- 了解此作业中欠缺效率的地方。

3. 注意事项
- 不要过于追求完美，许多作业方式并不是很精确的；
- 寻求共识或共通的理解；

- 反问自己或其他人：这些信息和知识会在选定的业务循环中的哪些点发挥作用。

■ 第三阶段：加入人员

1. 原因

很多关键业务都是由人来完成的。

2. 行动步骤
- 对主管该业务循环的人员进行访谈；
- 对该业务中公认的绩优人员进行访谈，让他们说明哪些人与此项业务相关；
- 将相关职称加入图中。

3. 注意事项
- 人力资源部门也许可以帮忙，现有的职务说明书可以提供找出关键人物的线索；
- 训练部门也可能有相关的职业发展和认证计划可供参考；
- 对这项业务循环的主管级人物进行访谈，他们应该清楚哪些人相关，有哪些问题亟待解决；
- 不要只局限于公司内部人员，有些重要的技能是由外部人员完成的。

■ 第四阶段：确认信息和知识内容

1. 原因

信息和知识只有被人利用才能发挥作用。

2. 行动步骤
- 以所确定的人员为基础，建立焦点小组；
- 设计访谈问卷，协助你确认哪些信息和知识是他们采取行动所必需的；
- 填写信息杠杆点所需的特定信息和知识内容，并完成知识历程图的绘制。

3. 注意事项
- 人员剖析能帮助理清业务循环在各个信息杠杆点的全貌；
- 从这幅图中可以看出在正确的时间将适当的信息和知识传递给适当的人的真正意义；
- 将中心放在可以帮助人们采取行动的信息和知识内容上。

Chapter Seven

第7章 流程变革的推行
——从变革发起到执行落地

阅前思考

如果要在企业中成功推进流程管理，怎么做？怎么避免"壮志未酬身先死"？怎么保障流程优化后的执行刚性？如何建立面向流程的组织文化？如果以上问题触动你，那么请你从这一章开始阅读。

阅后收获

了解如何在企业成功推进流程管理，确保一个流程优化项目成功的关键要素有哪些；如何对流程不能够执行落地的原因进行系统的分析，逐个击破；如何让流程责任人切实履责，并调动相关业务人员的积极性；如何进行面向行动的流程培训，并营造有利于流程管理的企业文化。

33　如何在企业中成功推进流程管理

你说：为什么有的经理人就能在企业中成功推进流程管理，有的经理人就徒有想法？怎么成为前一种人？

我说：争取领导资源，推进方法得当。

全球首屈一指的领导学权威约翰·科特在1996年出版了风靡商界的《领导变革》，在该书中科特将组织的变革分解成八个步骤。在其另一本著作《变革之心》(*The Heart of Change*，与丹·科恩合著)中又介绍了数十个应用这八个步骤的实例，从实战运作的角度告诉你作为一个变革时代的经理人，如何在公司运营过程中，全面调动其他关系人的积极性去感知变化并提出积极的应对方法，从而取得变革的成功，体现出经理人领导变革的能力和出众的工作业绩。

这八个步骤中哪一步最重要呢？不少经理人认为是权威领导，只要老板重视、"一把手"挂帅，就什么都好办了。有的人认为，要能推动企业高层重视流程管理，把流程管理列入第二年的重要工作中去，就事半功倍了。甚至有人说，"流程管理是'一把手'工程"。

这种想法很好理解，但是问题的关键是，与其引导老板重视流程管理，不如主动去探求老板已经觉得有紧迫感的事情并以流程为工具来帮助老板分忧。

有一位企业老板说过，"经营是呼吸，管理是吃饭"。因此，用培训来"松土"是好事情，但不能指望通过一次培训就达到让老板重视流程管理这个目的，而是应该把流程管理和老板感到很紧迫甚至夜不能寐的某个"呼吸"问题(比如成本高昂、质量缺陷、经销商集体倒戈等)结合起来。

举例说明，某企业在海外市场的产品出现严重退货，这时就要让该企业的高层管理者认识到，这是流程问题而不是个人问题，应该从流程入手来解决。

作为中间职位的职业经理人，多考虑怎么帮助老板分忧、怎么把老板关心的事情和自己的工作推进结合起来，这是比较现实有效的做法，这样反而能推动自己想要推动的事情。如果一直觉得是老板重视不够，要纠正老板的错误，是很危险的做法。

解决了老板重视的问题，接下来就要启动相应的流程优化工作。但要保障成功，过程的推进方法一定要得当：

第一，流程优化工作启动之初，就必须让流程责任人成为责任中心，而不能是流程管理部门或者咨询公司越俎代庖。流程管理部门作为一个单纯的流程推进者，由于未参与业务，对业务流程的了解是片面的，很难了解到核心的东西；另外，业务不断的变化更新，由于你不是参与业务的人员，你的知识始终处于落后状态，仅凭开几个会就想达到预期目的谈何容易，想成为流程的主导者更是纸上谈兵，因此流程优化启动之初，必须先找到流程责任人。首先，流程是管理和业务的载体，流程梳理优化本身是一个思考、体会和模拟运作的过程，是分析、优化、搭建管理体系的过程，流程体现什么样的管理思想和要求，需要流程责任人进行构建；此外，流程是否体现了其管理思想和要求，需要向什么方向优化，也需要流程责任人进行评估判断。其次，流程责任人是流程运作绩效的负责人。如何通过建立基于流程的可衡量的绩效指标并设置改进目标推动业务持续优化,如何设定指标,如何反映工作目标,需要流程责任人进行思考;设定的指标是否实现,也是对流程责任人进行考核的内容。最后,流程责任人是团队领导和教练。流程是知识的载体,通过流程可实现隐性知识显性化、知识的积累和复用,从而指导下属工作、快速培养团队能力,所以需要作为团队领导和教练的流程责任人来决定建立什么样的流程规范来实现团队知识的积累、共享和复用,从而提升团队竞争力。在整个过程中,流程管理部门需扮演指导培训和项目管理角色,通过项目计划跟进、进展通报和专业辅导等,保障项目的顺利推进,同时从全局视角关注流程间的关联性,以适时推动跨部门的协同。

第二,流程优化过程的重点是目标问题导向和共识的形成。一方面,要明确目前存在的问题和流程优化的目标,切忌漫无目的的优化;另一方面,流程各方参与者对问题和优化方案达成共识是后续流程推行落地的基础。因此,必须通过有效的项目过程组织,主导和推进流程优化,具体包括设置分步控制点、有效地组织沟通会议推动共识的达成等,以避免流程优化讨论的多轮反复和陷入泥潭。

流程优化过程可分为三步,每一步都在上一步达成共识的基础上再进一步细化。第一步,通过对现状问题调研总结,建立流程优化框架,包括支撑流程运作的业务组织职责分工、流程优化的目标、流程运作的整体框架、流程中相关术语和分类定义的统一等,明确优化的整体方向。第一步的优化讨论必须在主管该流程领域的高层和相关业务部门负责人间达成共识。第二步,进入具体流程的优化,基于可运作的现实以及可改进的方向,考虑和现有业务的承接和延续性,因此第二步的优化必须在流程相关运作部门间达成共识。第三步,流程表单模板的优化,大量的实际操作是通过表单模板来落实的,因此需通过表单模板优化建立流程易于落实的工具。在具体项目推进上,可以此三步分别设置关键里程碑,以有效控制流程优化项目的风险。

在流程优化的整个过程中,需组织大量的研讨沟通会议,要让每次会议都能达成共识和有效输出,必须进行有效的会议策划和管理。首先,需明确讨论难以达成共识的问题,如哪些部门/岗位间职责不清晰、哪些流程环节不顺畅,等等,并尽可能准备多个备选方案和优劣分析;其次,确定每次参会的人员,需让流程相关方都参与会议,以避免多方的意见不一致,同时在多方争持不下的时候能有决策者来确定最终方案;再次,在会议的过程中业务部门往往会因一个问题牵引出其他业务问题而讨论,因此必须有效地引导和组织,避免会议主题偏离;最后,切忌,没有完美的方案,与企业业务发展相适应的优化方案,并得到各方的认同,即达成流程优化讨论会议目标。

第三,流程优化后的推行依然是一项需要计划细致严谨的工作。企业推进流程优化不应以形成厚厚的流程文件为目标,而是以流程推广落地为标志。图 7-1 是某企业流程在全球推行的项目计划,我们形象地称之为流程落地作战图。从图中可见,优化后的流程,还需要落实承担流程角色的人员、IT 等工具的部署、宣传、培训、试运行、执行验收等一系列计划的跟进,从而保障流程真正落地见效。

流程落地作战图

流程	国家 推行项	英国	荷兰	德国	西班牙	法国	葡萄牙	意大利	瑞典	罗马尼亚	波兰	保加利亚	希腊	捷克	匈牙利
SLA 指标及流程	落实承担流程角色的人员														
	工具部署	3-30	3-30	3-30	3-30	3-30	3-30	3-30	3-30	3-30	3-30	3-30	3-30	3-30	3-30
	宣传	5-31	5-31	5-31	5-31	5-31	5-31	5-31	5-31	5-31	5-31	5-31	5-31	5-31	5-31
	培训	6-30	6-30	6-30	6-30	6-30	6-30	6-30	6-30	6-30	6-30	6-30	6-30	6-30	6-30
	试运行														
	总部现场支持														
	验收	6-30	6-30	6-30	6-30	6-30	6-30	6-30	6-30	6-30	6-30	6-30	6-30	6-30	6-30
需求管理流程	落实承担流程角色的人员														
	工具部署														
	宣传														
	培训														
	试运行														
	总部现场支持														
	验收														
资产管理流程	落实承担流程角色的人员	6-30	6-30	6-30	6-30	6-30	6-30	6-30	6-30	6-30	6-30	6-30	6-30	6-30	6-30
	工具部署	7-31	7-31	7-31	7-31	7-31	7-31	7-31	7-31	7-31	7-31	7-31	7-31	7-31	7-31
	宣传	8-15	8-15	8-15	8-15	8-15	9-15	9-15	9-15	9-15	10-15	10-15	10-15	10-15	10-15
	培训	8-15	8-15	8-15	8-15	8-15	9-15	9-15	9-15	9-15	10-15	10-15	10-15	10-15	10-15
	试运行														
	总部现场支持														
	验收	11-30	11-30	11-30	11-30	11-30	11-30	11-30	11-30	11-30	11-30	11-30	11-30	11-30	11-30

推行责任人:×××　　　　　　　　推行效果审核人:×××

图 7-1　某企业流程推行计划示例

34 落实流程刚性的八项关键举措

> 你说：流程优化后，如何保障流程的执行刚性？
> 我说：八项关键举措，从不知道、不合理、不执行三个方面全面击破。

很多企业花大力气做了很多流程优化工作，也形成了厚厚的文件手册，结果却发现流程不执行、不落地，所有前面的工作都付诸流水。因此，如何保障流程执行刚性是在流程优化时要重点考虑的内容。

在某企业的流程优化项目中，其高层不止一次在项目阶段会上对流程刚性提出要求：

流程优化完毕后，没有人可以不经任何程序破坏流程，尤其是各级领导，要起到示范作用，严格按照流程开展工作。修改流程，也要按照流程开展。此次流程优化工作，对流程刚性要加强，树立流程的权威性。一方面，要把流程设计好，通过流程E化等技术性措施保证流程刚性。能够保留下来、运转有效的流程，就是符合公司实际运转的有效的流程。另一方面，在加强流程刚性的基础上，要持续优化流程。建立适合公司实际运作需要的权威流程体系，达到在刚性基础上不失灵活性的总体目标。

要保证流程是第一位的，一定要强调不执行流程的成本要高于不听领导的成本，尽量提高违反流程的成本，保证内部觉得不值得，或者没有胆量违反流程。把流程的执行暴露在阳光下。

仔细分析流程不执行、不落地的原因，可以从不知道、不合理、不执行三个方面来逐一击破。

■ 不知道：不知道有流程或者不知道流程如何执行

很多企业由流程编制人埋头苦写，进行流程文件修订，经过修订审批后，就在内部办公网一挂，或者写一个公文通知："×流程/制度自×月×日开始执行"，以为这样就万事大吉了，可过了一段时间一调查，发现这些公文或者被忽略了，或者大家读了流程制度，不明重点就搁置了事了，结果"星星还是那个星星，月亮还是那个月亮"。

要解决"不知道"的问题，有两项关键举措：

举措一：对流程优化方案达成共识。在流程优化的过程中，流程编制人不要只埋头写文件，而应该对流程上涉及的岗位详细调研和沟通，收集各方意见，并就流程优化的结果召开跨部门的沟通会，让大家理解优化的背景、目的和优化方案的要点，结合当前实际情况，对于优化内容达成共识，才能为后续的推行落地奠定基础。

举措二：加强对流程的培训和宣导。当面对一个涉及范围广、有重大调整的流程时，必须对所有流程参与者进行具体的培训和宣导，大规模重复的流程其难点就在于怎么用一个浅显易懂的方式让使用者掌握并可以标准化地执行。在一些企业有较好的做法，如制作影音文件、模拟业务场景等，以更好地让流程执行者掌握流程的要点。

■ 不合理：流程与实际业务脱离，使得执行十分困难

流程的标准化和合理性是流程能否被有效执行的前提。在制定流程的过程中，很多企业没有进行充分的论证，导致流程本身不合理；或者，在业务发生变化后，没有及时对流程进行调整，导致流程和业务脱离，无法指导业务执行。

要解决"不合理"的问题，关键要保障流程优化与业务调整的"与时俱进"，有两项关键举措。

举措三：落实流程责任人及职责。任何事情的落地，找对责任主体是关键的第一步。要保证流程持续优化，必须确定流程责任人。同时赋予流程责任人这个角色清晰的职责（见第35节"如何让流程责任人切实履责"），不能单是口头上说"我任命你为流程责任人，去好好干吧"，这只会把流程责任人搞糊涂，使其要么不作为要么碰壁而回。同时，要赋予流程责任人这个角色真正的力量。这个角色的工作做得好与坏，要能够带来真正的正面或者负面的结果，高层中要有人真正意识到流程责任人这个角色的存在并监控他的表现情况，并将流程责任人这一角色加入到权力系统中去，使其能够得到职业升迁机会，否则很难会有人渴望这份工作。

举措四：对流程KPI的评价和回顾。对流程的持续优化必须要有明确的抓手，以及对流程KPI的测评和定期回顾讨论机制。一个企业对流程的重视，是否真正以流程为核心来开展工作，关键体现在有没有定期的会议来对流程的改进进行讨论，或者将流程优化的讨论议题纳入类似战略执行回顾会或者经营分析会这样重要会议的一部分（见第41节"基于流程KPI的绩效测评和持续改进"）。

■ **不执行：主观意识上不愿受流程的约束，不愿按照流程开展工作**

流程的执行力是否强劲，取决于"强制的手段 + 文化理念"的推动，具体有四项措施。

举措五：流程 E 化。很多企业将 IT 固化地认为是解决流程执行力的最有效手段。当流程都在 IT 系统上运行的时候，执行不执行一目了然，让不执行流程的人"无处逃遁"。流程 E 化也同时带来信息共享、手工处理自动化、知识积累等多种优势，因此对一个大规模重新执行的流程要提高执行力时考虑的第一个抓手即通过 IT 系统固化。

流程 E 化很重要，但是 E 化时也要同时避免唯 IT 化，即要分析流程特性，进行 IT 整体规划，从而切实提高 IT 商业价值。进行 IT 整体规划时须考虑：

- 流程 E 化深度。E 化实现的是结果管理、流程过程管理还是表单管理，如一个流程是只需要将流程的输出结果形成分类的知识文档库管理，还是需要管理到具体的审批流转环节，或是需要对流程中的表单字段信息实现统计分析管理，不同的 E 化深度对 IT 系统的要求是不同的，如前两种 E 化深度一般的协同办公系统就可以满足，而后一种 E 化深度则需要 ERP、CRM、PLM 等专业的 IT 系统。

- 流程 E 化实现方案。是在现有系统上的二次开发还是深化应用，抑或是购买新的系统平台？

- 流程 E 化实现优先级。当前业务模式是否成熟？业务流程优化推广和 E 化实现的时间表是否一致？

……

举措六：实施流程上的会议管理。对于一些战略类或者流程中有多项评审决策点的流程，以会议来作为流程执行的发动机是一个有效的手段。如公司的战略制定，其核心是在什么时间召开战略务虚会、什么时间召开战略发布会、什么时间召开对下属业务单元的战略规划质询会，等等，这类流程执行的频率相对不高，但是对时钟和会议的要求较高，这时可以流程上的会议为关键节点来管理。定时的会议制度会使人产生压力，因为没有人愿意在同事面前丢面子，从而激发其在会议前有效地执行流程上的任务；同时预期的公开曝光，会将由于懒散导致的拖延和不必要的失败最小化。

举措七：流程审计及监控。流程的执行与否必须要有相应的监督考核机制，通过流程的稽查与测评保证流程的落实和改进（见图 7-2）。同时，建立违规责任追究制度，如前面案例中某高层提到的，要提高违反流程的成本。

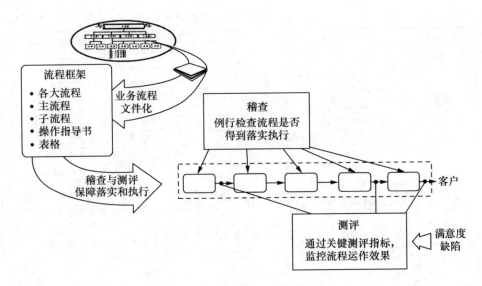

图 7-2　流程的稽查与测评

举措八：流程文化宣导。以上都是刚性的举措，而企业真正长久的还是文化的影响力。当一个企业逐渐形成以流程为做事的准则时，就会重视流程的权威性，通过流程的视角来看问题，用流程的意识去工作，逐渐地潜移默化，从而影响每一个员工的行为习惯。

35　如何让流程责任人切实履责

你说：流程责任人已经确定，但是怎么让流程责任人切实履责，而不是流于形式？

我说：职责细化，授权并评价。

很多企业都设立了流程责任人，但是发现流程责任人只是流于形式，在企业日常管理中，还是职能管理和权威占据主导地位。流程责任人或者是不知道该履行什么职责，或者是有心无力，无法按职责进行工作推动，从而造成流程管理最终让位于职能管理。

如何让流程责任人切实履责，首先应明确流程责任人承担的具体的职责。通过对流程责任人的职责进行盘点，流程责任人应承担流程的设计、流程的推广与执行、流程的监控与改善、人力资源支撑、IT 系统支撑五个方面十二大项职责，具体见表 7-1。

表 7-1 流程责任人履约职责

类别	工作职责	权限	输出及衡量标准
一、流程的设计（Build）			
流程整体设计	1. 对所负责流程进行整体策划（目标、KPI 等），明确支撑流程的业务组织	负责	流程整体框架
	2. 明确所负责流程的重大管理授权事项	负责	重大管理授权表
	3. 建立流程的时钟及会议体系，固化流程运作节拍	负责	流程运作时钟、会议卡片
	4. 明确流程间的接口，进行跨流程的协调	负责	流程整体框架
子流程规划	5. 进行子流程清单的分解	负责	子流程清单
	6. 明确各子流程间的接口及管理时钟协同	负责	流程框架图、流程时钟
	7. 任命子流程的流程责任人	负责	子流程清单
	8. 明确子流程梳理优先级和时间表，推动子流程的梳理优化	负责	流程梳理计划完成率
	9. 指导和协助子流程责任人进行业务流程设计，并负责流程的审核工作	负责	发布的流程文件
	10. 检查子流程责任人的履约责任执行情况	负责	履约执行情况检查记录（工作价值、工作效率）
二、流程的推广与执行（Drive & Execute）			
流程推广	11. 持续开展流程的相关培训及传阅	负责	流程关键岗位培训/传阅的年覆盖率
	12. 流程发生重大变更时，组织新流程的相关培训及传阅	负责	流程发布后一月内关键岗位培训/传阅的年覆盖率
	13. 对流程执行或优化的内部标杆进行总结和推广	负责	内部标杆推广数量
流程协调与执行	14. 建立流程跨部门协调机制，持续提高各部门间解决问题的能力	负责	流程协调机制
	15. 协调各部门的流程接口，组织跨部门的流程协调会，解决跨部门间的流程执行问题，并检查流程协调会的开展情况	负责	流程协调会召开次数 会议质量评估表
三、流程的监控与改善（Control & Improve）			
流程KPI评价	16. 设计所负责领域流程的 KPI 改进目标值	负责	流程 KPI 目标值
	17. 收集流程运行中的指标数据，定期统计分析流程的执行情况，评估与目标值的偏差	负责	流程 KPI 目标值达成率
	18. 根据流程的 KPI 指标数据，提出流程的改进建议	负责	流程改进建议
流程审计	19. 制订流程审计计划	负责	流程审计计划
	20. 根据审计计划，对所负责的流程进行审计，发现流程问题和改进点，并监督整改	负责	流程审计报告 整改跟踪记录
流程回顾优化会议	21. 组织实施流程回顾优化会议，讨论分析流程优化改进点	负责	流程回顾优化会议召开频次 改进跟踪记录
流程标杆研究	22. 对所负责流程领域进行标杆研究，识别现有流程的可改进点	负责	标杆研究数量 流程改进建议

续表

类别	工作职责	权限	输出及衡量标准
流程优化推动	23. 根据流程优化需求识别,制订流程的优化计划	负责	流程优化计划
	24. 根据计划,组织实施流程优化工作,负责流程优化项目的过程控制	负责	流程优化计划完成率
	25. 评估流程优化产生的价值效益	负责	流程优化产生的价值效益(增值时间/流程总时间、成本、输出质量)
四、人力资源支撑(HR Support)			
流程管理团队建设	26. 建立所负责领域的流程管理团队,任命流程专员和流程讲师	负责	流程专员、流程讲师名单
	27. 为流程专员和流程讲师设定工作目标,协调和推动其开展工作,并对其进行考核,将考核结果输入绩效考核体系	负责	流程专员、流程讲师绩效考核
子流程责任人绩效评价	28. 根据子流程的执行和管理情况,对子流程的责任人进行绩效评价	支持	子流程责任人绩效评价
五、IT系统支撑(IT Support)			
流程E化	29. 根据需要,提出流程E化建议	支持	流程E化建议
	30. 协助相关信息部门开展流程E化建设(业务需求、应用测试、试用推广等)	支持	流程E化数量/覆盖率

　　流程责任人职责明晰之后的第二步是正式的授权。为加强流程责任人的威信力,一些企业设计了由总裁亲自签名并颁发的流程责任人授权书,清晰地写明了授权职责;或者,根据需要由流程责任人签订相关目标承诺函,以避免流程责任人由于其他业务工作而将流程建设优先级置后。

　　最后,还应建立流程责任人的定期汇报及流程讲评机制,让流程责任人向企业高层汇报流程梳理优化成果以及阶段改进目标,以推动流程责任人的切实投入。

36　风险防范与调动相关业务人员的积极性

　　你说:推动流程管理时,要防范哪些风险呢?又怎么调动相关人员的积极性呢?

　　我说:未雨绸缪,运用调动大法,把流程推进的成绩不仅仅归功于自己。

　　按照流程管理推进的不同时点,我们依次列举了容易出现的各种风险、各时点相关人员容易出现的心理、被推进者可能采取的积极或消极态度、推进者可能采取的积极或消极态度、风险防范或问题化解可能采取的措施（见表7-2）。

表7-2 流程管理的可能风险与防范

阶段名称	项目启动	流程描述	流程优化	切换准备	流程实施	持续改进
风险识别	▶思维混沌	▶个性淹没	▶期望泡沫	▶理念空心	▶目标侵蚀	▶中场退出
企业的可能心理	▶对未来变革的猜测，并感到兴奋	▶优化并不神秘，优化组并非全才	▶问题确实存在，期待彻底解决	▶工作量大，期望能是交钥匙工程	▶观望，出问题的不是我	▶实施已经结束，开始"反弹"
被推进者可能采取的积极态度	▶积极自学相关知识	▶以管理视角，真实反映现状	▶亲自参与，主动思考，抓大放小	▶正视变革，主动学习，积极参与	▶发挥主动性，积极解决问题	▶持续的评估、改进与创新
被推进者可能采取的消极态度	▶观望、怀疑变革	▶视角错误或回避重点	▶设计方案的"审定者"	▶强调困难，消极应付	▶被动应用，依赖心理	▶回到"灰色通道"的老路
推进者可能采取的积极态度	▶主动告知，消除紧张与困惑心理	▶个性化、使用方便的信息提取工具	▶行业专家、IT专家、管理专家的复合小组	▶积极指导，调动积极性，推动各项工作的理顺	▶辅助应用，并填补方案盲点	▶帮助建立内部团队，协助制定运作机制
推进者可能采取的消极态度	▶忽视受众反馈，匆忙地实施"任务驱动"	▶千篇一律的表面问询	▶套用既有模式，不断改进	▶越俎代庖，命令施压	▶规避参与，回避当初预定目标	▶忽略客户关怀与项目回访
风险防范或问题化解可能采取的措施	▶关注受众感受，建立顺畅的正式沟通渠道	▶专人全程了解调研反映的问题/期望/阻力	▶事先进行设计方案沟通，同时坚持既定目标	▶细化估算劳动量，吸引受益者参与	▶对并行中的问题有心理准备，积极化解	▶评估改进效果，建立持续改进的信心

从列示的风险名称，可以理解它的具体含义。例如，"目标侵蚀"风险，即当原有目标被侵蚀后，自然张力减小，企业的提升动力减小（见图7-3）。

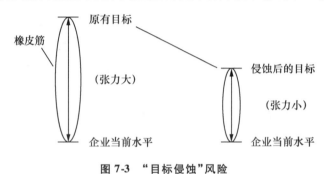

图7-3 "目标侵蚀"风险

如果以上风险没有预先识别、主动规避,就不可避免地会有一些抵触、怀疑情绪的蔓延。因此,同时找到各种抗拒变革的方式以及应对办法,在变革中知己知彼,是有益的。

变革阻碍产生的主要原因包括:不确定性、丢面子、失去控制、对个人能力的忧虑、威胁到个人的利益、对变革代理人缺乏信任、对变革不容忍、对工作安全的威胁、担心失去社会关系、不愿意放弃旧的习惯、失落感、对执行变革缺少支持等。上面的这些担心如果转化为各种抵抗变革的方式,最常见的有下列这几种:

■ **对新流程置之不理**

有人完全不理睬新流程,因为他们相信,只要没人使用,新流程只能静悄悄地消失。对付这种抗拒方式,可以将新流程的成功与个人培训计划、年度评比或其他已建立起来的业务流程联系在一起,这样,新流程就不能被忽略了。

■ **不能完全或正确理解流程**

要保证人们能适应新的流程,适当的培训是必不可少的,尤其是当他们已经熟悉了旧的流程的时候。具体来说,试试下面的办法:沟通(用诸如电子邮件的形式向员工阐述新流程)、一对一培训(有些人在小环境中更容易接受变革,因为这种环境能让他们提出自己关心的问题,慢慢接受变革)、核对单/备忘单(这些工具能为不清楚新流程的人提供有用的建议和指导。它们的形式多样,可以是放在个人用品旁边的一张明信片,也可以是放在内部网上的快速参考资料)等。

■ **怀疑变革的有效性**

来自独立机构的建议能使变革的有效性更有说服力。在其他公司或部门的类似的成功案例也能帮助员工接受变革。如果已有其他人的成功记录,往往很难再反对变革。因此,在全面展开新流程计划之前,应先做好功课,准备几个成功案例。

■ **批评新流程的工具或软件应用**

另一个抵抗变革的普遍方法,就是批评支持该流程的软件工具或应用缺乏灵活性。针对这种抗拒方法,就要确保有针对这些工具和应用的反馈机制,使用户建议和持续改进成为可能。它明显能激发用户的责任感和贡献感。虽然并非所有的建议都会实施,但至少使双赢成为可能。

■ 推迟新流程的实施时间

有人会试图建议说现在还不是变革的时候。说实话,从来就没有变革的好时候。总会有一些内在或外在因素与流程改进相对抗。然而,如果流程改进确实能带来商业利益,越早实施,其价值就能越早实现。

为了更好地调动各级业务人员的主动性和积极性,笔者总结了各类调动的方法,这里将部分内容列举出来与大家分享。

其一,沟通交流类。

- 方法名称:高层领导现场参观

适用对象:高层领导

方法简述:在项目开始、项目进行中和项目结束后,都可以采用这种高层领导到兄弟企业、标杆企业进行现场参观、学习、交流的方式,以了解和借鉴他人的成功经验和失败教训,以便少走甚至不走弯路。

- 方法名称:有问必答

适用对象:公司所有员工

方法简述:企业在推进流程优化的项目过程中,由于各级人员大多数都是第一次接触这种项目,因此难免会产生各种各样的问题和困惑。为了使大家轻装上阵,就要为大家提供各种平台,有话就说,有问题就问,项目组人员要针对大家的问题和看法,及时回答,及时解决。

- 方法名称:我问你答

适用对象:公司所有员工

方法简述:为了使企业员工能够更好地理解和参与到流程优化项目中来,在整个项目过程中,通过简报的形式在每一期都刊登两个与流程优化项目有关的问题,通过奖励的方式调动大家参与项目的积极性,同时也解决了大家对项目的疑虑和问题。

- 方法名称:征询合理化建议

适用对象:公司所有员工

方法简述:集思广益,搜集、听取大家的意见和建议。在开展工作的各个阶段或针对某一项任务让大家提供各种想法和建议,以便把工作做得更好。

- 方法名称:问题树回顾交流

适用对象:公司所有员工

方法简述:问题树是指按照一种结构化的思维方式,把问题整理归类,层层展开。在对问题树进行回顾交流时,按照问题的分类,对所列出的问题树从叶到根进行全面浏览。分清哪些问题已经解决,方法是什么;哪些问题没有解决,为什么;哪些问题是关键问题,必须解决等。要对这些做到心中有数,要让公司的全体人员都清楚,以使问题更快、更好地得到解决。

其二,工作汇报类。

- 方法名称:定期书面报告

适用对象:项目负责人

方法简述:定期书面报告是项目进行过程中的一个阶段性的总结。在项目的启动阶段,必须要对项目的目标、范围和方法做详细的说明。为了保证项目在既定目标的前提下开展,要在项目的各个重要阶段进行总结和检查,以保证项目不会偏离既定目标。同时可以使各级人员对项目有一个比较全面的了解,更加明确下一步的工作。

- 方法名称:小组成员自评

适用对象:项目组成员

方法简述:所谓小组成员自评就是项目组人员的一个总结沟通会。项目组成员对自己在项目中的评定其实也就是对项目的一个总结。一个项目进行得是否顺利,项目组人员起着关键的作用。为了使项目能够按照预定的目标进行下去,就要建立健全完整的绩效考核制度,以使项目组成员发挥最大的作用。

- 方法名称:参观日记

适用对象:项目组成员

方法简述:为了借鉴标杆企业的先进经验,项目过程中可能会经常安排到先进企业的拜访和交流,项目组成员要在拜访结束后及时记录整个访谈的过程和内容,特别是标杆企业在流程优化项目推进过程中遇到的问题和难点,以及解决问题的方法和经验,以使自己的企业不犯甚至少犯同样的错误。

其三,项目工作类。

- 方法名称:重要的分析会议

适用对象:高层领导和项目组

方法简述:信息化建设项目的各个阶段都需要对企业的现状、企业的管理方式、企业的流程管理架构、企业的绩效等进行分析和梳理,这些工作通常是在企业的各个业务管理层和项目组中进行的。但是对于重大的问题,要把企业的高层领导邀请来一起讨论。这种会议在项目进行的过程中不会太多,但它非常重要,直接影响到企业未来的发展和定位。

- 方法名称:评估嘉奖

适用对象:项目组成员

方法简述:在流程优化项目推进过程中,要大力宣传好人好事,大力嘉奖对项目做出巨大贡献、解决各种问题、提出合理化建议的各级人员。只有不断地为大家树立学习的标杆,才能在企业中激发和掀起"比学赶帮超"的工作干劲和学习热潮。

- 方法名称:组长、成员委任状

适用对象:项目组成员

方法简述:这种委任状的发放目的是希望得到企业各级人员对流程优化项目的高度重视。它要传递两种信息:一是对接受委任的人员来说,这是一项艰巨而光荣的任务,为了不辜负大家对自己的期望,就要拿出百分之两百的热情和干劲来工作;二是告诉大家这是一项全企业各级人员都要参与的项目,大家都要积极地参与进来,责无旁贷。

这些方法在应用中有一个共同点,那就是让流程的重要关系人走到台前,让他们在参与中感觉到是自己促进了流程的变革和效益的提升,有成就感,从而更愿意参与流程主题的工作。推进者不宜让自己动辄走到台前,以免让人觉得是在给他"抬轿子",而是要把流程推进的成绩归功于其他人。这正应了那句话,"帮助别人成功,自己就是最大的成功"。

思考一下、行动起来

不少在企业里负责流程优化的人经常会感慨:企业里的高层虽然重视流程,但流程流转到各部门经理后就落空了,部门经理都在忙业务、忙出差、忙自己的事情。

我们要承认,部门经理是"职能管理、垂直管理"的具体实现途径,但如果完全依赖于这些人来实现"流程管理、水平管理",套用一句不太恰当但大家都很熟悉的话来说,就是"用反革命的武装来取得革命的胜利",怎么可能做到?

解决办法就是,用革命的武装来对付反革命的武装,用革命的武装来取得革命的胜利。

阿尔卡特等企业在这方面的最佳实践是,各业务部门都有一些"流程专员"(注意:不是在流程管理部,而是在各业务部门),对于公司的各级流程,谁是协调人(Coordinator)、专家(Expert)、拥有者(Owner),都有相应的定义。

我们仍然可以拿人力资源的管理做类比,人力资源部门的工作怎么在企业里逐渐从无到有,再到天经地义地占据一席之地?是因为有点点滴滴的大量"革命的武装"在:各部门的人力资源专员、人事管理委员会、关键人才岗位认定与津贴发放、非人力资源经理的人力资源培训等。

因此,我们把"流程管理的人才网络"称为流程的武装,把这批岗位逐渐建立、培养、晋升起来,区别于各级部门经理的传统岗位任命,才可能使企业从"职能管理"转型为"流程管理"。

其中可以进一步探讨的问题是:
- "流程管理的人才网络"具体包括哪些岗位?岗位说明书是怎样的?
- "流程管理的人才网络"的任职资格是怎样的?培训体系是怎样的?职业发展路线是怎样的?
- "流程管理的人才网络"和部门岗位的传统垂直任命体系是什么关系?和各部门经理、业务人员如何配合?
- "流程管理的人才网络"在发展中企业的建立时机是什么时候?建立的依据是什么?
- "流程管理的人才网络"如何与"流程管理的流程和表单""流程管理的IT平台""流程管理的知识网络""流程管理的企业文化"等,共同构成"流程管理的治理体系"?

37 面向行动的流程培训

你说:我们也很想在企业内部培训出一批懂业务、懂流程、熟悉岗位标准化的复合型人才,该怎么做呢?

我说:面向行动的学习,把企业实际的流程带到培训现场。

不同企业提出:"我们也很想在企业内部培训出一批懂业务、懂流程、熟悉岗位标准化的复合型人才,该怎么做呢?"有一种面向行动的学习方式,在多家企业实践,并取得良好的效果,现简单介绍如下。

■ 面向行动的学习——3.0版的培训技术

什么是面向行动的学习?如果把知识宣讲灌输型的课程称为1.0版,把游戏案例活泼型的课程称为2.0版,那么面向行动的学习则是3.0版的新型的培训研讨技术。

这种面向行动的学习,与传统培训相比,具有如下特点:

(1)现在市面上常见的学习方式是知识型的学习,而不是行动型的。在培训过程中,学员只是听老师讲课,没有结合自己的问题来练习和实战,结果是理论的东西学得太多,而自己没有总结,导致学员不会自觉获取相关知识,团队之间没有协作,团队成员不能互助学习从而创造性地解决问题。

(2)市面上还有一种学习方式是讲师不仅讲课,还介绍案例和玩游戏。这种做法固然有趣,但案例和游戏都是其他企业的或虚拟的,学员学完还是不能很好地切入自己的工作实际。而一旦流程管理的知识和游戏与面向行动的学习结合,就都会以任务执行为主线,让学员反思、总结进而解决问题。

■ 流程管理——面向行动的学习的关键步骤

(1)成立小组。在培训开始之前就将学员有针对性地分成若干小组。

(2)开宗明义。给全体小组成员一个任务,即识别出一直困扰他们的问题。给小组成员一些方法,帮助他们来识别。

(3)汇讲问题。每个小组将问题公布出来与大家分享,来看各组找到的流程是否合适。

(4)分析问题。分析小组所面临的问题,确立流程优化的目标,并就此达成共识。运用顾问讲师给出的流程优化的各种工具、方法,思考如何逐步来优化流程(要运用报事贴)。

(5)问题重组。在对各项难题进行分析之后,经由顾问讲师的指导,学习小组将就亟待解决的关键问题、要改进的重点环节达成共识。小组还要找出改进的困难所在,这些发现很有可能不同于起初的判断和认定。

(6)采取行动。小组深入这个流程的内部,思考解决问题的行动计划,绘制甘特图。行动计划的制订和产生要通过小组成员的相互交流及共同思考,小组成员合作或者独立工作,收集相关信息,搜寻支持要素。

(7)工作循环。除了流程内部的改进点,从更广阔的视角还能发现哪些改进点?这次优化以后怎么办?有没有一个长效机制来保障这个流程上将来再发现问题还能得到及时解决?

(8)总结。学员思考是否能够将个人的学习收获进行AAR。

■ 流程管理——面向行动的学习的特点

(1)学员是主角,讲师作为辅导者以解决实际问题为导向开展培训。

(2)培训形式则通过行动来学习,即一群具有不同技能和经验的人,被组合成团队，分析解决某一实际工作问题或执行一项具体行动方案。

（3）在方案执行过程中，这一专门小组不断讨论，对方案进行及时修正，与此同时，小组成员学到新的知识和感悟。

（4）面向行动的学习建立在反思与行动相互联系的基础之上，是一个计划、实施、总结、反思进而制订下一步行动计划的循环学习过程。

（5）课程上学员不会感觉枯燥，学员间的互动丰富却不空洞，一切都以任务执行为主线，让学员反思、总结进而解决问题，让学员带着问题来、带着答案去。

我们期待的是，学员在互动中得到的不仅仅是乐趣，而是一份实实在在的关于流程优化的集思广益的工作成果，学习完成后了解一些切实能用的东西，这样才能培训出一支懂业务、懂管理、懂流程、懂标准化工作的队伍。

38　营造有利于流程管理的企业文化

你说：怎么营造一种有利于推进流程管理的企业文化呢？从哪里着手？

我说："看—感受—改变"，循序渐进培养企业流程管理文化。

"随着流程管理的兴起，培育流程文化越来越重要。"

在第2章我们已经谈到中国电信总结的流程文化的三个要点，也提倡把企业文化"能力化"而不仅仅是"人品化"，然而，企业文化变革是呈螺旋式发展的，不会像开关电灯一样，转瞬就完成了一种文化被建立、另一种文化被消灭的过程。同样，企业流程管理共识的达成、流程文化的形成也是一个循序渐进的过程。如《变革之心》中提到的，好的变革做法都是采用"看—感受—改变"的模式。在此，我们通过一些实际的例子来看企业是如何建立起 BPM 文化的。

案例一　某企业流程文化氛围的营造

该企业在 2014 年提出"必须打破职能式管理，用流程式管理进行协同，打造一体化、协同化的组织，实现系统力"，在具体流程管理文化推进方面实施了以下措施：

（1）先松土。在企业大学设立流程管理培训课程，进行流程管理理念知识方法的普及。

(2) 搭框架。在企业建立一级流程框架,用20个"一级流程域"名称替代"部门"名称,成为企业管理体系的基本架构,使各"一级流程"成为企业普遍使用的工作语言。

(3) 落职责。确定各一级流程责任人,并由总裁亲自颁发《一级流程责任人履约职责书》进行明确授权,落实流程持续优化的责任主体,并细化形成各领域分类分级的流程清单,明确各子流程责任人。

(4) 重突破。选择三个重点领域流程,由外部顾问团队指导优化,树立流程优化标杆,传授系统化的流程优化方法。

(5) 讲评会。通过定期的流程讲评会机制,让各级流程责任人走向前台进行流程优化的成果和经验交流,掀起企业跨部门流程研讨的热潮。

(6) 备人才。除了各级流程责任人的组织建设之外,设立部门级流程专员,并通过讲评会、流程梳理优化过程发掘流程管理人才,建立相关流程管理人才库。

(7) 再转训。优化后的流程形成流程培训手册,由流程责任人、流程专员、流程标杆人员进行全面的转训,保证新发布流程得到理解和执行;联合文化建设部门及流程责任人,在全公司范围内进行各种流程管理知识、方法的推广。

(8) 建机制。确定流程长效机制,包括流程的持续优化机制、重点流程的评价考核机制和流程违规责任追究机制等,保障流程能够持续优化和长效落实。

通过以上举措,该企业在2015年形成完善的流程管理体系,使各级员工真正转变思想:"以部门为流程的支撑。"

案例二 某国有企业流程文化:内化于心、固化于制、外化于形、实化于行

某企业总结其流程文化的形成经过了"内化于心、固化于制、外化于形、实化于行"四个阶段(见图7-4)。

第一阶段:内化于心。结合各领域实际问题进行流程理念和流程优化方法的培训,树立变革紧迫感,使各部门意识到面向流程管理的重要性和紧迫性。

第二阶段:固化于制。制定各领域管理标准和流程规范,并通过研讨论证发布。

第三阶段:外化于形。结合IT系统的实施进行流程的E化和培训推广。

第四阶段:实化于行。贯穿时钟的培训、研讨和推广,使各部门充分理解流程,并结合 IT 系统进行流程的执行,保障按流程执行成为员工的工作习惯。

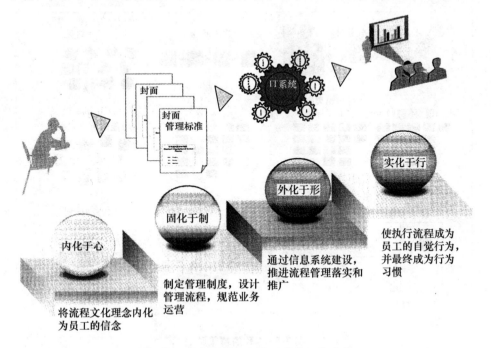

图 7-4 某企业流程文化形成的四个阶段

案例三　GE 的群策群力

GE 的群策群力是一个非常简单直接的过程:几个跨职能或不同级别的经理和员工组成小组,提出企业中存在的严重问题,然后逐步提出建议,并在最后的决策会议上把这些建议交给高级主管。在开场白之后,主管当场对这些建议做出"行"或"不行"的决策,并授权给提出建议的人,让他们实施那些被批准的建议。之后,定期检查实施进度,以保证确实能够得到结果。

在 GE,"群策群力"是一种制度、一种快速会议的议程,也是一种文化,使得流程优化可以迅速召集跨部门的人来参加,在会上就拍板,速战速决,而不是扯皮、反复搁置(见图 7-5)。

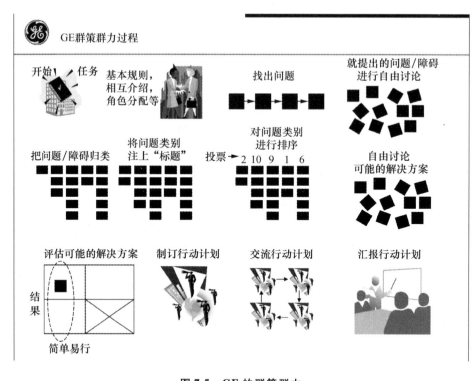

图 7-5　GE 的群策群力

Chapter Eight

第8章　流程的持续评估和改进
——从内部测评到外部审计

阅前思考

我们经常对流程进行反思和评估吗？怎么评估？谁来评估？流程责任人和流程管理部门分别承担什么样的角色分工？如何建立量化的流程测评方法？

如果以上问题触动你，那么请你从这一章开始阅读。

阅后收获

流程长效机制该怎么建，流程评估该怎么做，流程如何持续改进和优化。

39　提升流程管理水平的总体方法论

你说：能否介绍一下企业提升流程管理水平的总体方法论？

我说：切莫过早宣布变革成功，循序渐进、持续优化永无止境。

"部门之间协同高效，岗位之间权责明晰，面对变化持续创新……这样的组织如何打造？"

"各个部门之间推诿扯皮的现象十分严重,但这是企业机制和文化决定的,流程能令之改变吗?"

"我们曾经把各个部门主管找来,谈谈流程怎么优化,可是各部门主管一见面就互相抱怨,谈不出结果来。"

"我们公司已经'重组'过了,项目结束的时候,咨询顾问给我们留下 1 000 多个流程,可是,这些流程让我们怎么管理?"

以上这些都是企业经常面临的问题,值得强调的是:

- 当期改进与长期建设相结合。流程管理不应是"一次性革命",需要追求长治久安。
- 流程优化与 E 化相结合。流程管理不应只是在纸上画流程图,还需要通过 E 化来固化。
- 流程与制度、绩效相结合。流程管理不应孤立开展,需要和制度、绩效有效结合。

为了达到提升流程管理水平的多项作用——协同增值、提高效率、落实责任、管理创新,继而切实实现企事业单位的总体发展战略——企业应开展"认识流程、建立流程、优化流程、E 化流程、运作流程"的循环,该循环一共包括 18 项工作(见图 8-1),具有如下特点:

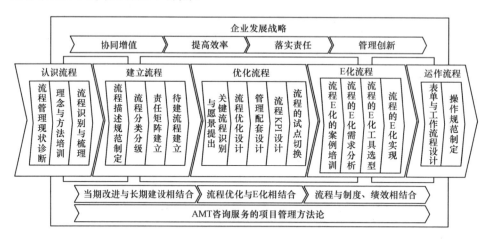

图 8-1 流程持续提升的 18 项工作的分解

- 定量诊断企业当前的流程到底管得如何;
- 流程管理标杆企业的参观考察;
- 流程管理的数十种技术、数十种工作表格的介绍;
- 梳理与建立流程,落实责任,明确谁是流程的主人;

- 关键流程的识别、优化、E化与试点实施；
- 企业流程管理规章制度的建立与完善。

从而帮助企业实现这样的价值：
- 不是表面的"改变"，而是切实的"改进"；
- 不是优化几个流程，而是找到"流程自主、长期管理"的办法；
- 不是开展一个项目，而是培养出企业自己的流程管理的内部顾问。

企业尤其要注意，对于"流程优化"项目的开展，切莫过早宣布变革成功。如约翰·科特在《领导变革：转型为何失败》中所说："我考察了12个以'流程再造'为名的变革行动，其中10个都犯了过早宣布胜利的错误。变革进行了两三年，首个重大的项目刚刚收尾，他们就开始清退咨询顾问，然后宣布变革已经成功。可过了两年，原本出现的有利变化又渐渐消失得无影无踪了。这10项变革中有2项，已经很难再看到任何流程再造的痕迹了。在那些成功的变革案例中，变革领导人不是早早地宣布胜利，而是利用短期成绩所树立的变革可信度向更大的问题发起冲击。他们懂得几个月是不可能取得变革成功的，而是需要付出数年的努力。"同样，企业的流程管理也是一项长期性的工作，在流程建立后，一方面要让流程"动"起来，切实地执行落地；另一方面，持续的流程管理效果评估，可以保证流程的先进性和对变化的适用性，以及对流程的持续改进和提升（见图8-2）。

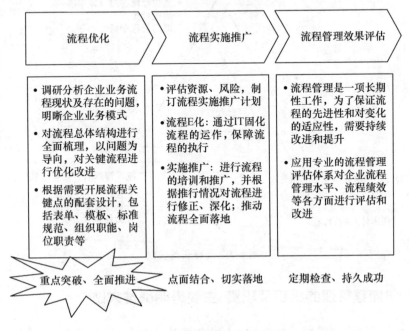

图8-2 流程持续提升方法论

40　如何建立流程的长效机制

你说：要保证流程的持续改进和提升，应有什么样的长效机制保障？

我说：从组织、流程和机制方面，建立流程的治理体系。

上一节也提到，流程管理不应是"一次性革命"，需要追求长治久安，特别是企业通过一次轰轰烈烈的流程项目，建立了流程体系，优化了核心流程，可是如果没有长效机制的保障，一切很快又会回到原有轨道上。所以说，仅仅一次的改进，即便是显著的改进，也是没有多大价值的。企业流程管理一旦开始就永无终点，企业必须不断努力改进流程，对流程进行管理，而持续的流程管理和优化需要有长效保障机制。

流程的长效保障机制包括三个方面的内容（见图8-3）。

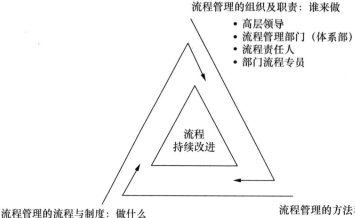

图 8-3　流程长效机制

■ 明确流程管理的组织及职责，主要是明确谁来做

在流程管理的组织及职责中，一般会涉及四个角色：高层领导、流程管理部门、流程责任人、部门流程专员（见图8-4）。

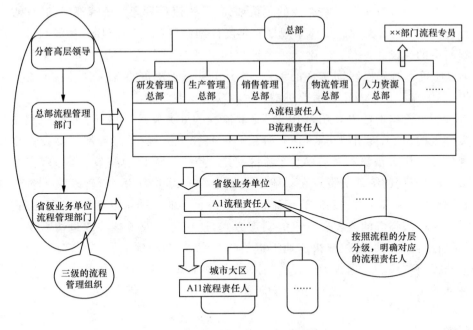

图 8-4　流程管理的组织及职责

（1）分管高层领导。既然流程在企业中如此重要,那么必须设立一位对此项工作专门负责的德高权重的高层领导,或者直接由企业"一把手"挂帅。高层领导负责对流程体系建设的方向和重点指导,并对流程体系建设规划和年度计划进行评审,以保障流程体系建设和企业的战略目标方向紧密契合,同时对流程管理中的重大事项和问题进行决策及推进。

（2）流程管理部门。在各企业中流程管理部门的设置不尽相同。在一些大型企业和流程管理成熟度较高的企业,经历过大型的组织变革和业务流程重组,往往会设立变革管理部或者管理工程部,负责组织变革、流程优化,同时肩负 IT 规划或者信息化建设的工作,其往往成为公司变革管理的智囊团,并使得管理变革和 IT 支撑有效融合；在一些快速发展、初具规模的企业,流程管理部门或者叫体系部,或者叫流程部,是由之前负责 ISO 9000 认证的部门演进而来的,其着眼于公司的流程体系建设以及标准化体系认证等工作,作为独立的部门,体现出高层对快速发展阶段建立流程规范化的重视程度；在一些小型企业,流程管理刚提上日程,流程管理部门一般附属于总裁办、行政部、运营部或者人力资源部,流程在企业中的受重视程度还需要持续提升；而在一些集团型企业,流程管理的组织也是分层的,即在分/子公司设立流程管理部门或者流程管理专岗,受总部流程管理部门的业务指导。

不管流程管理部门在企业的地位如何,作为流程管理的统筹部门,其核心职责包括:① 负责流程制度体系规划和年度计划制订;② 负责组织、指导和推动流程制度的建设和推行;③ 建立并维护整体流程框架和流程清单,界定流程责任人;④ 负责对流程制度文件的编制(修订)到论证发布的统一管理;⑤ 负责组织、实施流程审计及审计后改进措施的落实和监督。

(3)流程责任人。在第10节"企业流程的分类分级"中我们讲过,流程是分类分级的,对于集团型企业,还有分层。而每一个流程/子流程都需要设立流程责任人。什么是流程责任人,笔者将其定义为"对流程的绩效负责的人"。那么,谁对流程的绩效负责?在一般企业里通常有以下做法:① 管理整个流程核心环节的高层领导,如品牌管理流程,一般由企业的营销总裁负责。这种方式往往是一种最强势的流程所有权的实现方式,适用于企业最核心或迫切需要改进的流程,借助高层的权威快速地推进优化。② 一个流程上有多个部门参与,从中选择一位核心经理作为流程责任人,如品牌管理流程,也可能是由企业品牌管理部的主管负责。③ 独立于流程的第三方监管人员,我们来看以下实例:

案例　某跨国公司中国研发中心的PQA

某跨国公司在中国设立了一个纯研发性的机构,该机构的主要人员都是研发人员,包括软件工程师、硬件工程师、测试人员、算法研究人员,除了这些人之外,该机构还有一个特殊的研发中心——PQA(Process Quality Assurance)。这个中心隶属于QA部门,整个中心大约有七八个人,他们都有一定的技术背景,但是从不参与项目的开发,核心的职责是,保证该机构的每个研发项目都是严格按照标准的研发流程体系来运作的,同时不断整理内部研发过程中的问题与最佳实践,优化标准流程。该中心同时进行的项目有几十个,一般都是三四个项目共享一个PQA人员。PQA人员的日常工作就是盯着研发项目的计划与标准的流程,检查项目过程中该进行的动作有没有做到位,该提交的文档有没有及时提交,同时对新来的人进行标准流程的使用指导。对于项目经理来说,PQA人员是一群非常讨厌的人,有些人甚至觉得他们就像苍蝇一样,老是盯着你的每一个动作,不停地指手画脚。但是对于该中心的负责人来说,正是这些PQA人员的存在保证了研发产品的质量,研发过程也得到了控制,同时进行的几十个项目都在稳定地运行着。负责人不需要在这些日常的事务中投入大量的精力,能够集中精力在组织资源的获取与发展上面,PQA的主管也因此成了研发总经理的管理代表,对项目与产品的质量直接负责。

在这个例子中,PQA可以被理解为流程的责任人,可见,优秀的流程要有优秀的流程责任人,但并不意味着流程的责任人一定是流程上的具体业务部门及流程的使用者。对于该中心来说,研发流程的责任人不是那些项目经理,而是流程的监督人员。PQA并不直接创造价值,而是一个直接的成本中心,其人力资源的成本还是比较高的,但是PQA的存在保证了流程能够得到全面、彻底的执行,保证了同时运行几十个项目不会出现大的差错。对于项目经理和项目成员来说,PQA的存在虽然从某种程度上增加了大家的工作量,但是确保了项目的可控性,同时还让各自独立的项目能够参考其他项目的经验。从整体绩效来看,该中心在项目的及时率、成本的控制与产品缺陷的控制方面均处于集团下属的全球十多个研发中心的前列。而从实际的运作过程来看,PQA拥有流程并没有对该中心的创新性产生明显的阻碍作用,反而使得研发中心与销售公司、生产中心、医疗监管机构、用户之间建立起了正式、规范的沟通渠道和制度。

(4)部门流程专员。这个岗位可视企业的流程管理策略确定,如果流程管理部门人员配置较少,则可以考虑在相应的部门设立流程专员。流程专员起到在业务部门和流程管理部门之间的桥梁作用,一方面,反馈业务部门的流程优化需求和进展情况;另一方面,协助流程管理部门进行流程的宣传推动。

■ 建立流程管理的流程与制度,明确做什么

它主要包括流程文件的编制和发布、流程清单的维护,以及流程审计/监控。

(1)流程文件的编制和发布。它需要明确流程文件的结构和标准模板,以及相应的文件编码体系、文件名命名规则、描述符号体系等,同时明确不同层级流程从编制到发布的论证评审过程以及编审批权限。这里需要重点强调的是,为保证流程的权威性,流程文件不宜随意变动或者朝令夕改,因此流程文件编制或者修订的触发条件需要明确,如根据公司战略/业务策略调整、流程审计结果或者公司经营分析会等触发或者提出,在修订过程中要加强所有流程相关部门的参与与论证,从而保证最终发布的流程文件的权威性和共识性。

(2)流程清单的维护。流程清单是企业所有流程的"花名册",因此其维护和管理过程也必须标准化。尤其是一级、二级流程清单的调整,涉及企业宏观的业务链的改变,需要高层参与;同时,流程清单优化的同时相应的流程责任人必须同步更新。

(3)流程审计/监控。如流程审计包括自审、互审、外审等。流程审计/监控时需明确不同的审计方式的具体执行过程和参与的责任主体。

■ **流程管理的方法和工具，明确怎么做**

它主要包括流程测评和监控方法、流程审计方法等。企业在日常流程管理的执行过程中，需要逐渐积累与标准化相关的方法和工具，从而逐步提升流程管理专业化能力。

41 基于流程 KPI 的绩效测评和持续改进

你说：如何对流程进行评估和反思，及时找到流程上的问题以推动改进？

我说：建立面向流程 KPI 的绩效测评，通过量化的指标和流程的"反刍"，实现流程知识经验的不断积累和固化。

流程建立不是一劳永逸的，一个流程一旦建立和发布，则要开始进入一个动态的管理过程，即定期的流程绩效测评和分析改进，以及持续的回顾优化。如何更好地衡量流程的运作绩效、识别流程的问题、找到改进的方向，必须建立基于 KPI 的绩效测评和持续改进机制。

在第 14 节我们介绍了流程绩效指标的建立方法，那么在流程真正运行的过程中，流程责任人则需要根据收集的 KPI 现状值、公司战略发展方向和管理提升要求，设置合理的改进计划和目标值，同时根据流程运作的业务特性设置测评周期。这项工作一般每年或者每半年进行一次，或者在流程优化方案发布后进行。

根据预先设定的 KPI 测评周期，流程责任人指定相应流程管理专员定期收集流程运行中的 KPI 指标现状值，统计分析流程的执行情况，评估现状值与目标值存在偏差的原因，从而发现问题以分析改进（见表 8-1）。流程的 KPI 测评也为流程优化价值评估提供了一个很好的工具。通过 KPI 测评，流程优化所带来的业务改善可以显性化。

根据流程 KPI 测评结果，需要形成一种例行化的流程回顾优化机制。通过分析流程 KPI 测评过程中发现的问题，找到流程优化改进的方向，从而不断积累流程运行中的经验教训，再进一步通过流程优化对知识经验进行固化。

企业里一般都有失误总结会、项目经验交流会、流程年度审计等总结经验教训的方式，但这些往往流于形式，因为存在如下阻力和难点：

- 失误的人会把问题捂住，不愿意放在桌面上来谈……

表 8-1　流程 KPI 测评表

流程名称						
分类	KPI 指标	指标定义/计算公式	设置本指标的目的	目标值	测评周期	上年实际值
结果性指标						
过程性指标						
KPI 测评分析（不同 KPI 的测评周期不同，根据各 KPI 实际测评周期定期收集现状值）						
KPI 指标	现状值			偏差原因分析		
	阶段周期	阶段周期	阶段周期			
	阶段周期	阶段周期	阶段周期			
流程优化建议						
改进点	改进建议			责任部门		沟通部门

- 团队成员之间不愿意相互批评，不能坦诚相待……
- 由于业绩压力，大家都在忙碌，领导和业务部门的人员都没有时间真正坐下来反思……
- 靠流程年度审计根本来不及，过错如果今天发生，最好今天晚上就及时总结，拖到年底才解决，那怎么行？……
- 很多经验难以清晰表达，复杂的经验不容易分析提炼出来，难以找到容易记忆、容易学会的办法来提醒下次不要犯错……

由上可见，流程回顾优化会议首先必须用数字说话，如果是 KPI 指标有问题，那么问题想捂也捂不住；其次，流程回顾优化要将定期的回顾优化会议和及时的过程中"反刍"相结合，及时改进和跨部门沟通共识相结合；最后，为保障流程回顾优化会议的按时召开，会议可以和战略执行回顾或者经营分析会等公司重大会议的议题合并，从而保障相关高层领导的参与。

案例　**江苏省淮安市国税局：梳理过错项目，逐个"反刍"**

在国税系统，"如何让纳税人满意"一直是个老大难问题，纳税人经常抱怨：税务人员工作过错多，执法效率低，要多次跑、多头跑、排长队才能解决问题。

针对这些抱怨，淮安市国税局的做法是，围绕税收事务处理中的重点部位、

关键环节,逐条梳理,在"受理、审核、发票、发证"等174条工作流中共找出654个关键控制点,采取各种举措:

举措一,对可量化的关键控制点进行控制指标的设置,其中准入性指标60个、强制性指标65个、提示性指标46个,增强了监控针对性。

举措二,在工作流处理过程中,领导或职能部门可通过"流程追踪"进行监控,如在下一节点发现上一节点的执法过错,可退回工作流。

举措三,对可能出现的执法过错,共梳理342个过错项目、48个过错类别,分6个过错级次,并固化于系统中。系统不仅记录执法结果,而且记录执法轨迹,实行人机结合的考核和责任追究。

淮安市国税局的流程梳理和过错分类"反刍"的做法,得到了纳税人、国税总局的认可,现在,不仅流程简化了,办税环节由原来的200个减少到80个,平均办税时间缩短了60%,对纳税户调查、检查次数减少了一半,而且从信息源头上降低了出错、犯错的概率。现在纳税人首次到税务机关办理税务登记时,税务机关能够一次性采集纳税人所有的涉税信息资料近300条,做到一步到位。

这个例子的特点是:
- 结合流程设置监控指标,用量化的数据说话,问题和改进价值都能表述清楚;
- 通过"反刍"提炼了宝贵的知识和经验,再将这些知识和经验及时运用到以后的工作中去。

42 如何做好流程审计

你说:如何通过开展流程审计,提高流程的执行效果?

我说:顾问式审计,关注改进;流程责任人自审与流程管理部外审相结合。

一些企业开展流程审计的做法非常类似于ISO 9000的过程审核。做法如下:

(1)年初就制定好流程审计计划表,主抓核心业务或问题多发流程。要求不让受审核方知晓。

(2)审核时,根据公司制定的流程管理文件,找出流程关键控制点,列出检查要点、审核方法、抽样方法等。

（3）审计过程：主要以书面记录来确认流程是否按文件要求操作。对于业务流程，还会去现场观察，例如标志、仓库管理、工人操作等。

（4）出具审核报告。如不符合，要求受审核方整改。

（5）跟进不符合部分的整改情况。

可以看出流程审计的重点在于符合性测试。从目前一些企业开展流程审计的实践来看，可能会出现以下问题：

- 业务人员觉得自己是被审查、被纠错的对象，于是不配合甚至对立。每次审核的时候，审核人员担心吃闭门羹，担心获得的样本质量不高。
- 业务人员认为审核人员对业务不熟悉。流程审计人员担心被批评教条主义，还很容易被受审核方用深入的业务问题"忽悠"。
- 重复审核时，发现还是那些老问题，审核人员便没有了审核激情。

于是一些企业从名称上动脑筋，认为"流程审计"这个名字不好，这个说法让受审核方觉得太对立，于是用"流程评估"这个比较温和的名词来替代。但如果换汤不换药的话，"流程评估"依然会引发对立。

那么应怎么做呢？我们提倡以改进为目标的"顾问式审计"，具体经验如下：

■ 流程审计发现的问题要有价值，能够引起共鸣

例如，文件版本控制混乱，文件没能及时发放到使用者手上。这个问题的价值含量就太低，无法引起共鸣。如果改成："由于版本控制混乱导致重要的变更得不到执行，导致流程出现了质量或风险问题"，是否会好一些？

通过审计更重要的是提示结果，而不是过程。如果在结果上没有什么问题，例如文件虽然没有做版本控制，但没有导致操作错误，有什么问题呢？说明人家的过程还是有效的。结果是大家容易理解，也容易重视的。

■ 流程审计发现的问题要与业务本质结合起来

例如，审计发现有一部分人违反流程，没有经过完整的签批手续就办理了相关业务。这个问题不显眼，没有关联到业务本质。如果改成："审计发现由于违反流程，产生或者可以产生××风险"，是否会更加深刻？

违反流程固然是不对的，但要进一步将违反流程的严重后果提示出来。因为有些流程本身的设置就是有问题的，如果没有可操作性，违反流程也是合理的。

■ 流程审计发现的问题要与经济效益挂钩

例如,每个公司的合同审核流程都会有一大堆人签字,如果仅仅用符合性审计来看,大家都签字就是符合流程要求的。但如果与经济效益挂钩,合同延期带来的客户声誉与索赔的损失是否与交货期评审不到位有关呢?质量事故带来的外部质量损失是否与合同履约能力评审失误有关呢?

■ 流程审计发现的问题要与管理改进挂钩

不要提一些大而虚的问题,如文化、体系等,也不要提一些无法改进的问题,如公司的设备能力不足等。问题是手段,改进才是目的。如果问题提一大堆,但无法改善,也是没有价值的。所以要求问题要深入,找到根本原因与关键原因。并且,流程审计人员要注意流程审计完成之后一定要向前多走几步,直到推动企业采取行动让企业得到产出为止,从而使流程审计的价值得以真正体现。

要实现以上顾问式审计,企业还会面临另外一个问题,即流程管理部门对业务的了解不足,从而难以在短期的流程审计时间内能够深入挖掘有价值的问题,那么又该如何解决呢?我们建议更多地发挥流程责任人的作用,鼓励流程责任人对流程自检,主要是:

- 流程的完备性自检。某业务流转过程如果需要纳入流程清单,有没有纳入?纳入后有没有对应的流程具体文件?
- 流程的有效性自检。如果已经有了流程文件,这个文件是符合今天企业的要求,还是已经过时了?
- 流程的遵循性自检。如果这个流程符合今天企业的要求,那么有没有得到执行?

流程管理部门可以从政策设计上鼓励流程责任人自检。下例是某企业流程管理部门开展流程审计的原则:

审核收益	远大于	审核成本	高频率检查
审核收益	约等于	审核成本	偶尔抽查
审核收益	远小于	审核成本	不做审核(因为没有回报)

这个例子中,如果某流程自身情况维护得很差,流程管理部门就会下力气去重点检查、批评、公示,流程责任人趋利避害并不划算,不如加强自我维护,那么流程管理部门反而减少了检查频度,只做抽检甚至免检。

这样,流程管理部门也节省了时间和精力,从而投入更多的时间去评估"流程是否有优秀的流程责任人":

- 是不是所有的流程都有流程责任人？
- 是不是明确地定义了责任？
- 流程责任人是否基于流程结果受到评估和激励？
- 流程责任人的权限是否跨越多个职能？他们得到跨越职能的权限了吗？
- 流程责任人是否长期任职？
- 流程责任人是否培养了不断学习的氛围？

当然，这样做不是说流程管理部门完全放弃对业务的介入和评估，而是通过帮助流程责任人进行有效的评估，从而间接达到通过流程审计提升流程执行效果的目的。而流程管理部门则可以集中力量，对一些重点问题进行审计。表8-2定义了某企业流程审计的分类和责任主体。

表 8-2　某企业流程审计分类示例

审计形式	定义	目的	审计范围	频次	审计方式
联合审计	由流程管理部门组织各流程责任人，对流程体系进行的全面系统的审计	全面评估流程体系的完备性、有效性和符合性，发现流程体系存在的问题，明确体系建设优化改进方向和内容	所有流程领域，结合当年战略规划选择重点	每年2—3月	调查问卷 现场访谈 文档/记录检查 穿行测试法 ……
独立审计	由流程责任人根据流程运作特性和频率，结合流程推行需要，独立组织的对所负责流程的审计	检查流程的完备性、执行符合性、流程运作存在的问题，以对流程进行改进，保障流程的执行落地	单个流程	核心流程每年至少1次	现场访谈 文档/记录检查 穿行测试法 现场观察 ……
专项审计	发生重大事项或业务运作频繁出现问题时，由流程管理部门组织的对特定组织和流程进行的审计	查找问题原因，进行流程改进和重大违规处罚	重点的、领导关注的、频繁出现问题的流程	根据需要	现场访谈 文档/记录检查 穿行测试法 现场观察 ……

43　如何进行企业全面的流程成熟度评估

你说：是否有全面的流程成熟度评估，从而帮企业找出流程管理的差距？

我说：成熟度问卷评估例行化，实现量化积累，使企业间可以横向对比，企业内可以纵向对比。

企业在流程管理开展过程中,也会产生以下疑问,即和同行业或者同样规模的其他企业对比,我们的流程管理到底是先进的还是落后的。在项目管理领域有 CMMI 能力成熟度模型,在流程管理领域是否也有类似的标准?

AMT 咨询公司结合迈克尔·哈默提出的"流程管理成熟度模型"(PMMM)以及多年的流程咨询经验,形成了流程成熟度评估体系。该评估体系从流程的设计、流程的执行、流程的管理、人力资源支撑、IT 系统支撑这 5 个维度 25 个客观性问题,对企业的流程管理成熟度进行调研(见图 8-5、表 8-3)。

流程管理成熟度评估框架	评估要点
	• 流程设计 流程的设计要具体和明确,否则执行流程的人就不知道要做些什么,或者应该什么时候做 • 流程执行 执行流程的人,即"执行者",必须具备适当的技能和知识,否则就无法实施流程 • 流程管理 流程必须有一个"负责人",确保流程出成效,也避免项目中途而废。同时,企业必须制定和使用正确的"指标",以评估流程的长期绩效,否则就不能取得希望的结果 • HR 支撑 企业必须协调人力资源系统以支持流程,为实现流程绩效扫除障碍 • IT 支撑 企业必须协调信息技术以支持流程,为实现流程绩效扫除障碍

图 8-5 流程管理成熟度评估框架和要点

表 8-3 流程成熟度评估问卷

序号	评估项目	尚未开展	较大差距	基本一致	一致	持续优化
1	企业的流程设计以优化企业绩效为目标,并考虑到了客户和供应商的流程	①	②	③	④	⑤
2	企业采用了端对端的流程(指某个业务的全程闭环,比如新产品研发上市管理流程是从提出产品概念到上市后业绩评估的整个环节)设计,以提高流程效率	①	②	③	④	⑤
3	在企业设计流程的过程中,各流程所涉及的部门及员工都能参与讨论,最终的描述得到了涉及各方的认可,所有参与者都清楚自身涉及的流程在企业运营中发挥怎样的作用	①	②	③	④	⑤
4	企业的现有业务流程文档完整覆盖了企业的所有业务领域和职能部门	①	②	③	④	⑤

续表

序号	评估项目	尚未开展	较大差距	基本一致	一致	持续优化
5	企业的业务流程文档是纳入一个统一的流程框架的,有清晰的分类分级,能明确体现核心业务和管理侧重	①	②	③	④	⑤
6	企业有正式发布的、统一规范的业务流程文档,并设立了专门的岗位,负责对文档进行统一的维护管理	①	②	③	④	⑤
7	企业有正式发布的流程责任矩阵,明确描述了各业务流程的责任人和参与者	①	②	③	④	⑤
8	企业对所有的员工都进行了流程培训,让他们时刻对自己目前所做的工作处在什么流程和什么环节、发挥什么作用、承担什么职责有清晰的认识	①	②	③	④	⑤
9	企业中的员工都具有流程变革和改进的意识,并能及时提出自己发现的问题及对问题的解决方案建议	①	②	③	④	⑤
10	企业对端到端流程进行了管理 本题对应选项说明： (1)"没有,只研究过公司级别的流程,只有一些局部的跨部门和跨岗位的流程" (2)"已经梳理出在整个公司级别有哪几个贯穿各部门的大流程" (3)"所有经理都清楚地知道这些流程的存在,流程总图得到共识" (4)"一些公司级别的端到端流程有明确的 KPI 和优化指向,并开展了优化" (5)"端到端流程有持续改进机制并能及时开展同业甚至跨业对标,并持续改进"	①	②	③	④	⑤
11	在企业的流程战略制定过程中,所有流程的责任人都参与其中	①	②	③	④	⑤
12	流程的责任人在企业中是参与决策的核心人员之一,对流程所需的资源(人员和预算)有控制权,对支撑流程的 IT 系统和流程改进的方案能施加重大影响	①	②	③	④	⑤
13	流程的责任人有意识地与企业的流程管理部门一起配合,根据企业业务发展状况,不断推动业务流程优化,提升企业运营效率和服务水平	①	②	③	④	⑤
14	流程的责任人在推动流程持续优化时,将流程与企业的战略相配称,并考虑到了从供应商到客户的跨企业流程优化	①	②	③	④	⑤
15	企业设有流程管理部门,该部门及部门内的岗位有明确的职责说明和制度规范	①	②	③	④	⑤
16	企业的流程管理部门能与其他职能部门,特别是流程责任人密切合作,持续高效地对流程的设计、执行、评估进行管理	①	②	③	④	⑤
17	企业现有的业务流程描述与组织结构和岗位职能设计相匹配,员工参与的业务流程节点和在各环节发挥的作用与其所处岗位的职责描述相符合	①	②	③	④	⑤
18	企业对所有流程的运行效率及流程中各环节的执行情况都设置了考核指标和衡量标准,并且得到了流程责任人和参与者的一致认可	①	②	③	④	⑤

续表

序号	评估项目	尚未开展	较大差距	基本一致	一致	持续优化
19	企业对所有流程的运行效率及流程中各环节的执行情况都能实现监控和评估,并把评估结果纳入绩效考核体系	①	②	③	④	⑤
20	企业定期对所有流程的运行效率及流程中各环节的执行情况进行分析,并根据分析结果决定是否需要优化流程或改进绩效考核体系	①	②	③	④	⑤
21	人力资源体系考虑到了业务流程的需求并与企业的需求相适应	①	②	③	④	⑤
22	企业的IT系统规划以业务流程为基础,充分考虑了流程管理的需求,并不断根据实际情况进行优化	①	②	③	④	⑤
23	企业所有流程文档实现了电子化管理	①	②	③	④	⑤
24	企业的业务流程有IT应用系统支撑,流程的运行能在IT系统上实现	①	②	③	④	⑤
25	企业可以通过IT应用系统实时地监控流程运行状况	①	②	③	④	⑤

企业可以参考以上流程成熟度评估模型,建立每年例行化的评估,从而通过历史数据的对比,发现改进点,找出进一步优化的方向。同时,也可以通过AMT咨询数据库的对比,找出和行业标杆客户的差距,实现横向对比。

Chapter Nine

第9章 移动互联时代的流程管理新趋势

阅前思考

随着移动互联时代的来临,企业都开始关注转型、颠覆式创新,我们也不断听到有人提出,流程和管控的时代已经成为过去式!流程管理真的落伍了吗?当企业面临动态经营环境以及云计算、大数据、移动互联等新技术革命时,流程管理将呈现哪些新的变化和趋势,如何通过流程管理产生新的价值?如果以上问题触动你,那么请你从这一章开始阅读。

阅后收获

了解移动互联时代"客户体验、平台化、大数据、快速迭代"等变革关键词和流程管理的关系,掌握流程管理的新特点、新趋势,以及如何通过流程管理帮助企业实现战略转型落地。

44 让流程管理回归客户价值本质

你说:移动互联时代讲创新、颠覆,流程管理要求的规范化、标准化是否已经不适用了?

我说:所有的创新改进莫忘初心,都应回归本质:"为客户创造价值"。

"移动互联时代都在讲转型、颠覆式创新,这和流程管理提到的标准化、规范化理念似乎是相悖的,流程管理是不是已经落伍了,或者仅适用于部分传统企业?"很多流程管理从业者都提出了这个问题,流程管理在企业的推进工作也一再受到挑战和质疑。我们分析其原因,发现很多企业在做流程时更强调管控,一说流程就是谁提交、谁审批、谁决策、谁负责等,流程做得越成熟,规范化、标准化越提升,创新、效率和灵活性越少,久而久之让大家对流程产生了误解,流程成了"官僚"的代名词。

针对这些现象,还是让我们回归流程的本质。在本书第 1 节中我们就提出:流程六要素(输入、活动、活动关系、输出、价值、客户),以终为始,即先从流程的客户是谁、为客户创造哪些价值开始考虑流程的设计,这和移动互联时代强调的"以用户为中心,用户体验至上"的理念是完全一致的(注:企业核心业务价值链所对应的端到端流程客户和企业产品/服务的最终用户在大部分场景下是一致的,因此本部分的讨论不对流程客户和用户做特别的区分)。

移动互联时代的经营环境和消费群体变化,使"以用户为中心"不再仅仅是企业挂在墙上的口号,而必须落实到企业的经营模式和价值链重构上,即从以企业为中心的产销格局真正转变为以用户为中心的全新格局;从规模化生产、大众营销向个性化定制、精准营销转型(见图 9-1)。

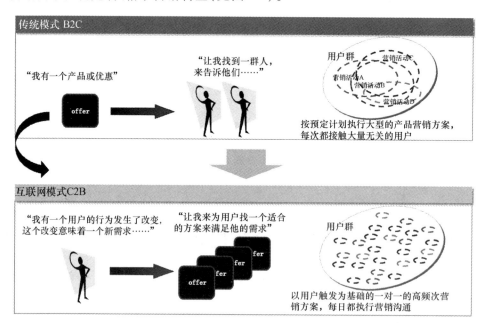

图 9-1 以用户需求为出发点重构企业价值链

这种转型的核心就是从"听命于领导"真正改变为"倾听客户/用户"。海尔、华为、美的、小米等企业不约而同地都在提"扁平化、去中心化",即在组织的设计上要求减少中间层,在流程设计上尽量减少层层审批汇报的非增值环节,实现对客户/用户需求的传递更准确直接,对客户/用户的服务交付更快捷高效。

■ 海尔的组织变革

企业里面的中间层就是一群烤熟的鹅,他们没有什么神经,也不会把市场的情况反映进来。所以去年我们去掉10 000人,变成70 000人,去掉了18%,今年准备再去掉10 000名中层管理者。海尔目前将员工分为多个自主经营体,实行"人单合一",即以用户为中心制定的,让员工成为自主创新的主体。原来企业是串联的流程,研发完了去制造,制造完了去营销,一环一环下来,但不知道最后产品的用户在哪里。现在变成并联的流程,各个节点都在一起面对用户需求。从产品最初设计开始,用户就参与,一直到最后销售结束。用户成为员工的考核结果,也决定他的薪酬。

(摘自海尔CEO张瑞敏的演讲稿)

■ 华为的组织变革

进一步推进组织变革、简化管理、下移管理重心,加大一线授权。公司可以越做越大,但管理不能越来越复杂。严格、有序、简单化的认真管理是实现超越的关键。公司将进一步推进组织变革,下移管理重心,推动机关从管控型向服务支持型转变,加大向一线的授权,让听得见炮火的组织更有责、更有权;让最清楚战场形势的主管指挥作战,从而提高整个组织对机会、挑战的响应速度。同时,我们将加强在一线作战面的流程集成,提升一线端到端的效率,使客户更容易、更简单地与我们做生意。

(摘自华为轮值CEO徐直军的内部讲话)

■ 美的的组织变革

我们以前这种行政的体制,以我为主的体制,要彻底把它改造成以用户为主。我们认为现阶段组织和管理的变革比技术创新和产品创新更加重要。组织改造不了,互联网改造都是空的。所有的组织结构围绕着用户来设计,在这个平台里面,所有人的工作都是平行的,没有层级结构,没有说总监下面还有高级经理,全部都是被打破、打乱的。未来美的所有人的薪酬体系激励都是以用户价值和用户体验这个指标来考核的,而不是以你赚了多少钱、卖了多少东西来考核的。

(摘自美的董事长兼总裁方洪波的演讲稿)

■ 小米的组织架构和用户互动流程

小米的组织架构只有三层,除创始人外,都是工程师;所有工程师,是否按时回复用户是工作考核的重要指标;不管是建议还是吐槽,15分钟内都必须进行回复和解答;工程师通过论坛等参与用户互动,根据反馈快速改进产品(见图9-2和图9-3)。

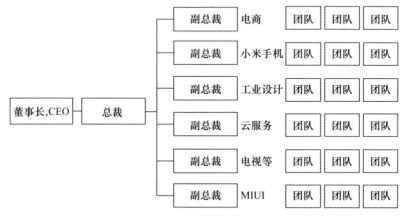

图 9-2　小米的组织架构

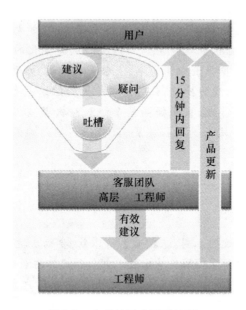

图 9-3　小米的用户互动流程

(摘自 AMT 研究院《小米模式标杆研究》)

第 9 章 移动互联时代的流程管理新趋势

迈克尔·哈默在《超越再造》中提到,以流程为中心的组织形式将传统企业里的职能部门改建为两种机制(见图9-4)。

- 做具体工作的流程小组。在流程小组里,工程、销售、制造和财务人员都有一个共同的目标——为其服务的目标客户创造价值。他们从来不说"财务部的人、工程部的人等",财务仅是某人的专业,而不应成为他所效忠的部门。
- 以提高技术和培养人才为己任的优秀人才中心。优秀人才中心是由企业中具有特殊技能和专业的人员组成的;优秀人才中心是公司内部的专业协会,如以前的工程部门是出工程图纸的地方,而新的优秀人才中心出的是工程师,他们在流程小组里制图和做其他方面的工作。

我们看到,这种以流程为中心的组织,从为客户创造价值开始,进行跨专业领域人力资源链接,将传统的职能部门从管控转变为支持和服务平台。这应该是移动互联时代组织变革的新方向。

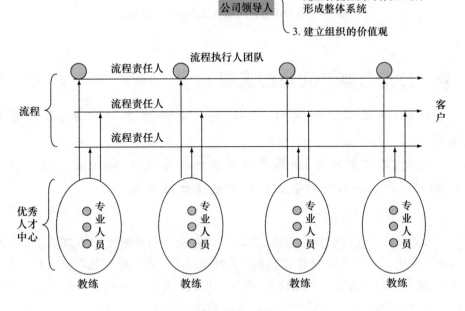

图 9-4　以流程为中心的组织形式

思考一下、行动起来

1. 梳理你的企业的所有流程,使整个流程有清晰的流程客户是谁、为客户创造什么价值的描述。

2. 选择一个流程,参照图9-5进行设计或优化。

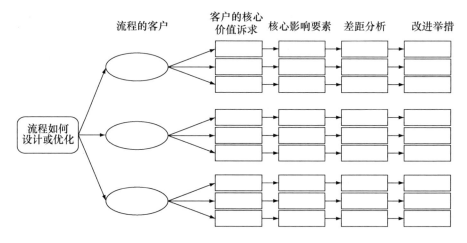

图9-5 以满足客户价值诉求为目标的流程优化

45 打造与客户互动的流程

你说:要为客户创造价值,必须快速洞察客户需求,如何才能做到?

我说:通过全网络、全渠道地与客户建立互动,通过全流程的接触点让客户更多地参与到企业的价值创造过程中来。

移动互联时代的新技术应用,使人们获取信息和发生交互的方式正在发生迅速的变化。移动互联时代提倡的"粉丝员工化、员工粉丝化"等一系列新思维,意味着组织的边界正在模糊化;跨越组织边界的交互互动带来信息需求的及时共享,可有效消除价值链中的信息传递等非增值环节,以及由于信息不对称等造成的资源浪费,为产品快速迭代、提升客户体验提供了基础。

传统的以厂商为中心,是"研发—采购—生产—销售—服务"的封闭的链式管理,只有在最终环节面向用户;而移动互联时代,要快速满足用户需求,最有效的方式是在供应链中全程引入与用户的互动。用户不再是被动地购买产品和接受服务,而是可以通过全流程的接触点更多地参与到企业的价值创造过程中来(见图9-6)。

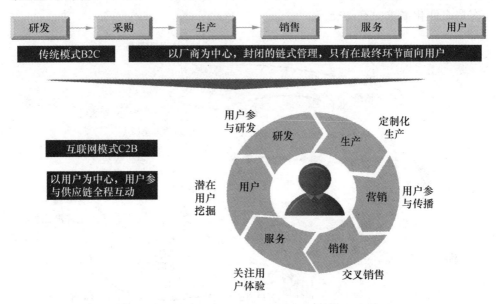

图9-6　从封闭的链式管理到供应链全程用户参与互动

前面提到的小米、海尔等众多面向终端消费者的企业都通过各种用户交流平台建立起与用户的互动,根据用户的建议反馈快速开发/改进产品,实现产品的快速迭代,以及通过用户参与传播,进行社群化、口碑式营销。这种用户互动模式对于工业品制造企业也同样适用,如宝钢的汽车板生产,通过供应商的早期介入系统,建立起与下游汽车厂从研发到量产的各个环节的互动,从而更好地满足客户需求,并使产品和服务能满足汽车厂快节奏的生产需要。

许多组织甚至已经通过一些客户活动完成对其业务流程的彻底改变。例如,很多加油站由司机自己完成加油工作,并通过加油卡自动支付;很多果园让消费者自己采摘,既完成了水果销售,又在产品销售中实现了娱乐体验;宜家让用户自己组装家具,虽然有些人不会装,但更多的人宁愿自己动手,因为这样可以确保该项工作能够在自己想要的时间内、以自己想要的方式完成。我们看到,通过让客户参与到企业流程互动,甚至成为企业流程中的一部分,可以进一步创建一个能够节省企业资源,并创造更高客户满意度的环境。

如何建立和客户互动的流程?移动互联网的发展,为企业随时随地、全网络、全渠道地与客户进行互动提供了条件(见图9-7)。企业首先必须全面地研究客户的行为习惯,识别所有可能的互动接触点;其次,在这种全网接触客户的过程中,必须建立统一的客户信息平台,打通每个接触点的信息共享,从而使线上线下,在每个接触点都能够有效地识别客户,并提供基于历史交互信息的针对客户个性化需求的互动交流。

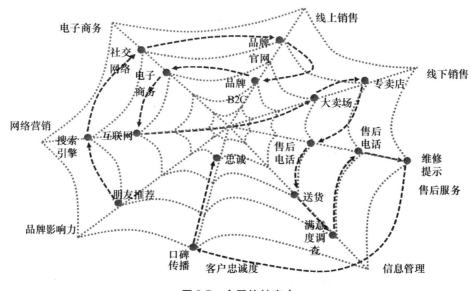

图9-7 全网接触客户

对企业来说,每一次互动都是打动客户的机会,但也会存在让客户觉得烦恼的潜在危险。因此,每一次互动都需要在流程上详细定义,并进行有效的测量评估。我们看到很多企业尝试使用某种类型的CRM软件或者自动应答系统,通过邮件、网站或是智能手机与客户沟通。如果电子产品能够流畅、有效地使用,并且具有易于理解的界面和持续可用性,那么不仅能够节约资源,还能够有效地提升客户满意度。但如果整个互动过程缺乏充分的客户需求调研,可能会使整个互动更加混乱。如我们在和某客服系统交流时,发现自动应答系统给出的选择没有一种可以应对当前的处境,这是一件非常让人抓狂的事情。在线的自动化系统需要进行更多的测试,从而确保系统使你与客户的交互过程变得愉快。

移动互联时代,企业的成功已经不在于每一次交易的成功,更重要的是,是否与每一个客户建立了充分的黏性。所以每一次交互对提升客户忠诚度都至关重要。企业需要回归主题,好好想想它们希望如何与客户进行互动,然后利用最新的技术和工具,显著改善客户体验。

思考一下、行动起来

图9-8显示了一个客户的购买行为以及与企业的交互过程,思考一下这个流程如何进行优化?

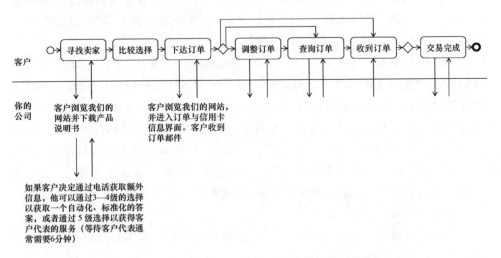

图9-8　一个特定的客户流程的问题与机遇分析

在这种情况下,我们需要定义每一次互动的衡量标准:初始呼叫请求服务的效率如何?该组织的服务请求响应有多快?这种响应是否恰当?客户需要再打电话吗?业务员在电话中是否友好?所做出的解释对客户来说是否合理?当客户提出要求后,服务提供给客户的时间需要多久?是否对服务设立要求?客户对此流程的满意程度如何测量?等等。如果你的企业对客户体验极其重视的话,所有这些事情都可以进行评估,也是必须进行评估的。

46　极致的客户体验,如何通过流程进行管理

你说:客户体验听起来是一个挺抽象的词,如何能够进行有效管理,实现"极致的客户体验"的目标?

我说:建立从客户体验测量指标定义—客户互动流程落实—承诺机制/考核机制的闭环管理,让客户体验不再只是理念。

"极致的客户体验"是移动互联时代大家谈论得最多的话题。然而,如何才

能做到极致的客户体验,大部分企业都还停留在理念和口号上。客户体验怎么听起来都是一个抽象的名词,如何建立一套系统的客户体验管理体系?

■ 客户体验与客户体验管理

客户体验是一种纯主观的在用户使用产品过程中建立起来的感受。现代服务理论研究表明,客户体验有三个主要的来源:整体品牌形象、产品及服务本身的特质以及与企业的交互和接触的过程。

客户体验管理(Customer Experience Management,CEM)是近年兴起的一种崭新的客户管理方法和技术。根据伯尔尼·H.施密特(Bernd H. Schmitt)在《客户体验管理》一书中的定义,客户体验管理是"战略性地管理客户对产品或公司全面体验的过程"。它以提高客户整体体验为出发点,注重与客户的每一次接触,通过协调整合售前、售中和售后等各个阶段,各种客户接触点或接触渠道,有目的地、无缝隙地为客户传递目标信息,创造匹配品牌承诺的正面感觉,以实现良性互动,进而创造差异化的客户体验,实现客户的忠诚,强化感知价值,从而增加企业收入与资产价值。

客户体验管理框架则是用于全方位指导客户体验管理实施过程的流程和策略的集合(见图9-9)。

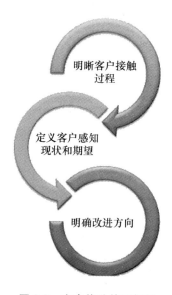

图9-9 客户体验管理框架

(1)明晰客户接触过程。通过梳理客户接触过程,一方面实现对客户从最初接触企业信息到最终持续使用公司产品或弃用公司产品的全过程的把握,另一方面通过梳理客户接触过程来找出这个过程中的各个关键客户接触点,也就是给客户带来感知的交互场景。

(2) 定义客户感知现状和期望。在理清接触过程后,需要通过客户访谈和调研等方法明确客户感知内容,了解客户感知现状和期望。可通过分析客户对竞争对手和行业领先企业的感知状况来定义客户最低感知期望。

(3) 明确改进方向。改进方向的明确首先需要区分各个感知点对客户影响的重要度,这可通过前面所述的客户调查一并进行,然后综合评估客户期望、企业能力、ROI(投资回报),围绕重要感知进行体验设计(如我们能够为客户提供怎样的最佳体验等),并结合感知现状进一步明确未来体验改进的方向和目标,制定改进策略(包括提升哪些感知点、提升目标、关键举措等)。

■ 客户体验管理的落地——客户旅程图

接下来我们以汽车租赁服务为例,利用客户旅程图来简单阐述做好客户体验管理的具体流程:

(1) 画出初始的客户旅程图。在画初始客户旅程图的过程中要注意两点:"以客户为中心"和"抓大放小"。这是因为客户旅程图的分析完完全全是从客户的角度进行,采用的方法是市场调研,了解客户的真正需求,简单的内部访谈和分析绝对无法推广到真实的客户身上。客户旅程图关注客户从最初访问到目标达成的全过程,不能仅仅关注某一个细节。

以汽车租赁为例,对于单个客户来说,整条路径就是客户提交租赁申请—申请被及时地接收和审核通过—在租赁期内出现任何问题能够有诉求的渠道—租赁期届满还车。但对于企业来说,整条路径是一个端到端的循环,因为企业不是服务于单个客户,或者为同一个客户不止服务一次,企业的客户体验管理是一个不断改进、不断完善的过程(见图9-10)。

(2) 识别图中的关键客户接触点。关键客户接触点也是赢得客户的关键时刻,因为与客户接触的点也是传递客户价值的点,这些点可能是直接接触点,也可能是间接接触点。同样以汽车租赁服务为例,客户网上提交租赁申请时,操作界面的设计、申请过程的难易、申请被审查通过的时长等都会影响向客户传递的价值、影响客户体验。

(3) 定义各接触点的客户体验的测量指标。之前的客户体验都是定性的描述,接下来就要进行定量的测量,也就是定义各个接触点的客户体验测量指标。正如前面讲到的,客户体验更多的是客户在使用产品或接受服务过程中的主观感受,是无法直接测量的,这里是通过能够影响客户体验的其他变量来间接测量

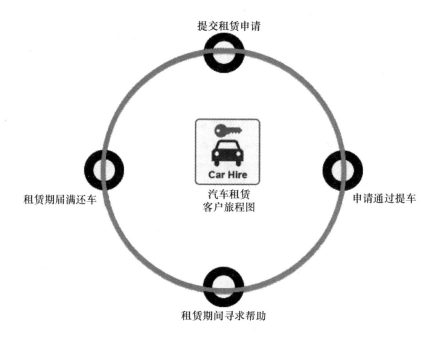

图 9-10 初始客户旅程图——以汽车租赁服务为例

客户体验。

例如在第(2)步讲到的租赁申请从提交到审核通过所需要的时间会影响到客户体验,时间长度是可以被定量测量的,所以间接的客户体验也是可以被定量测量的。

(4)了解客户体验现状和期望。客户体验被间接地测量后,企业就可以了解到目前客户期望被满足的程度,以及根据外部市场环境和行业内竞争对手的做法,结合企业自身的能力,明确未来需要改进的方向和目标。

这里的期望包括两类。一类是客户期望,是企业应该满足的最低标准,因为一旦客户体验低于客户期望,客户就是不满意的;另一类是行业标杆,是企业要尽力达到的标准,因为企业想在行业中长期立足,就要不断缩小与行业领先者之间的差距。同时,目标的设立应该是公开透明的,并要让员工,特别是要与客户接触的员工参与到目标设立的过程中,以达成对目标的共识。

(5)明确各项改进策略的主要负责人。客户体验管理最终要落实到个人,需要建立起客户服务的流程和承诺体系、动态监控体系和考核机制。将改进举措的责任具体到流程上的每个岗位;为避免流于形式主义,要定期收集客户反馈,把握客户体验状况,推动服务承诺体系持续优化,不断提升客户体验。

以汽车租赁服务为例的客户体验管理的整个过程,如表 9-1 所示。

表 9-1　客户体验管理过程——以汽车租赁服务为例

初始客户路径图	关键客户接触点	PMI	标杆	负责人
• 提交租赁申请 • "我需要一辆车"	• 提交申请 • 申请审查	• 申请时长 • 审查通过率	• 90%的申请在两天内完成 • 98%	
• 申请通过,提车				
• 后续支持 • 一旦租赁期内出现问题,怎么解决	• 客户投诉 • 客户回访 • 车辆维修	• 响应速度 • 每月回访客户数 • 故障率	• 95%的客户投诉在90分钟内做出响应 • ≥27 • ≤3%	
• 租赁期届满,还车				

　　AMT顾问在帮助某企业推动以"客户为中心"的运营变革时,就充分运用到客户体验管理的理念和工具,在企业内部推动基于客户感知的前后台服务承诺机制建设。一是打通前后台,实现客户需求的对内传递和对外业务服务支持的顺畅无阻碍实现;二是服务承诺,要求每个环节提供标准化且有质量的服务内容,确保最终结果满足客户体验要求。通过机制和理念上的转变来实现客户感知的对内"无阻碍"传递和业务部门对客户需求的"无延迟"响应,让客户需求成为企业运营的牵引力,实现"以客户为中心"理念的落地践行。(详见附录Ⅰ中的案例一"如何推动'以客户为中心'的运营变革")

思考一下、行动起来

　　阅读附录Ⅰ中的案例一,选择一个你所在企业的客户服务流程,进行客户体验指标的定义,并思考如何通过流程的优化,提升客户体验?

47 "互联网+"转型落地,始于流程的顶层设计

　　你说:我们企业目前在研究如何进行"互联网+"转型,这和流程管理工作有什么关系?

　　我说:流程框架,上承战略,下接落地。"互联网+"转型落地,始于流程框架的顶层设计。

　　流程是企业战略落地的重要抓手,企业的战略只有落实到流程上才能变得

可执行。企业的战略转型方向明确后，必须进一步落实到企业的业务模式（即一级流程框架）上，通过流程框架的顶层设计，使得新的业务模式清晰化，并经过管理团队的充分研讨论证，取得共识，是战略转型得以落地的基础。

企业的"互联网＋"转型，之所以对传统企业带来很大的挑战和冲击，是因为这种转型已经不同于以往的持续改进式的流程优化，而是需要结合大（大数据）云（云计算）物（物联网）移（移动互联网）等新技术，以及互联网经营新思维，对企业的传统业务价值链进行根本性的再思考和再设计。

我们简单归纳了以下"互联网＋"转型的模式：

第一种是"以用户为核心"的内部组织和供应链流程重构，即从传统的以厂商为核心的 B2C 模式，转变为以用户个性化需求为中心的 C2B 模式，并建立供应链全程用户参与互动（见第 44 节"让流程管理回归客户价值本质"和第 45 节"打造与客户互动的流程"）。

第二种是对原有价值链的延伸，更紧密地整合产业链上下游，减少交易环节降低多方成本，或者制造业服务化转型以向用户提供更多增值服务等。例如，米其林公司通过在轮胎上安装传感器，并运用大数据分析技术从而可以为司机提供驾驶方法的改进建议和培训，帮助其降低油耗。

第三种是从整个行业的格局来考虑产业链的重构，以及通过跨界将相关联资源间建立链接，打造新的平台生态圈。如滴滴打车，首先是整合各出租车公司的调度系统，建立行业化的新平台，继而进一步整合专车等资源，彻底改造了原有的生态系统。

■ 制造业服务化转型

在《国务院关于积极推进"互联网＋"行动的指导意见》中提出：

鼓励企业利用物联网、云计算、大数据等技术，整合产品全生命周期数据，形成面向生产组织全过程的决策服务信息，为产品优化升级提供数据支撑。鼓励企业基于互联网开展故障预警、远程维护、质量诊断、远程过程优化等在线增值服务，拓展产品价值空间，实现从制造向"制造＋服务"的转型升级。

制造业服务化的理念提出得较早，如早期很多企业从提供产品到提供解决方案的转型。而随着物联网、云计算和大数据等技术的发展，制造业服务化转型呈现出新的智能化特点：一方面，基于物联网和云计算实现远程、在线、实时监控和预警；另一方面，通过大数据挖掘分析，更好地识别用户个性化需求以及提供更有针对性的服务。如某设备制造企业，以前是设备销售＋售后维保服务，现在通过物联网和云计算，可以持续监控设备的运行情况，并通过在线监测及故障预警诊断系统,全天 24 小时为用户提供在线技术支持,大大降低了用户的维护检修成本。这种服务化转型,通过销售和服务流程再造,使服务从传统的、被动的售后服务,转变为围绕产品全生命周期的后市场服务,为用户带来更好的体验,同时通过服务的附加值提高,为企业带来新的利润增长点。

案例　某能源企业制造业服务化转型

能源产品销售已处于竞争的"红海",众多企业、众多大路货产品均集中于市场上进行"大出血"式的降价竞争,竞争激烈必然导致利润的降低。因此,A 能源企业选择将自己的利润点从趋于饱和的能源产品提供市场转至基本无人问津的节能服务提供市场。

这样的转型对于领导层,意味着将承担巨大的风险,同时肯定会受到来自市场等多方面重重的阻力和挑战。对于这样一种新的合作方式,绝大多数客户是从来没有尝试过的,这种合作方式能否为客户带来收益是个未知数,并且,客户的企业规模越大,这种抵触心理越明显。他们比较守旧,寻求的是一个能够带来稳定收益而且短期内就能有成效的合作方式,甚至有些客户认为自己没必要接受这种节能服务,因为新的技术投入对他们来说相当于一笔风险投资。要使得客户认可这种合作方式,肯定需要拿出一些成功的案例让他们信服,那么如何找到第一批合作伙伴呢?

第一步,A 企业选择了小型企业,因为小型企业相对而言有更强的包容性和创新性。A 企业与许许多多的小企业合作,通过多个实验点的建立,汲取成功的经验,总结失败的教训,为后来走向更加专业的服务和与更加大型的公司合作奠定基础。

第二步,A 企业开始致力于研究自己的服务内容和方式。对于什么样的节能服务才能赢得客户的认可,A 企业经历了漫长的摸索过程。盈利方式的改变就意味着产品服务模式的改变,A 企业认为随着时代的发展,生产变得不再像当时那样一成不变了,个性化需求和精细工业的诞生,能够人为调控的控制器在未来的生产生活中必定成为主流。于是,A 企业以家庭集成控制器为入手点,给客户提供能源使用指南,双方建立起更深、更长期的合作关系,并且取得了成功。

第三步,A 企业开始思考如何才能为客户提供更加个性化的服务。他们将视角定在了 IT 大数据上,对于每个客户,每年采集 1GB 的数据(来源于客户日常使用的记录),通过对这些数据分析得出客户的使用习惯,然后制定相应的节能优化等服务策略。

有了产品和理念的确立,最后一步就是服务模式的创新了,经过多方面的思考,A企业创造了"硬件设备提供+能源使用规划和优化"的全新服务模式,不仅提供节能产品,也提供节能方案;不仅提供软件支持,也提供硬件支持,并通过服务流程的全面优化进一步落地。

选择小型企业客户为突破口—服务产品定义—基于大数据提供更有针对性的客户个性化服务—服务模式的全面创新,A企业为我们展现了一个稳健的制造业服务化的成功转型经验。

平台化生态圈打造

平台化生态圈的核心是通过网络化的公共服务平台,实现产业链资源的重新整合或者产业链的重构,消除由于信息不对称造成的资源浪费和效率低下,以及通过资源的共享形成网络规模效应。

图9-11显示了AMT帮助某出版集团做的业务模式的创新和流程变革。传统出版流程,责编全程跟进,从产品规划、选题到发行经历20多个环节,一个作品的最短出版周期为半年。在互联网模式下,该出版集团通过打造数字化平台,吸引大量作者涌入,作者自行发布,在数字化平台上百花齐放,从而吸引更多的读者进入,形成一个效益倍增的平台生态圈。

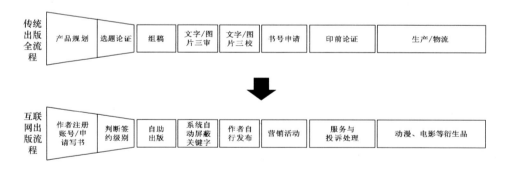

图9-11 传统出版流程的平台化再造

不管是致力于成为平台型的企业,还是想要通过与平台型的企业合作找到更多机会的企业,都需要认真考虑如何建立有效的运作机制和横向协同的流程,从而促进合作联盟,实现流畅的产业链运作和价值交付。

思考一下、行动起来

作为企业的流程管理工作者，当企业高层提出新的战略转型方向时，请用流程框架图对新的业务模式进行清晰的描述和呈现，并推动企业管理团队就新的业务模式研讨达成共识。

48　流程管理与大数据

你说：大数据和流程有什么关系？

我说：大数据的洞察能力，来自流程设计。

大数据是移动互联时代一个非常流行的词，但大数据不是人们追求的目的，人们真正需要的其实是通过大数据带来的决策支持和行动改进。打个比方，数据如同食材，但人们真正需要的是一盘可口的饭菜。虽然冰箱里储存的食材已经琳琅满目，但对于一个不善厨艺的人来说，可能面临不知道该加工哪些菜品的情况；或者当想要做一个菜的时候，发现所需的食材还差一样。所以最有效的方式是先确定需要做什么菜，然后再确定如何做食材的选择和采购。同理，如何让大数据真正发挥作用，首先要了解在企业的业务活动中有什么样的决策分析需要，而对应的决策分析需要哪些数据，接下来再考虑这些数据应该在哪些环节被采集。

大数据的来源是多样的，企业可以从外部获取，如行业的、宏观的数据，相关媒体、网站的数据；可以异业联盟，如卖母婴用品的企业可以向卖孕妇装的企业获取客户信息……然而对于企业来说，最重要的一类大数据是对于用户行为和个性化需求的洞察，只有深度洞悉用户的偏好和行动习惯，才有可能实现以用户为中心的个性化定制和精准营销。这一类大数据的采集最直接有效的方式，就是结合企业与客户/用户的互动流程。

哈默流程管理的九大原则中提到的"从信息来源地一次性地获取信息"依然适用，即最有效的数据采集方式是在流程上的活动发生的时候，所需要采集的数据可以及时地被储存下来，以备不同部门不同的人进行分析时所用。比如，我们以前通过购买环节的POS机知道了什么样的客户在什么时间买了什么衣服，但现在我们想要知道他们为什么不买某件衣服，可以通过在顾客试衣环节的数据采集，来分析是什么原因导致顾客放弃了购买。

所以在流程设计优化的时候,就要多一个考虑因素,即面向未来决策支持需要,哪些数据应如何被采集和存储。让数据采集工作不要变成一个业务流程外额外附加的工作,而是流程环节上一个自动化的过程,这也是解决很多企业基于数据的决策支持和经营分析工作推行阻碍的一个有效方法。

图9-12显示了一个企业在展会中的流程和数据管理设计。展会作为企业和客户互动、提升客户体验最重要的一个渠道,传统的展会管理最终沉淀下来的可能只有参会人员名录。然而通过结合流程的数据采集设计,我们看到用户注册的详细信息、用户预约和到达的时间、用户的兴趣点、用户的参观路径、用户的参观体验和评论等第一手信息都得以有效沉淀,这些数据为企业做好展会管理,如人流引导,以及后续的企划、传播都提供了良好的决策分析基础。同时,通过客户的充分参与,也提升了展会的客户体验。当然,要保证整个流程运行达到预期效果,便利的电子化交互工具(二维码、官网、微信、APP)与激励机制也是必不可少的。

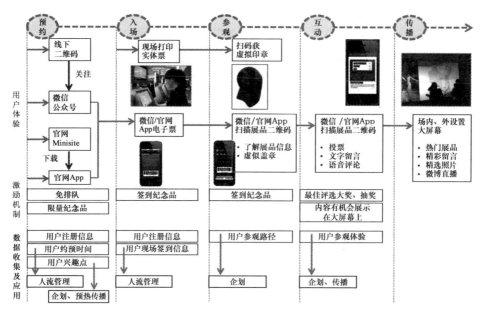

图9-12 展会中的流程和数据管理设计

当企业有了内外部的数据基础后,就可以实现基于大数据的流程自适应优化,即通过在流程决策分析环节引入大数据分析支持,有效地提升流程的运行效率和质量。

图9-13显示了某海关如何通过大数据分析优化海关查验流程。原有的模式是靠人工或者行政命令形成布控指令表进行海关进出口货物的抽检。在引入

大数据分析环节后,通过各种外部数据和内部历史数据,有效识别高风险货物特征,形成基于大数据分析结果的布控指令表以指导进出口货物的查验,有效提高了查获率。

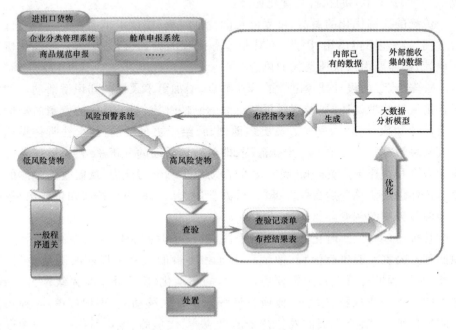

图 9-13　海关通过大数据分析优化海关查验流程

思考一下、行动起来

选择一个企业与客户的互动流程,分析在这个流程中可以采集哪些数据?如何实现有效采集?这些采集的数据可用于哪些分析场景和哪些流程活动的优化?

49　如何实现快速迭代、更具柔性的流程管理

你说：流程管理如何应对互联网时代的快速变化?
我说：快速迭代,更具柔性的流程管理。

全球化的动态经营环境、新技术带来的商业革命,使一切都在快速地发生着

改变。按照达尔文的理论:"那些能够生存下来的并不是最聪明和最有智慧的,而是那些最善于应变的。"因此对于企业管理者来说,成功没有可以完全照搬的经验,只有保持开放的心态,不断行动反思和获取新的认知。小步快跑,从而形成一个"快速迭代"的执行与优化循环。

传统的流程优化的做法,反复漫长的论证过程,层层审批会签的流程文件生效过程等已经不再适用,因此,不管是业务流程的设计,还是流程持续优化机制的设计,都需要引入快速迭代的思想。

首先,流程的设计减少刚性的管控节点,增加更多柔性的知识型活动。如对于营销活动管理,只需要做到对预算总额的刚性管控,对于具体的营销活动创意方案设计和执行,鼓励一线人员更多地创新,给予更灵活的授权,让听得见炮声的人来决策;同时,要增加一个新流程,即对营销活动的分析总结,对最佳营销方案的识别和快速推广,提升一线人员的行动反思和学习能力,从而改善整体的绩效。这样也促使总部后台职能部门、后方管理人员从权力管控向知识输出/教练指导的服务职能转变。

其次,移动化、实时化的 IT 技术手段,打破了时间和区域的限制,使我们无须回到办公室就能执行流程,使信息沟通和决策的过程可以随时随地地发生。因此,在流程的运行支持上需要引入更多的移动化、实时化管理系统或者工具。如美的提出企业前移,未来企业所有流程运作都在移动端,小到报销,大到几亿元的项目审批,所有跟美的发生往来的供应商、代理商、零售商都在移动端进行交互(摘自美的董事长兼总裁方洪波的讲话稿"组织改造不了,互联网改造都是空的")。越来越多的企业引入或者使用移动版的管理信息系统或者工具,比如通过微信请求指示、接收指派任务、分享信息、寻求资源协助等;再如通过在线会议系统和各类即时通信工具及时地沟通决策等。

再次,使流程持续优化管理常态化,如同我们在序"流程管理的十年演进"中提到的"当变化成为常态,变革成了一种能力,需要常态化、立体化、集成化、流程化"。因此,在流程持续优化机制设计上需要重点考虑以下几个方面:

(1) 在组织保障上,建立常设的变革管理办公室,实现以流程为主线的管理体系集成和综合改进,保证对战略和业务变化的快速响应;

(2) 在治理机制上,基于企业动态经营新思维,建立快速迭代的流程持续优化机制,即提高对环境变化、改进建议的快速识别和响应,缩短对流程回顾优化的周期;

(3) 在变革能力上,行动式学习能力成为重要的能力,因此需要流程管理者掌握行动式学习的群策群力、团队学习和思考工具,行动、认知、反思、再行动。

最后，要注意的是，移动互联时代，流程管理工作者的工作重心，不应再是完成流程文件的规范梳理，使流程漂亮地呈现在书面文件里，而是切实推动以客户为中心的流程意识、面向流程的协同方法贯彻落实在员工的行为中，形成面向流程整体目标的有序分工和协作，让改变发生！

思考一下、行动起来

阅读参考以下案例，思考你所在企业的流程管理治理机制可以做哪些优化？

案例 京东的流程管理治理机制

（1）组织保障：成立改善委员会。

（2）流程管理及持续改善部门：运营部——精细化管理部。

（3）改善建议采集：改善委员会设有秘书，这个秘书会主动到现场和很多人沟通，因为很多一线员工未必有时间或者能够准确地把问题描述清楚，秘书可以帮助他们把意见和想法提炼出来。

（4）持续改善机制：以半年为周期，召开头脑风暴会，群策群力，筛选改善项目，并且每周通报各项目的进度。

（5）流程文件更新机制：流程制度文件表头有一个制定日期，还有一个制度回顾日期，一般不超过半年，确保制度的及时更新。

（6）激励机制：公司有激励政策，鼓励改善。

（7）创新文化塑造：办公场所有两个看板，一个是本体系改善项目介绍，另一个是集团获奖改善项目介绍。

（8）企业文化大于流程：一线管理人员认为企业文化起到非常重要的作用，是企业文化让他们有了更大的格局观，大家自觉地去一起解决问题、一起配合，因为我做不好，或者别人做不好，最后都是这个体系做不好，就是京东做不好。

（9）区域交流：好的经验传播复制。

（10）流程架构：强调流程组件化、敏捷、接口打通、IT集成。

Appendix One
附录Ⅰ 流程管理的实践案例

案例一 如何推动"以客户为中心"的运营变革?

如何满足新时期的客户需求,实现对客户需求服务的快速响应,切实提升客户感知和体验?H运营商以客户感知和体验指标量化管理为入口,以内部服务流程和承诺体系为支撑,构建前后台联动机制,使"以客户为中心"的理念得以真正落地践行……

运营商的主导地位在移动互联时代被迅速弱化,在激烈的市场竞争中,运营商面临着来自内外部的多重压力和挑战。从外部来看,OTT业务的快速发展,运营商自有业务在应用市场中竞争乏力,运营商管道化趋势日益明显。与此同时,快速增长的移动应用、竞争加剧带来的客户意识觉醒,使得市场对运营商的网络承载和服务能力都提出了更高的要求。从内部来看,外部市场变化带来业务结构的巨大变化,内部创新和机制灵活性上的欠缺造成响应速度和多变市场的不匹配,现有服务难以满足新时期的客户需求。

与AMT长期保持合作关系的H公司是中国移动集团旗下名列前茅的地市级分公司,为适应多变的市场环境,多年来持续推进管理变革,在优化内部运营管理机制、提高市场响应速度和服务能力等方面进行了诸多富有成效的探索。近年来,面对外部市场增长放缓、内部运营支持不足等多方面的问题,H公司从组织结构、资源配置、运营支持体系等多个方面进行积极调整,期望通过更加高效的运营、积极的客户服务来提高客户满意度和忠诚度,从而保持在新市场环境下的竞争优势。

在长期的理论和实践探索中，H公司意识到要有效牵引和统筹公司运营提升，切实提高产品和服务质量，需要为企业整体运营变革构建有力抓手，把控公司变革方向，同时推动企业经营意识实现由关注内部到关注外部、关注局部到关注整体、关注产品到关注市场的转变。基于客户感知的前后台服务承诺机制建设就是为了打造这只掌控企业变革的抓手，通过机制和理念上的转变来实现客户感知的对内"无阻碍"传递和业务部门对客户需求的"无延迟"响应，让客户需求成为企业运营的牵引力，实现"以客户为中心"理念的落地践行。服务承诺体系搭建工作的核心是解答两个关键性问题：

(1) 如何进行客户感知管理，实现对客户感知的准确识别和评估，从而明确运营改进方向？

(2) 如何构建前后台联动的动态响应机制，持续改进服务，提升客户感知？

■ 落实客户体验管理，听取客户声音

要实现客户满意度和忠诚度的提升，首先需要积极听取客户声音，掌握服务现状和客户的真实需求，把客户体验当成重要的管理对象进行维护。客户体验管理近年来在客户管理理论研究和企业管理实践中受到越来越多的重视，越来越多的企业认识到提供全过程的优越客户体验是获取客户忠诚和市场竞争优势的重要法宝。客户体验管理的核心在于明晰客户接触过程，定义客户感知状况和期望，并明确改进方向。

首先，明晰客户接触过程。通过梳理客户接触过程，一方面实现对客户从最初接触企业信息到最终持续使用公司产品或弃用公司产品的全过程的把握，另一方面通过梳理客户接触过程找出这个过程中的各个关键客户接触点，也就是给客户带来感知的交互场景。其次，定义客户感知状况和期望。现代服务理论研究表明，客户感知有三个主要的来源：整体品牌形象、产品和服务本身的特质以及与企业的交互和接触的过程。其中，整体品牌形象感知在一段时间的品牌接触的基础上累积而来，产品和服务本身的特质感知在接受服务和使用产品的过程中形成，交互过程感知在每一次接触中积累而成。在理清接触过程后，需要通过客户访谈和调研等方法明确客户感知内容，了解客户感知现状和期望。可通过分析客户对竞争对手和行业领先企业的感知状况来定义客户最低期望。最后，明确改进方向。改进方向的明确，首先要区分各个感知点对客户影响的重要程度，这可以通过前面所述的客户调查一并进行；而后综合评估客户期望、企业能力、ROI（投资回报），围绕重要感知进行体验设计（我们能够为客户提供怎样

的最佳体验),并结合感知现状进一步明确未来体验改进的方向和目标,制定改进策略(包括提升哪些感知点、提升目标、关键举措等)。

结合自身业务特点,H公司首先对客户接触要素进行了细分,将产品和服务本身的特质方面进一步划分为网络、产品和终端三个要素,交互过程则主要围绕各类渠道。在这个基础上对不同业务类别的客户接触过程进行梳理,并找出其中主要的接触点。通过客户满意度和投诉分析、前台员工的访谈研讨等方式,最终在各个产品接触点上梳理出超过90项具体客户感知,并结合公司当前业务重点和客户投诉情况进一步明确其中约30项感知作为目前重点关注的短板感知点。在明确感知现状的基础上对各感知点未来提升工作进行了规划和安排,通过服务承诺的对接,将感知提升落实到具体业务科室的工作中。

■ 开展服务承诺,构建前后台联动机制

明确改进方向和改进策略后,下一步需要通过有效的机制建设确保改进方案的有效制定和落实,达成客户体验目标。而从长期来看,还需要通过有效的机制设置实现客户体验持续优化,让提供优越的用户体验成为员工的自然行为。

H公司通过建立前后台服务承诺体系来实现客户体验需求的高效响应。已有分析表明,仅仅依靠前台服务单元只能解决少部分的服务问题,而大部分的服务问题根源在于后台支撑的不足。因此要真正提升服务水平,不断强化前台服务是不够的,还要有强大的后台支持机构,并实现前后台高效顺畅的协同联动。前后台服务承诺体系旨在解决这一问题,它有两个关键作用:一是打通前后台,实现客户需求的对内传递和对外业务服务支持的顺畅无阻碍实现;二是服务承诺,要求每个环节提供标准化而有质量的服务内容,确保最终结果满足客户体验要求。

服务承诺体系由三个核心部分组成:承诺体系、动态监控体系和以考核机制为核心的支撑体系。

在承诺体系中,我们针对每个提升感知点(根据感知改进策略)制定层级型的承诺内容并将其体系化(见附录图1)。其中,一级承诺是对客户感知目标的最终回应。如果下单后两天到货是我们在配送服务上能提供的最佳体验,那这里一级承诺就应该是送货时间不超过两天。承诺内容可能是量化指标,也可能是一些标准和规范。下一级的承诺内容(二级、三级承诺)是上一级承诺的分解和支撑。例如,如果要实现送货时间不超过两天的一级承诺,那么可能需要制定的二级承诺内容包括:录单时间不超过2小时,发货等待时间不超过4小时,物

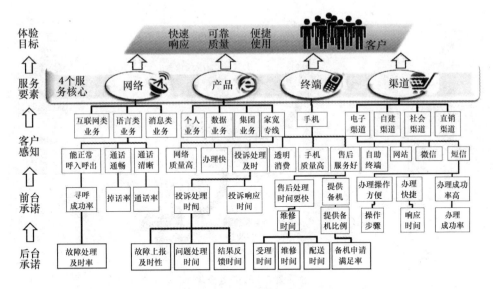

附录图 1　服务承诺体系示意

流时间不超过 1.5 天,等等。承诺内容最终将落到具体科室和责任岗位上,因此服务承诺体系的制定需要前后台所有相关部门和人员共同参与研讨,并就承诺内容达成一致,实现责任落实。通过制定合理的客户体验目标,构建承诺机制,并严格落实承诺标准能有效提升客户服务效果。H 公司通过服务承诺机制建设在多个业务领域实现了服务改进。例如,通过优化个人业务办理过程及标准,个人业务办理时间基本控制在 3 分钟之内,每月累计为客户节约长达 25 万分钟的办理时间。通过优化客户更换手机流程并规范过程标准,初步预计客户换机等待时间将缩短 60% 以上。

承诺体系的搭建以最终满足客户体验要求为目标,但是静态的承诺体系存在两个明显的问题:一是对各个环节的承诺执行情况监控困难,当问题最终出现时要找出原因并不容易,推诿责任的情况很容易出现;二是静态的承诺标准难以满足动态的内外部环境变化的要求。因此需要借助 IT 手段建立承诺监控体系(见附录图 2),帮助跟踪和监控承诺执行情况,推动承诺体系动态运行。承诺监控体系有两个最核心的功能:一是记录服务承诺执行情况,实现服务承诺执行监控和预警;二是通过定期收集客户反馈,把握客户感知状况,推动服务承诺体系持续优化。

服务承诺考核的推行能实现服务责任的切实落地。尽管企业推行新的考核制度通常会遇到很多实际问题和困难,但是只有把服务责任纳入考核才能真正

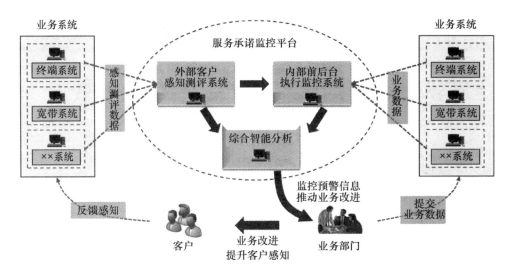

附录图 2 服务监控体系

把"以客户为中心"的理念落实到员工的具体工作中去。在推动服务承诺考核过程中,需要先从易量化、易取数、运行成熟的承诺内容入手,采用循序渐进、逐步展开的策略,并且与现有考核体系进行充分融合,在深入分析现有考核内容的基础上,通过转换、聚焦等方式融入服务考核内容,实现平稳过渡和融合。

案例二 "智慧社区"引领政府公共服务新方向

党的十八大又一次明确了党的"群众路线"是党的一切行动的根本路线。十八届三中全会,进一步提出"创新社会治理、提供均等化社会服务"的具体任务,即从治理的视角,从公民的实际需求出发,对原有组织结构、服务流程进行重组和创新,实现流畅的政府内部衔接和协调,提供更为丰富、高效的服务项目,从管理型政府逐步过渡到服务型政府。作为上海"智慧社区"试点单位,长白街道联合 AMT,共同探索公共服务型智慧社区应用,打造了一站式综合的民生服务平台。

上海的民生服务热线密如渔网,社区的公共服务、民生服务项目众多,但对特定社区的居民来说,针对具体的日常需求,经常需要四处"找门"。如家里宝宝出生,到哪里办理新生儿医保卡?儿女在外上班,谁能陪家里老人看病?下班回家发现没带钥匙,怎么联系最近的开锁匠?等等。

如何使得社区居民能够享受到为民、务实、高效、便捷的社区民生服务,2014年3月27日,首个社区民生服务平台在上海市杨浦区长白街道开通。对外发布的"长白民生服务在线"平台包括一个热线电话(55661890)和一个网站(www.cbmsfw.gov.cn),可同时接受居民的咨询、投诉和建议。电话热线和与之配套的网络平台借用"云空间",收纳了辖区内所有公共服务、生活服务资讯,试图针对辖区7万常住居民做到"有问必答"和"接地气"的个性化服务。

"长白民生服务在线"以"居民申请"为开端,以"服务处理"为主要内容,以"居民满意"为终点,将服务需求分为信息查询、政务服务、生活服务和投诉建议四大模块,通过递交诉求、一口接单、需求分类、分拣转接、供给回复、回访反馈六大环节确保服务的无缝对接(见附录图3、图4)。

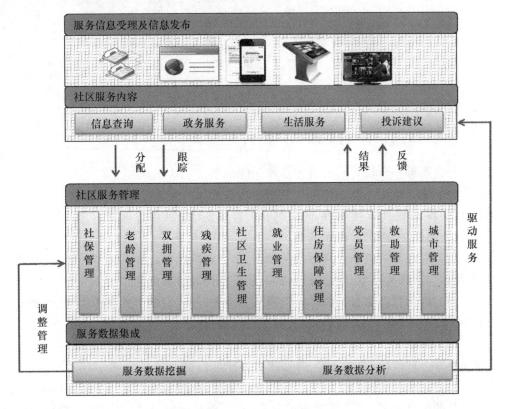

附录图3　智慧社区整体架构

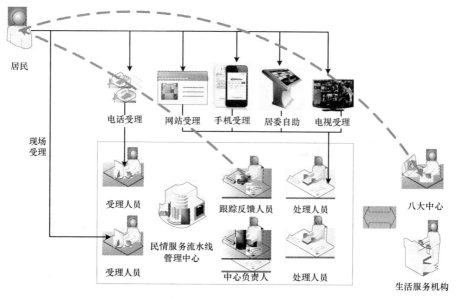

附录图4　服务处理流程

■ 从治理的视角提升政府公共服务

公共服务平台设计具有五大运作保障机制。

（1）服务承诺机制。梳理长白街道现有居民日常需要的公共服务，共计14个科室、33条线、125项内容，同时与相关科室签订公共服务承诺书，为后续办理实效、跟踪回访、需求导向做铺垫。

（2）办理时效机制。基于服务承诺，平台跟踪服务处理各环节时效，发现滞后，及时沟通相关科室/中心处理，提高居民享受服务满意度。

（3）内部管理监督机制。基于服务办理各环节，定制了从服务申请、处理到最终办结三大阶段十大处理流程，对服务过程进行规范管理。

（4）跟踪回访机制。在服务办理各环节中，长白民生服务在线跟踪处理所有非正常办理情况，同时录音，并在服务办结后回访。

（5）需求导向机制。基于居民的投诉和建议，服务在线统计分析，从中抽取可固化的公共服务，汇总可改善的环节，从而更好地响应居民的需求，提供更好的服务体验。

五大机制从治理的视角，对接居民的需求和公共服务受理科室/中心，形成持续的运行保障机制来更好地服务于居民。

■ 在云端构建公共服务型智慧社区

"据我了解,建一个类似平台的信息系统,前期技术投入至少要一两百万元,后续技术更新还得烧钱。"长白街道办事处相关领导坦言:"照传统思维,政府首先想到的是要人员、要编制、要预算。我们现在的做法是,向认证服务商购买云计算服务,以政府购买服务的方式,把平台交给社会组织运作。"

AMT 承担了平台的开发和运维服务外包,通过运用云计算技术,同时整合 Portal、BPM、大数据及移动互联技术,搭建具有受理发布、跟踪管理、应用、数据集成等功能的支撑平台,同时通过应用功能中间件扩展并定制后续的服务项目。政府无须考虑一次性的大额投资,更无须关注技术和维护的工作,只需要按年向 AMT 购买服务。

按照时下热门的"大数据"思路,AMT 搭建了服务数据的集成平台和数据分析模型,使民生服务平台所收集的数据,可以成为政府收集民生需求、调整服务供给的重要依据。平台运作一段时间后,街道将对历史数据进行统计和分析,筛选出政府不能或者不宜提供但群众需求较为集中的项目,尝试引导社会组织等参与,尽可能地为不同的社区共治主体提供平台,从而使"长白民生服务在线"成为一个整合社区资源、对接社区需求的开放式公共服务智慧社区平台:

急民之所急,便利民生。
想民之所想,帮民跟踪。
智民之所需,惠及民生。

案例三 钢铁企业从"做大"到"做强"的流程再造

钢铁产能过剩,同质竞争激烈,客户个性化需求越来越多,资源争夺激烈,成本压力大,盈利能力降低,公司内部目标经营效益不佳,运营效率有待提升。如何从做大到做强,形成自己的核心竞争力。G 钢铁企业在 12 年后联合 AMT 重启流程再造……

G 公司是某大型钢铁联合企业,经过 50 多年的建设和发展,钢铁主业形成了板材、线棒材等产品系列。近几年来,公司坚持"做精做强,成本领先"战略,系统推进精益生产、精细管理,全面打造以快捷的市场反应能力为重点的核心竞争力。

在钢铁产能整体过剩的大环境下,近年来 G 公司面临内外部环境带来的越来越大的挑战:钢铁产能过剩,同质竞争激烈,客户个性化需求越来越多,资源争夺激烈,成本压力大,盈利能力降低,公司内部目标经营效益不佳,运营效率有待提升,等等。

同时,客户现在对产品质量、服务、交货期都比原来要求得高很多,这就要求公司内部对客户需求快速反应,因为客户是唯一稀缺的资源,谁丢掉了客户,谁就无法在这个行业中生存下去。原来G公司在这方面有一定的优势,现在这种优势越来越小,甚至已不再是优势。

在此背景下,G公司继承2000年BPR业务流程重组和ERP建设的精神及推进方式(当时对公司的5个核心流程——采购、生产、销售、财务、质量进行了设计、重组上线,取得了很好的成绩),在12年后重新再谈流程优化和管理体系建设。本次流程优化由董事长亲自发起,抽调各业务领域了解全局的精英人才全职参与流程优化。

■ G公司到底存在哪些问题

从内部管理和流程运行的角度来看,G公司流程设计烦琐,简单的事情复杂化,内部运营效率低下,较难面向客户快速响应,过去的竞争优势"快速交货"逐渐弱化;部门墙严重,客户导向不足,较难面向"对客户的完美交付"进行高效的跨部门协作;核心价值流程不够清晰,缺少对业务本质的把握和流程的全局最优设计,核心价值流程如何实现它的主要目标,其他管理流程如何形成有效支撑不够明确。

■ G公司应该如何开展项目

G公司的流程优化工作自2013年9月正式启动,同年12月初AMT正式驻场,推进流程优化工作。而在这之前将近两个多月的时间,G公司六大流程组(销售、研发、采购、生产、质量、财务)主要开展了三项工作:首先,对各领域流程及对应的规章制度进行梳理,对流程内容、范围进行初步界定;其次,根据管理需要列出缺失流程及制度清单,排出流程主次,形成公司的流程整体框架;最后,通过访谈、调研明晰企业战略和业务模式、组织结构、IT现状等,初步了解业务流程现状及存在的主要问题。以上工作为AMT驻场后的工作推进奠定了较好的基础。

■ G公司项目周期

AMT进场后与G公司团队进行深入沟通,结合公司高层的期望及公司现状与特点,将项目目标确定为:以"促优化"为核心,过程中同步实现"转观念""育人才"和"建机制"三大目标。同时,将项目周期分成三个阶段:流程诊断及优化规划、流程优化推进、流程管理长效机制建设。

其中,促优化主要以"客户导向、简化增值和整体提升"为目标,主要面向公司的核心价值链进行梳理优化,在过程中强化员工的流程管理意识(以客户为中心、以增值为导向、持续提升效率),并通过系列培训、伴随式辅导进行流程管理与项目管理知识和能力的转移,并以本项目的推进经验为基础,进行复盘总结,为G公司建立起符合其自身特点的流程持续优化的长效机制。

第一阶段:流程诊断及优化规划

本次项目强调以"流程"为主线切入进行问题诊断。在全面识别各领域流程的基础上建立完整的流程清单,将各领域的核心业务流程结构化并完整地呈现;同时以"流程"为载体进行优化需求收集和问题诊断分析,并通过多轮研讨筛选出"价值大且容易落地见效"的项目进入优化环节。

经过2周的流程清单梳理以及2周的流程优化需求收集、分析和筛选,共形成4类流程优化项目。

(1)长流程优化项目(5个):聚焦公司核心价值链,拉通5个长流程,提升流程核心绩效指标,比如完美订单交付比率、采购周期、研发周期、客户抱怨及投诉处理周期等;在推进方式上,强调组建以公司副总为项目经理、业务涉及的核心部门负责人为项目执行经理的项目团队,顾问深度参与;同时,子流程的优化目标要符合长流程的总体优化目标。

- 销售长流程:从订单到客户收到货,选取板材为试点。
- 生产长流程:从订单到准发(具备发货条件),选取板材为试点。
- 采购长流程:从需求到付款,选取备件为试点。
- 研发长流程:从概念到上市(含转产)。
- 客户服务长流程:从问题到解决。

(2)短流程优化项目(15个):在财务、质量管理、设备管理、物流管理、能源管理等方面形成了15个短流程优化项目,致力于短流程关键绩效指标的改善,并在项目开展过程中培养一批掌握流程优化项目运作方法的人才,这类项目以G公司为主进行优化,顾问提供方法和工具,并根据需要进行过程辅导。

(3)专题项目(5个):对于"问题边界不够清晰,但又认为比较重要"的优化需求,作为专题进行研究后确定项目价值及解决思路,项目期间主要致力于"理清现状及问题边界,并确定后续推进计划"。

(4)快赢项目(22个):对于"问题明确、优化目标清晰、跨部门已基本对优化方案达成共识、协同难度低、可快速实施见效"的短流程优化需求,由各部门自行优化,自主灵活地选择运作方式,流程管理部门统一管控进度和质量,致力于快速解决简单的问题,迅速见效。

项目筛选过程经过了公司推进组的两轮研讨、各领域分管副总的把关,最后在立项汇报会上向公司一把手汇报后确定。

第二阶段:流程优化推进

对于确定优化的项目,按照"流程优化六步法"进行推进,具体包括"立项、现状问题诊断、优化方案设计、优化方案开发、试点验证、上线推行"6个阶段,各个阶段工作的推进均是培训先行,进行工具方法的培训和具体工作方式、步骤的部署,实现稳步推进。在过程中开展了3次里程碑式的汇报:流程现状问题诊断汇报、流程优化方案汇报与决策、流程优化成果落地汇报。在优化成果落地汇报中,董事长对项目给出了"效果明显、卓有成效、超出预期"的评价。

下面以3个长流程优化项目为例,谈谈流程优化取得的成效。

(1)销售长流程:主要从"面向客户、快速响应"出发,简化内部流程。该长流程细分为3个子流程,同时进行了模式的转变和职能职责的调整,并配套强化了IT支撑。优化后询单响应速度提升了34%,特殊合同评审周期缩短了74%,能够更快地响应客户,同时评审量亦简化了64%。

(2)客户服务长流程:主要从"面向客户、快速响应"出发,简化内部流程。该长流程细分为2个子流程,同时进行了模式的转变和职能职责的调整,并配套强化了IT支撑。优化后质量异议结案周期缩短了61%,同时客户抱怨及服务诉求处理周期缩短了80%。

(3)备件采购长流程:强调"快速响应生产一线用户需求、流程简化增值",并配套采购模式优化、供应商管理优化,实现整体提升。优化后取得了以下成效:首先,预计审批将减少7万次/年,大大缩短了流程运行时间;其次,采购周期总体减少了38天,能够更快响应一线用户的需求,减少紧急采购;最后,通过采购模式优化和供应商管理配套优化,有效支撑了采购创效。

总体来看,本次优化项目共涉及优化点151个,其中模式调整8项、职能职责调整12项。预计每年减少7万多次审批、修改文件制度52个、形成IT支撑需求102项。

第三阶段:流程管理长效机制建设

根据公司的流程管理基础及特点,并结合本次项目推进的经验,联合项目组从流程组织与职责、管理体系整合与文件发布管理、流程优化需求管理、流程优化项目管理、流程优化人才管理等方面进行了流程管理长效机制建设。

(1)流程组织与职责方面:在流程指导委员会的指导下,明确了流程专业管理部门和业务部门的分工。

(2) 管理体系整合与文件发布管理方面：通过对流程体系、贯标体系和制度体系的有机整合，明确了四层文件体系，形成以流程为主线的统一的管理体系，并构建了公司流程体系文件的统一发文平台。

(3) 流程优化需求管理方面：采取"自下而上进行需求收集、自上而下进行评选和规划"的方式进行，由流程管理部门集中、统一管理；同时，结合本次项目形成了各大领域未来 2—3 年的优化规划初稿和流程优化需求池（流程优化需求管理表），作为未来流程优化常态化的基础输入。

(4) 流程优化项目管理方面：建立了流程优化常态化的机制，包括"流程优化需求收集与分析"及"面向行动的流程优化项目运作方法"。

(5) 流程优化人才管理方面：建立了三级流程管理人才梯队，为公司持续的管理变革推进形成人才支撑。

■ G 公司员工观念发生变化

经过 4 个月左右的时间，公司员工的观念发生了很大的转变，达成了预期的项目目标。以往更多的是：

(1) 为了走流程而走流程，忽略了客户导向和简化增值。

(2) 喜欢提问题，不喜欢解决问题；喜欢提别的部门的问题，不习惯反思自身存在的问题，跨部门协同难。

(3) 职能部门习惯参与到流程中，影响流程的效率；后台部门存在"重管理、轻服务"的现象，不利于对业务形成支持。

(4) 习惯站在部门利益的角度进行思考，很难站在公司利益最大化的角度开展工作。

(5) 容易陷入细节，眉毛胡子一把抓；喜欢谈现象，不喜欢提数据和事实。

而现在开始学会：

(1) 用客户导向的思维，以流程增值为目标进行流程优化。

(2) 开始以开放的心态面对公司及部门存在的问题及变革。

(3) 较好地打破了部门墙，各个优化项目进行跨部门协作、群策群力，共同分析问题并提出解决方案。

(4) 职能部门以"注重服务、淡化管理"的思路进行各项流程变革；主动调整"流程在线的审批"为"离线监控"。

(5) 优化方案设计注重以公司利益最大化为原则，以支撑流程目标的达成进行职责调整。

(6) 建立了"聚焦""关注问题优先级"的意识，开始学会用数据和事实说话。

■ 项目取得成功的关键因素总结与分享

本次项目涉及面广,公司内部参与项目的人员多达千人,亦取得了不错的效果。总结来看,本次项目取得成功有以下六大关键因素:

(1) 领导的高度重视及深度参与是项目取得成功的前提条件。中高层参加了 4 次关键里程碑式的会议和 10 多次培训,传递项目压力,把握项目方向;常务副总参加每周例会;项目经理/执行经理参加每次里程碑式会议前的预演和初评;各领域分管副总组织多次各自领域的研讨会;还有公司真正的资源投入,成立了由 12 个人组成的脱产专职推进组。

(2) 高度负责的作战指挥中心。以常务副总为项目总监,以流程管理部门负责人为项目经理,外加流程管理部门副部长,进行全过程的精心策划、组织推动和高标准的质量管控。

(3) 以业务部门为中心、群策群力的工作模式。一开始就把优化项目的工作压力、荣誉真正传递给各流程组,由其作为责任主体承担项目任务,进行关键里程碑节点的汇报,并接受考核、评估与通报。只有各流程组成功,整体项目工作才能获得成功。同时,在项目开展过程中组织了 300 余场研讨会,充分发挥群策群力的作用。

(4) AMT 导入了先进的流程管理及项目推进的理念、方法与工具,是项目取得成功的重要支撑。首先,项目开展过程中始终强调"可量化的价值"和"落地":问题分析强调以"假设"为前提,进行流程细化分析,注重量化数据和事实案例的支撑;在项目筛选研讨时强调价值和可落地性,聚焦价值大可迅速落地见效的项目;项目立项时就强调设置量化的目标及衡量指标。其次,项目开展强调以终为始,注重目标牵引和计划驱动,确保项目不跑偏方向并稳步推进。每个流程优化项目均确定优化目标及衡量指标,注重结果导向,每个里程碑节点都事先明确输出要求和模版。

(5) 持续不断的贴身定制化培训和过程辅导,真正实现了知识与能力的转移,让 G 公司各个项目团队成为精锐之师。AMT 前后开展了 14 场大型系列培训,并进行了诸多伴随式辅导及微小的交流培训。

(6) 巧妙应用微信等工具通过标杆牵引机制、评奖和赛马机制,进行正向的项目氛围管理,形成你追我赶的项目氛围,有力地推动了流程变革的落地。

案例四　流程重组助力企业国际化进程

A公司是一家年均复合增长率超过50%的国际化企业，在组织规模快速扩张的情况下，如何通过流程规划重组支撑公司高速稳健发展、为全球六大洲八十多个国家的客户提供优质的产品和服务？这样一家企业，在小范围内反复实施组织结构优化效果却不尽如人意的情况下，如何通过流程优化推进企业变革管理，实现"客户化、国际化、精细化"的企业管理目标？

A公司是全球领先的工程机械研发制造企业，生产制造基地分布于全球各地，并在几十个国家和地区建有营销、研发分支机构。根据公司未来发展战略，公司将强化海外资源整合和运营管理，通过改革、改组、改造，在公司植入新机制、新技术，构建全球化的制造、销售、服务网络，实现全球性的稳健高速扩张。

■ A公司流程管理基础工作薄弱

随着中国经济的软着陆，国内基础设施建设步伐放缓以及欧债危机引发的全球经济疲软等宏观趋势的影响，工程机械行业受到了前所未有的挑战。同时，随着A公司近年来规模越来越大，公司在快速反应和高效运营方面也出现了结构性的瓶颈。流程管理的重要性越来越突出，但企业流程管理的基础工作还比较薄弱，塑造流程型组织还任重道远，具体表现在：

（1）缺少以全球业务扩张战略为导向的一体化流程体系框架。各个国家和地区的流程建设缺乏标准指引。各部门以职能为核心建立业务流程，在跨部门协作方面的目标一致性与能力一致性差，对企业的进一步国际化带来重大挑战。

（2）组织的规划和框架方面缺乏顶层设计。组织变革缺乏整体的框架约束和指导，虽然组织的小变革频繁但效果不明显。组织与流程匹配性不好，组织调整后流程如何调整还没有形成较好的机制，容易导致管理真空。

（3）战略落地执行能力不足。战略管理重结果轻过程，跨部门流程协同管理能力差，流程精细化管理能力不足，端到端流程相关IT系统未打通，无法满足全流程管理需求。

■ A公司启动流程体系规划建设项目

A公司亟需建立支撑战略的跨部门端到端的流程体系，提升围绕核心业务价值链跨部门协同运作的能力，全面推进公司运营水平的提升。因此，A公司携手AMT启动了流程体系规划建设项目，具体内容包括：

（1）流程架构规划设计。基于企业客户化、国际化、精细化的管理要求，明确流程体系建立的方向、策略以及关注重点，建立"客户导向、支撑战略、端到端打通"的公司流程总架构。沿着架构建流程，确保流程体系的集成与统一。同时，基于集中共享的理念，规定原则上一级、二级流程共享，三级、四级流程体现差异，实现跨部门、跨事业部、跨区域共享。

（2）重点领域端到端的流程梳理与优化。在管控流程设计时，导入 PDCA 闭环设计理念，从战略规划、战略执行、战略监控与评估到战略调整与执行改进，关注从计划到改进的闭环；在业务流程设计时，从研发、营销、销售到服务，建立面向客户端到端理念的运作流程。以价值为导向，通过优化流程设计，解决实际问题；通过试点流程优化，取得快速见效的效果，建立流程管理信心，并在此基础上提出 IT 系统优化方案。

（3）设计流程治理机制。建立流程管理"三权分立"的流程管理组织架构和流程运作与保障机制，确保流程体系能够有效运行并持续优化，实现流程体系的长治久安。

■ A 公司推动流程管理建设

流程体系建设不仅是对流程管理文件方案的交付，更重要的是推动 A 公司流程型组织文化变革转型和能力提升的过程，从而使"企业人员行为切实发生改变"。项目中通过"体系建设""业务突破"和"人才培育"三方面的推进，切实推动 A 公司流程管理价值的落地和能力的提升。

（1）体系建设。原来的流程体系存在部门导向建流程，流程间相互割裂，流程首尾没有贯通，管理未实现闭环，流程标准化程度低，部门之间流程有重叠，面向区域/事业部流程差异化设计不足等"散、断、重、缺"的问题，通过"客户导向、支撑战略、端到端打通"流程体系规划过程的知识转移和成果研讨宣贯，实现从职能导向的部门级流程向客户导向端到端公司级流程转变，推动公司实现从编文件、走流程到重执行、见效益的转变。

（2）业务突破。围绕业务突破的目标，选择 4 个公司级和 7 个部门级流程优化项目，由流程责任人及相关核心业务骨干全程参与优化过程和研讨，并快速将优化成果予以实施，显著提升了内部运营效率，建立了一批流程优化样板点。例如，通过订单生产模式设计与实施，预计成品库存下降了 10 亿元以上；样件试制试用流程优化后取得了明显的绩效目标改善，流程平均办结时间减少了 57%，节点精简了 31.3%。

（3）人才培育。组织各种公司级和跨部门级培训，合计约 1 500 人次；开展了200多人次参加的《图说流程管理》读书会活动,共提交193篇读书心得。项目中构建了很多"跨部门沟通平台",公司中高层及项目组核心成员流程架构思维能力得到明显的提升,项目参与人员流程管理理念与能力也明显提升。通过这种边培训学习边实践应用的方式,A公司培养了一批初具流程管理体系管理能力的内部专家、一批业务流程管理实战内部专家,提升了各级员工的流程管理意识,为后续流程管理推行奠定了基础。

流程体系规划建设为A公司带来的价值

通过企业流程的整体规划建设,使流程成为公司驱动战略落地的重要保障。具体如下:

(1)战略驱动支撑。通过开展流程变革项目有力支持了企业业务组合战略,使流程与各业务特点及运作模式更加匹配,有效提高了核心端到端业务流程绩效水平,强化了企业核心竞争力。同时,在现有国内流程体系基础上,满足海外市场拓展需求,更好地匹配海外市场战略及海外市场/客户需求,有力地支撑了企业国际化发展战略。

(2)卓越运营支撑。通过全面开展核心端到端业务流程绩效管理,有效提升跨部门流程协作,优化项目例行化运作,效果非常显著。

(3)管理集成平台。对部门导向的流程进行集成,形成端到端打通的流程体系,建立了集成、共享的IT业务支持平台,有力地支撑企业运作标准化、规范化,为企业的国际化打下了坚实的基础。

案例五 跨国企业的"制度大扫除"

S公司是一家成立了近三十年的贸易公司,在多年的发展历程变迁中,管理制度如何随着发展的脚步系统地优化、与时俱进?如何使制度与实际工作一致?如何使制度发挥相应的约束作用?如何使制度产生管理价值?S公司与AMT合作开展了一场"制度大扫除"的活动。

S公司于1985年成立,目前已与五大洲八十多个国家和地区建立贸易关系,相继在美国、欧洲、中国香港建立分公司,近两年又在印度和中东地区建立分公司。业务范围涉及汽车及零部件、附件以及其他机电产品等的出口,国外整车进口及批发、零售和维修,汽车生产用技术、设备、零部件及原材料的进口。

S公司要立足国内市场和国际市场,加快布局全球商贸网络,完善以信息、流通、金融为核心的国际商贸功能,构建全球性的服务体系,成为行业内国内领先、国际知名的供应链组织者和增值服务提供商。

面对公司的快速发展和宏伟战略目标,原有零散、多重、交叉、老旧的制度体系已经远远不能满足要求,如何建立相配套的管理制度保障? 如何解决实际执行与制度规定"两张皮"? S公司对流程和制度提出了适应性的调整要求:流程制度从导向性上需响应战略要求;流程制度需满足业务管理开展要求;流程制度需满足各专业化体系(如ISO、内控等)的要求;流程制度需符合管理和监管的相应法规要求。

■ S公司制度建设优化目标

根据以上要求,S公司提出制度建设优化的主要目标:

(1) 统一。构建流程框架,建立流程责任矩阵,明确相关流程和制度的责任主体,使得公司能在一个框架完整的流程和制度体系下工作。

(2) 流畅。完善流程制度而非推倒重来,通过流程制度使管理和业务运作流畅,能满足公司战略和业务发展的要求。

(3) 自控。建立适合流程管理和制度完善的长效机制,完善监督、制约、警告的机制,满足各专业化体系要求,使得流程制度更好地运行。

■ S公司解决方案

针对以上建设要求和目标,AMT在深入调研访谈之后,提出了以下解决方案:

(1) 全面梳理制度。AMT根据S公司的实际情况,以流程为主线,对制度进行全面梳理,按照业务领域分类分级,从全局的视角,形成紧密连接的业务链,实现对端到端流程和制度的呈现。

(2) 明确责任部门和责任人。根据流程的分类分级,落实流程和制度的归口管理部门,明确流程和制度的责任人及主要职责。

(3) 建立流程制度的管理保障机制。建立流程制度的制定、审批、发布、变更的管理机制,实现对流程制度的管理,同时通过制度的信息化,保障制度的执行落地。

(4) 建立流程制度的持续优化审计机制。建立流程制度审计的原则和要求,明确流程制度审计的发起部门,规定各部门对自身流程进行定期自评优化。通过流程监控与审计机制,保障流程和制度的执行。

为了推动流程制度优化的变革和达成共识,培养企业内部的专业人员,并形

成全员的流程制度意识,项目过程中充分发动企业内部人员参与。具体如下:

(1) 文件编写参与 64 人。文件编写过程中,流程制度的责任人负责各自流程制度的设计撰写,共计 64 人参与编写工作。

(2) 沟通讨论 477 次。文件编写过程中,针对存在的问题和难题,项目组和流程制度的责任人进行各类跨部门、跨岗位的沟通讨论 477 次。

(3) 培训 12 场次。项目中开展了 12 场针对全员或部分员工的流程制度的培训,使尊重制度、遵照制度深入人心。

(4) 首次制度签字率达 97%。文件编写完毕后,需要编制责任人和相关领导审核、签字确认。由于制度撰写过程中的相关责任人的全程参与,首次制度签字率高达 97%。

■ 管理制度梳理优化为 S 公司带来的价值

(1) 建立了完善的制度管理体系。通过全面梳理和"大扫除",原有 S 公司制度的保留比例为 17%,新增和完善的制度比例为 83%。在项目组和编制责任人的共同努力下,最终确定的管理制度基本上能满足 S 公司各项工作开展的需求。

(2) 建立了制度的持续优化机制。通过组织保障、流程制度发布与优化、流程监控与审计,督促和帮助各职能部门、各业务单位提升管理水平,防范、降低经营管理风险,在工作过程中实现对制度的持续优化。

(3) 培养了尊重制度、遵照制度的行为理念。通过项目过程中的多次培训、沟通、交流,制度相关责任人建立起"用制度说话、用制度办事"的理念。

案例六 某汽车集团的管理体系一体化整合之旅

并购后如何实现一体化整合?如何避免多套管理体系之间的交叉和管理真空?A 集团找到了管理标准化、体系化、一体化、可复制的"秘药良方",并携手 AMT 全面建设一体化管理体系,历时 3 年完成了管理体系的一体化整合,推动了集团整体管理水平的提升,建立了一流汽车企业管理体系的基础。

A 集团是中国汽车行业第一阵营、第一自主品牌、第一研发实力的整车制造企业。它以"打造世界一流汽车企业"为愿景,正坚定不移地推进事业领先计划,向世界一流企业迈进,成为国内众多汽车企业管理创新的标杆。

随着《汽车产业调整和振兴规划》的出台,A 集团跻身"四大"汽车集团,开始了全国范围内的并购重组。它先后重组多家企业,并启动多个新基地建设,形成了一个跨区域的庞大汽车生产网络。

并购重组引进的新单位管理能力参差不齐,各种管理思想大行其道,A集团需要一套既有助于整合各成员单位,又能够帮助各成员单位提升管理能力的管理措施。同时,A集团自身的运作也存在多种管理体系并存、管理要求落实困难、好的管理经验未能有效沉淀和共享、业务效率低等问题。为了有效整合各成员单位,提高集团核心竞争力,A集团提出建立一套先进的、具有前瞻性的一体化管理体系,通过管理体系的实施和推行实现对各成员单位的管理复制输出,提高集团管控能力和协同能力,提升各单位管理能力和企业运营效率,为创建世界一流汽车企业打下基础。

■ A集团管理体系建设

A集团携手AMT开始了长达三年的一体化管理整合之旅,通过提炼A集团现有管理经验和对标国际同行先进企业管理方式,融合外部各项认证和管理体系要求,最终形成了一套符合A集团的具有前瞻性和可操作性的管理体系。该管理体系包括管理评估标准、程序文件、作业指导书和精益方法工具四项内容(见附录图5)。

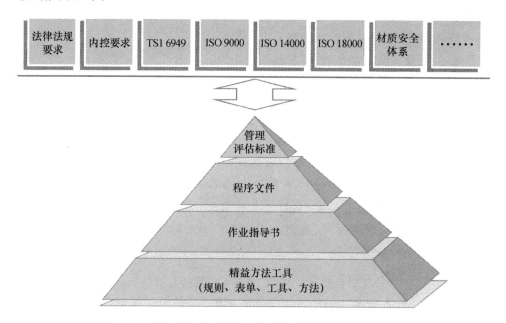

附录图5　多套管理标准和要求融合在一套管理体系中

（1）管控标准是体系顶层文件，是指导下层文件建立的基础，用于外部认证和内部评估。管控标准融合了汽车制造业必须满足的质量管理体系、环境职业健康管理体系、精细化管理体系、其他各项标准的要求、内部管理要求及同行业先进经验的控制方式，形成了具有 A 集团特色的规范业务运作的强制性标准文件。按照该标准进行操作可以有效满足各体系认证需求，可以按照该标准对内部业务运作进行有效评价，及时改进业务运作方式。

（2）程序文件是体系核心文件，是落实管控标准的操作性文件之一，提供了横向跨部门、纵向跨层级业务高效运作的最佳方式，将各种管控体系和法规要求最终落实到一套端到端的业务流程中。

（3）作业指导书是体系基础文件，用于指导具体作业，沉淀知识。

（4）精益方法工具是体系基础文件，包括作为流程活动参考依据的业务规则、活动的输出标准化表单、各种精益管理的方法工具等，用于指导具体操作，提升效率，将管理要求层层落地。

■ A 集团一体化管理体系推行思路

为保证 A 集团一体化管理体系具有前瞻性、实用性和可行性，必须对 A 集团一体化管理体系进行持续评估和改进，为此建立了 A 集团一体化管理体系保障机制。具体包括：支撑管理体系建立、执行、监督、评估、更新的治理体系；形成了战略层的管理评审机制，体系层的体系内审机制，以及运行层的事前、事中、事后评估机制，通过三套循环的评估机制，促进体系的持续提升。

A 集团一体化管理体系在具体实施过程中采取先试点、后优化、再固化、逐个推广的推行思路。

（1）先试点。先选择运作成熟的单位进行一体化管理体系的试点，发现一体化管理体系存在的问题并进行改进。

（2）后优化。根据试点过程中发现的问题，对一体化管理体系文件进行优化改进，保证体系文件的适用性。

（3）再固化。通过管理信息系统对一体化管理体系进行固化，保证一体化体系的有效执行。

（4）逐个推广。在试点单位试运行后，逐步向其他工厂进行推广，在推广过程中配套完成工厂的组织架构调整，保证一体化管理体系和 A 集团本部的管理要求在工厂得到有效执行，提升成员单位的管理能力。

■ A集团管理水平提升

通过一体化管理体系的建设,实现了各项管理体系的统一,为A集团建立了标准化、体系化、一体化、可复制的管理标准,推动了A集团整体管理水平的提升。具体如下:

(1) 形成了一套唯一的、可执行的管理体系,有效落实管理要求。该管理体系融合了质量、环境职业健康、3C、内控、上级单位等多项管理体系要求,避免多个管理体系造成的难以执行和重复管理的问题。

(2) 建立了一流汽车企业管理体系的基础。一体化管理体系是A集团内部执行的唯一体系,是衡量和评价A集团内部管理效果的基础,也是管理持续提升的基础,为A集团建设一流汽车企业标准打下了坚实基础。

(3) 企业运作效率得到有效改善,提高了企业竞争力。一方面,体系融合后,避免了因重复管理带来的工作量,实现了管理"瘦身",提高了工作效率。以工厂生产过程中填写的报表为例,从填写87个报表优化为填写17个报表。另一方面,通过对企业运作问题的优化,实现了整体运作效率提升。比如,订单交付时间有效降低了18%,采购流程效率平均提升了28%,信息化实施效率提升了37%。

(4) 提升了集团整体管理水平。通过这一体系在全集团的推广,提升了A集团的管控能力,整体协同效果得到明显改善,对A集团事业领先计划给予支撑。同时,提高了A集团在行业内的知名度,其创新的管理模式成为众多企业管理创新的标杆。

附录 II 流程管理相关书籍推荐

推荐书籍	推荐理由
迈克尔·哈默:《企业再造》《超越再造》《再造奇迹》	流程管理理论的鼻祖,系统了解流程管理的经典理论
陈立云、金国华:《跟我们做流程管理》	面向流程管理专业部门或团队,他们是"会推动的明白人",所以此书强调专业、系统、可操作性及实战性
金国华、谢林君:《图说流程管理》	面向全员,他们是"业务的设计者、流程的执行者",此书强调通俗、直观,能够拿来就用于本职工作
AMT研究院:《给战略三把降落伞》	从流程管理到战略执行保障体系,系统地看流程和企业其他管理系统的关系
AMT研究院:《突破成长的困境》	针对成长型企业,如何从人治到法治,系统地了解流程对成长型企业的价值以及如何结合其他管理体系推动成长型企业持续发展
葛新红、黄斯涵:《跟我们做知识管理》	通过多个领先企业的实践案例深入了解什么是"流程管道、知识活水"

附录 III　AMT 流程管理咨询服务介绍

服务项	内容	价值
流程管理工作规划	未来 1—3 年，流程管理各模块工作规划及实施路径	• 明确流程管理工作价值点 • 流程管理工作的规划、重心、策略 • 各项流程管理工作实施路径
流程框架设计	根据 APQC 等流程框架最佳实践，结合公司实际情况，对流程架构进行规划并梳理流程清单	• 明确流程架构与流程间的逻辑关系，形成分类分级流程清单 • 可以在集团公司、分子公司多个层面建立流程架构及流程清单
流程优化	流程梳理与优化	• 组织及推动公司内部持续优化流程 • 组织推动流程优化方案落地
流程绩效管理	设置流程绩效指标，进行持续监控改善	• 建立量化的绩效标准，统一流程目标，监控并牵引持续改进
流程审计	定期对流程工作做评估并规划下一步工作	• 评估流程工作效果 • 规划来年工作方向和重点
流程人才培养	设计流程人才梯队建设体系，并进行技术、方法、模板及工具的转移和培训	• 培养流程人才队伍，提升内部协同意识和能力 • 塑造流程文化 • 流程方法及工具的推广
流程长效机制	通过流程组织与 PDCA 闭环的设计，以及流程文化的塑造，建立长效机制	流程工作不再是阵风运动，而是形成常态化，促进公司持续改进
流程建模全景图	通过流程建模软件，实现公司流程全景图设计，并建立和信息化需求的对接	• 流程全景可视化，实现流程分层和端到端流程管理 • 流程体系信息化建议，实现流程和 IT 的紧密集成